weaving regional innovations

utilizing resources from regions, your oganizations,
and yourself to weave innovations

地域発イノベーションの育て方

リソースから紡ぎ出す新規事業

徳久悟 著

NTT出版

目次
table of contents

本文図表：池村周子 (3onkey Design, Wanic Inc.,)

地域発イノベーションの
育て方

リソースから紡ぎ出す新規事業

図0・1　WANICココナッツ スピリッツ 2015

序章　イノベーションの源泉としてのリソース

WANIC（ワニック）ココナッツ・スピリッツは、ココナッツ・ウォーターを原料として製造される新しい蒸留酒である。この酒は、二〇一〇年より東ティモール、フィリピン、そしてラオスとその活動拠点を移動させつつ製造され、現在、日本国内で販売されている。ほのかな甘みと、ココナッツの香りが喉の奥に残る、アルコール度数四二％のハードリカーである（図0・1）。

このWANICココナッツ・スピリッツが二〇一七年、アメリカ最大のスピリッツコンテストSan Francisco World Spirits Challenge（以下、SFWSC）のホワイトスピリッツ部門で、Goldメダルを獲得した。SFWSCは、カテゴリごとにDouble Gold、Gold、Silver、Bronzeが設定されており、ホテル、レストラン、バイヤー、ジャーナリストなどで構成される審査員によるブラインドテイスティングを経て各賞が選出される。途上国で生まれた、しかも熟成一年後の最初のロットの製品が、著名なコンテストで受賞できたことは痛快であった。

WANICココナッツ・スピリッツが生み出されたプロセスの理論化を試みたものが本書で

ある。そのプロセスとは、その地域ならではのリソースを出発点として、途上国と先進国のリソースとを統合させ、新たな価値を提案しようという試みであった。その際、様々なスキルやナレッジを保有する様々なアクターが一つのエコシステムを構築することで、非常に強力かつ魅力的な価値の提案が可能となる。このような全体のプロセスを、本書では**リソース・ドリブン・イノベーション**（ＲＤＩ）と呼びたい。

ＲＤＩを紡ぎ出すためのフレームワークは、三つのフェーズからなるデザイン・プロセス、四つのデザイン対象、そして四つのデザイン・ツールで構成される。理論の中心となる要素は**リソース**である。いかにリソースを発見し、統合し、そして拡大していくか、という視点からデザイン・プロセスを構成し、ツールを選定している。

本フレームワークの説明にあたって、イノベーション、製品、市場など、様々な対象に対して**紡ぐ**という表現を選択している。これは、リソースを糸としてみなし、様々なリソースを統合して、これらを生み出すだけではなく、時間をかけリソースを拡大させつつ、これらを育てていくという意味を込めたいと考えたことによる。

本理論は、何も東ティモール、フィリピン、ラオスといった途上国に限定されたものではなく、リソースが豊富な地域であれば、適用可能である。ここでいうリソースとは、天然資源や文化資源といった、地域に存在する、その地域ならではのリソースを指す。途上国から日本の地方へと視点を移してみると、実に様々なリソースに溢れていることがわかる。本書を通じて、地方の人々がこれらのリソースを活用し、自らの手でイノベーションを紡ぎ出すためには、どのような理論と方法論が必要となるのかという問いに対する一つの道筋を明らかにしたい。

本理論は、ココナッツ・スピリッツＷＡＮＩＣを通じて得られた経験によるところが多い。ＷＡＮＩＣの経験を裏づけとしつつ、さらにいくつかのイノベーション理論を統合し、組み上げた理論である。まずは、ＷＡＮＩＣの着想から製造までのストーリーを簡潔に紹介したい。

途上国と先進国のリソースから生まれたＷＡＮＩＣ

ココヤシの実を容器として利用し、内部のココナッツ・ウォーターを発酵させて作られる果実酒は、**フレッシュＷＡＮＩＣ**と呼ばれる。ココナッツ・ウォーターの風味を残しつつ、爽快感と清涼感を併せもつ、アルコール度数七％の醸造酒である（図０・２）。アルコール度数七％とは、一般的なワインと同程度であるが、その度数と比較して存外飲みやすい。その飲みやすさゆえに、ついつい飲み過ぎてしまう。本書では、製品を**ＷＡＮＩＣ**、プロジェクトを**Wanic**と表記することにする。

デザイン・コンテストでの出会い

Wanicプロジェクトは、東ティモールで実施したフィールドワークから始まった。その発端は、二〇一〇年に開催された、あるプロダクトデザインコンテストまで遡る。そのコンテストの趣旨は、東ティモールでフィールドワークを行い、現地の人々の課題を解決することを目的

図0・2　フレッシュWANIC

としたプロダクトをデザインするという挑戦的なものであった。

このプロダクトデザインコンテストでは、主催者側がチーム・メンバを選定していた。医療デバイスのデザイン経験があるプロダクト・デザイナ、ソーシャル・アントレプレナーシップを専攻する大学院生、医師免許をもつ政策秘書など、様々なバックグラウンドをもつメンバで構成されていた。当時、サービス・デザインを専門とし、ソーシャル・イノベーションへと研究領域をシフトさせようと考えていた私は、途上国の社会課題の解決には、モノや金を提供するよりも方法を提案したい、との哲学を抱き、コンテストに参加していた。

ココヤシの実から

東ティモールでのフィールドワークを通じて発見したリソースは、ココヤシの実であった。

東ティモールは、約二五年にもわたった独立戦争の影響から国土は荒廃し、十分なインフラも整備されていない。目ぼしい技術、あるいは技術を活かす人材も乏しい東ティモールでは、リソースは限られていた。そのようななか、フィールド調査を通じて、ある余剰リソースが見つかった。それが海岸線沿いの路上に設置されたリヤカーに積み上げられ、大量に売れ残っていたココヤシの実であった。

ココヤシの実は、その実一つから様々な製品が生み出されるリソースである。例えば、固形胚乳であるココ・ミートから、ココナッツ・ミルクやココナッツ・オイルが製造される。また、殻であるココナッツ・ハスクのうち、柔らかい繊維部分は、カゴなどに利用され、堅い外皮部分は、粉砕後加熱処理され、ココ・ピートと呼ばれる水耕栽培用の土として加工される。一つ一ドル以下で取り引きされるココヤシの実は、高付加価値製品を生み出すリソースとして活用されている。

このようなリソースに加えて、現金収入獲得手段の不足という課題を発見した。東ティモールでは、石油以外の主要産業が農業のみであり、現金収入獲得手段に乏しい。教育や衣食住など、投資に必要な現金を獲得する方法が限定されているのである。産業創出は東ティモールの国家としての課題であった。現金収入獲得手段の不足という課題と、余剰リソースとしてのココヤシの実、そして、各チーム・メンバの哲学、アイデンティティ、スキル、ナレッジ、これらが絡み合い、フレッシュＷＡＮＩＣという新たな製品コンセプトが紡ぎ出された。

顧客体験のデザイン

ＷＡＮＩＣにおける顧客体験をデザインするにあたって、まず、顧客を定義するところから始めた。フレッシュＷＡＮＩＣの顧客は、現金収入を向上させたい東ティモールの現地の人々であった。彼らの課題は現金収入の不足であり、このような課題を解決するために、ココナッツ・ウォーターから作られる醸造酒ＷＡＮＩＣを製造するためのＷＡＮＩＣツールキットおよびレシピをデザインした。

また、顧客の顧客として、現地に住む先進国出身の富裕層を設定した。なぜならば、途上国の人々にとって、ココヤシの実やココナッツ・ウォーターは身近な存在であり、低価格で流通しているだけではなく、樹液から作られるトゥアックといった低価格のヤシ酒も存在するため、ココナッツ・ウォーター由来の醸造酒に関心を抱かないと思われた。一方、先進国出身の人々にとって、ココヤシはエキゾチシズムのシンボルであるだけではなく、昨今のココ・ウォーターやココナッツ・オイルのもつ肌や健康に対するポジティブなイメージから、ココナッツ・ウォーターから作られる醸造酒に対しても特別なイメージを抱くと考えたためである。

サービス・エコシステム

このような顧客体験をもつフレッシュＷＡＮＩＣを中心とする**サービス・エコシステム**のプロトタイプをデザインした。自然界におけるエコシステムは、様々なアクターどうしが互いにつながっており、自らの生存のために互いに依存する一つのシステムを指す。サービス・エコシステムは、顧客に対して新たな価値を提案するために必要なサービスを提供する、様々なアクターで構成される一つのシステムを指す。

フレッシュWANICを中心とするサービス・エコシステムには、フレッシュWANICメーカー、WANICツールキットメーカー、ココヤシ農家が主なアクターとして存在する。WANICツールキットメーカーは、WANICツールキットを製造し、フレッシュWANICメーカーに販売する。フレッシュWANICメーカーは、ココヤシ農家からココヤシの実を買い取り、WANICツールキットとレシピを使って、フレッシュWANICを製造し、現地に住む先進国出身の人々が集まるレストラン、バー、ホテルにフレッシュWANICを販売する（図0・3）。

チームのメンバで構成されるWanic Japanは、現地の人々の現金収入向上を目的として、このようなサービス・エコシステム上で動作するビジネスモデルをデザインした。現地のWANICツールキットメーカーに対してはツールキットの設計図を無料で公開し、現地のフレッシュWANICメーカーに対して、彼らが容易に取得しづらい良質な酵母を販売することで、売り上げを得るモデルを採用した。

以上のようなプロセスで、新たな製品コンセプト、顧客体験、サービス・エコシステム、ビジネスモデルのプロトタイプをデザインしたのち、顧客とともにこれらのテストを行い、顧客からのフィードバックを得て、プロトタイプの改良を行った。

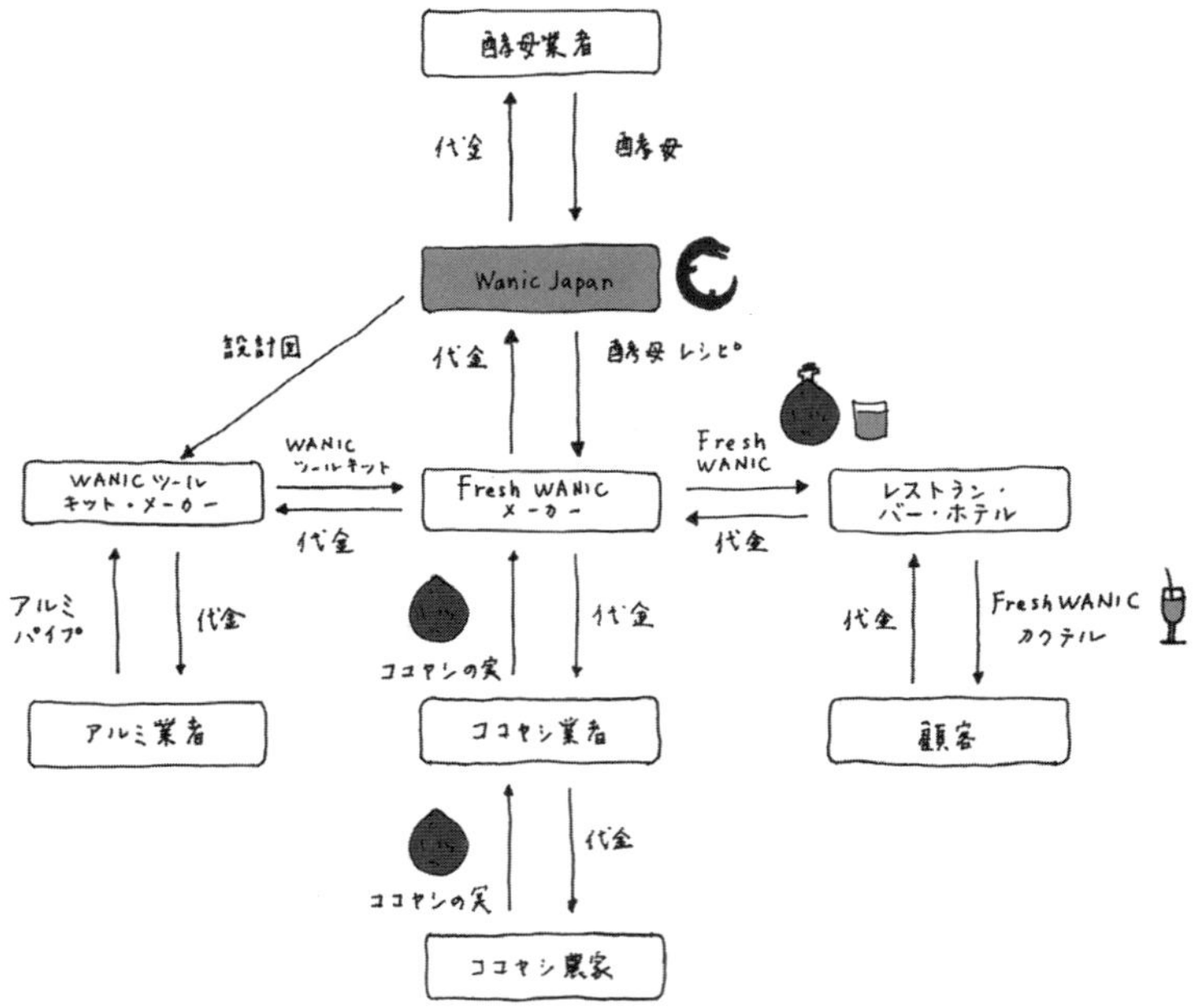

図0・3　フレッシュWANICのサービス・エコシステム

スピリッツへの転換

プロトタイピングとテストを繰り返すなかで、最も考慮したのは、フレッシュＷＡＮＩＣの品質であった。フィリピンにもココヤシの樹液から作られる醸造酒Tuba（トゥバ）があるが、酸味が強く、味も安定せず、決して美味とは言い難い。ココナッツ・ウォーターから作られる世界初の醸造酒という触れ込みであっても、品質が優れていなければ、優れた顧客体験を提供できない。私たちは技術パートナーであるアグリコール・ラム製造会社のＬＡＯＤＩ（ラォディ）社との出会いをきっかけに、徹底した品質管理に基づく製造プロセスを確立し、その結果、新たな製品としてＷＡＮＩＣココナッツ・スピリッツを開発した。

蒸留酒を開発したことで、その顧客は現地に住む先進国出身の人々から、先進国に在住する人々へと変化した。パートナーであるＬＡＯＤＩ社の蒸留施設のあるヴィエンチャンから船便で東京へと製品を出荷し、東京を中心としたバーやレストランとのパートナーシップを構築し、これらのチャネルを通じて、ＷＡＮＩＣを提供することを目指した。

エコシステムのアップデート

ＷＡＮＩＣココナッツ・スピリッツの開発を経て、サービス・エコシステムもまたアップデートされた（図０・４）。このエコシステムには、Wanic社、ココヤシ農家、ＬＡＯＤＩ社が主なアクターとして存在する。Wanic社は、ココヤシ農家からココヤシの実を買い取る。Wanic社

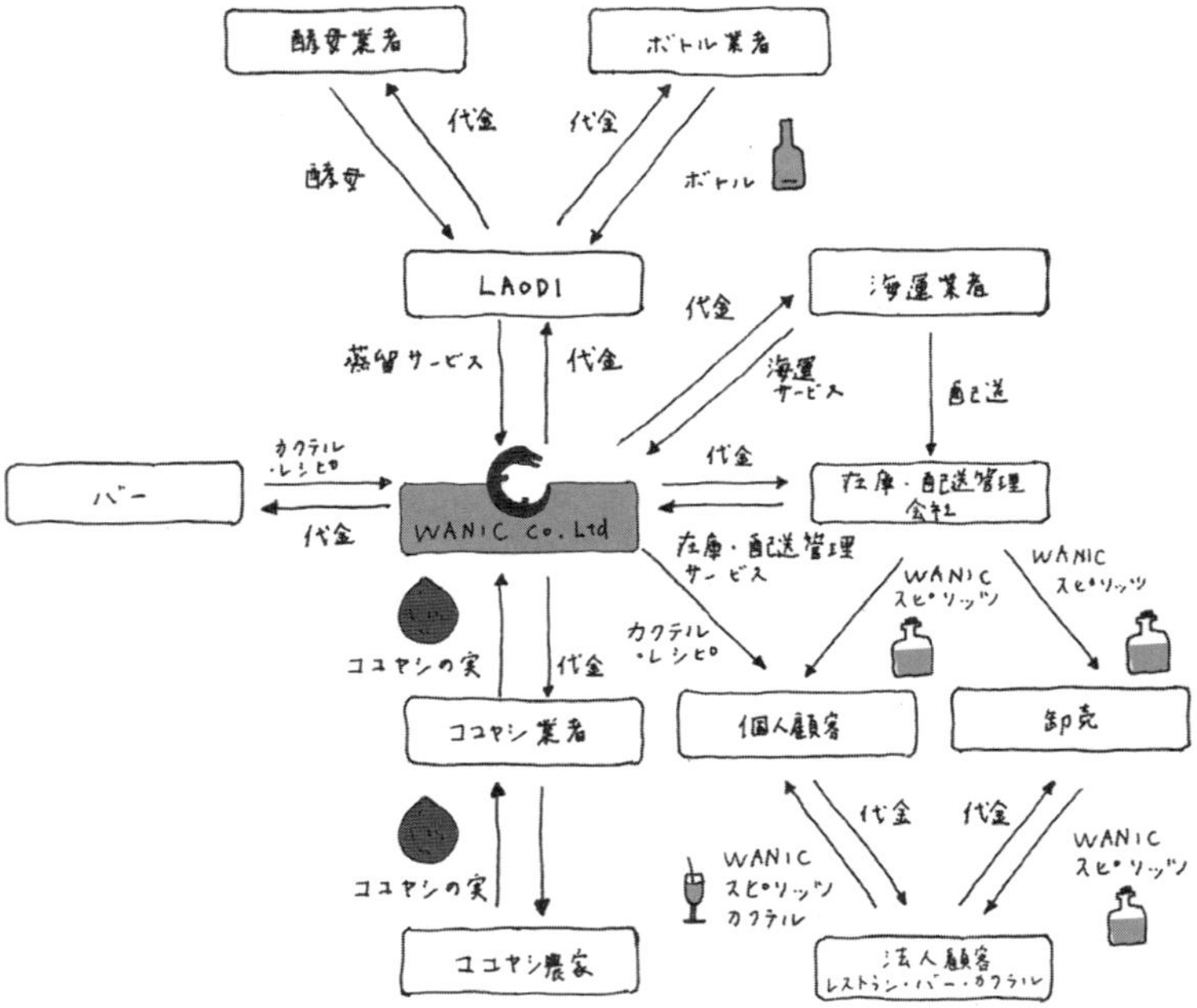

図0・4　WANICココナッツ・スピリッツのサービス・エコシステム（ラオス版）

は、ココヤシの実からココナッツ・ウォーターを取り出し、LAODI社の施設を利用して、フレッシュWANICを醸造し、WANICココナッツ・スピリッツを蒸留する。LAODI社が中国より買いつけたボトルと同種のものを流用することで、調達コストの低下を狙った。

二〇一六年九月、WANICココナッツ・スピリッツ2015がリリースされた。リリースにあたって、顧客との接点として自社ウェブサイトをリニューアルし、Eコマース機能を実装した。二〇一五年に蒸留した最初のロットは一〇〇本限定であった。Eコマースと対面営業を通じてこの一〇〇本を売り切りきった先に、次のステップとしてフィリピンでの蒸留所建設が見えてくる。

フィリピンへ

ココヤシ最大の産地の一つ、フィリピンにおけるWANICココナッツ・スピリッツを中心とするサービス・エコシステムは現在のものと大きく異なる（図0・5）。このエコシステムには、WANICメーカー、ココヤシ農家、ココナッツ・オイル製造業者、ココ・ピート製造業者が主なアクターとして存在する。WANICメーカーは、ココナッツ・オイル業者が固形胚乳を取り出したあとのココヤシの実を買い取る。WANICメーカーは、ココヤシの実からココナッツ・ウォーターを取り出し、フレッシュWANICを醸造し、WANICココナッツ・スピリッツを蒸留する。さらにココナッツ・ウォーターを抜き取ったあとのココヤシの実をココ・ピート業者に販売し、ココ・ピート業者はこれを粉砕、加熱処理を施し、水耕栽培用の培

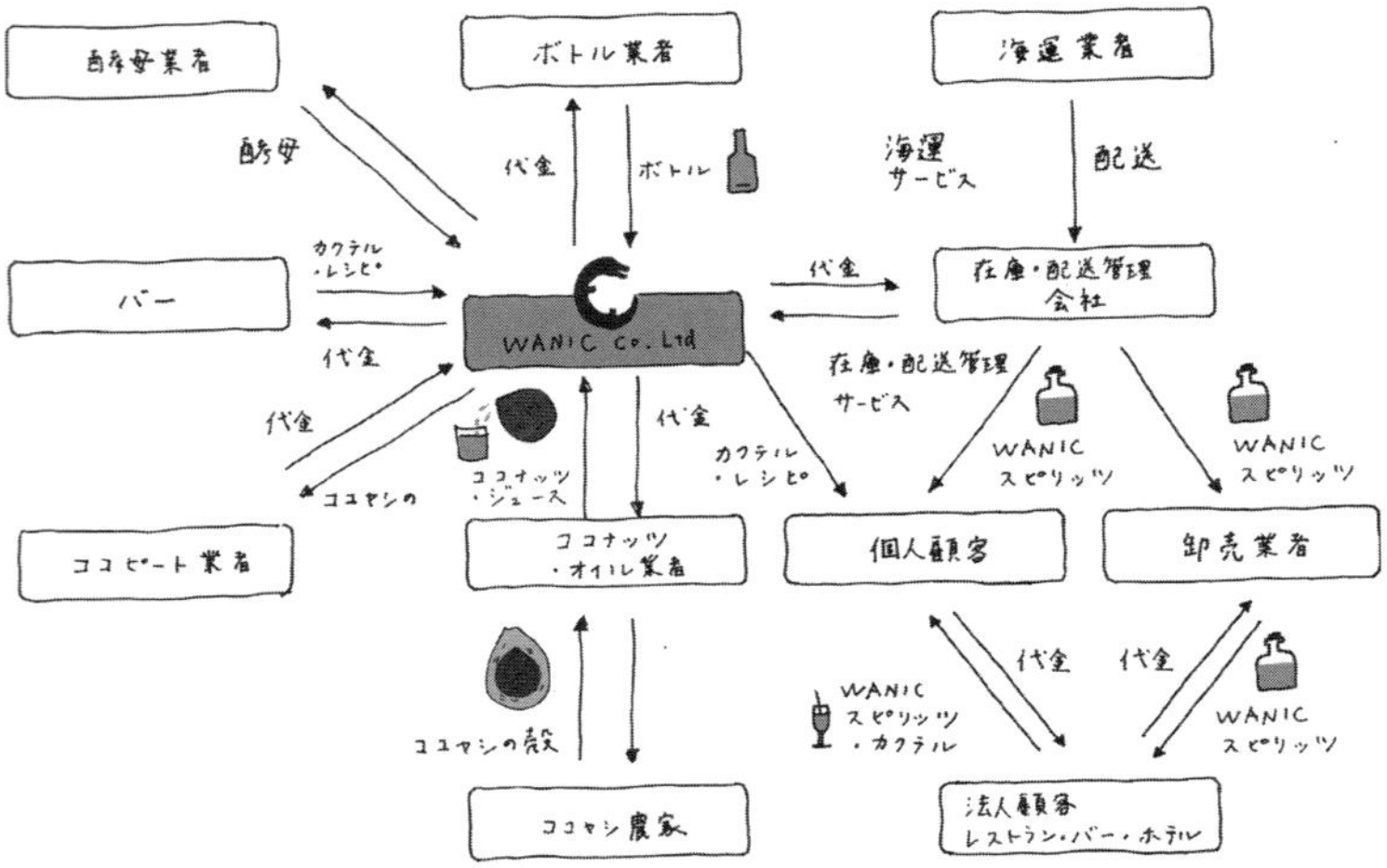

図0・5　WANICココナッツ・スピリッツのサービス・エコシステム（フィリピン版）

養土を製造する。エコシステム内の各アクターが価値を共創し、エコシステム全体の価値を創出することを狙いとしている。

残念ながら、東ティモールや、ＷＡＮＩＣココナッツ・スピリッツ２０１５を製造したラオス・ヴィエンチャンでは、既存のココナッツ産業が存在しない。したがって、このようなサービス・エコシステムを構築するには、しばしの時間を必要とする。しかしながら、世界第二位のココヤシ生産量を誇るフィリピンであれば、既存のココナッツ産業が存在している。既存のココナッツ産業に連なる企業とパートナーシップを締結することで、このようなエコシステムの構築も十分に実現可能なのである。

コンテストへの挑戦

プロモーションのためのリソースを拡大させるために、冒頭で紹介したSFWSC以外にも、いくつかのスピリッツコンテストへ応募を行った。NYのUltimate Spirits Challengeでは、スコア92（Highly Recommend）を獲得し、その他スピリッツ部門において一位の成績を残した。審査員からのテイスティングノートでは、「やわらかく辛口で澄み切ったスピリッツで、ココナッツらしさとともに、わずかな甘さが香る。口当たりが良く、その風味は滑らかに新鮮なココナッツへと発展し、仕上げにナッツらしさが感じられる。全体的に、豪華かつマイルドで、心地よい」と評された。また、ロンドンで創設された歴史と権威を誇る世界的なワインとスピリッツのコンテストである International Wine & Spirits Competition（IWSC）では、Bronzeを獲得した（図0・6）。これらの結果を新たなリソースとして、プレスリリースサービスや自社サイトに記事を掲載し、プロモーションに活用している。

図0・6　IWSC 2017授賞式のBanquetの様子

WANICが示唆するもの

このようなプロセスでデザインされたWANICはいくつかの可能性を示している。まず、第一に、WANICは、**途上国のリソースを発見して生まれたイノベーション**であるという点である。フィールドワークを通じて、地域のリソースを発見し、このリソースを土台としてイノベーションを創出するための方法論を構築することで、たとえ途上国から日本の地方へとそのフィールドを移動させたとしても、その地域ならではのリソースに着目したイノベーションの創出が可能となるだろう。

第二に、WANICは、**途上国由来のリソースとしてのココヤシと、先進国由来のリソースとしてのチームのスキルとナレッジを統合して生まれたイノベーション**であるという点である。このようなリソースに着目した方法論を構築することで、日本の地方においても、その地域ならではのリソースに新たなスキルやナレッジを掛け合わせリソースを統合することで、イノベーションの創出が可能となるだろう。

第三に、WANICは、**途上国と先進国でフィールドワーク、プロトタイピング、テスト、コラボレーションを繰り返しながら生まれたイノベーション**であるという点である。顧客のもつ課題やチームのもつ哲学は変わらずとも、フィールドワーク後に生まれた、製品コンセプト、顧客体験、サービス・エコシステム、ビジネスモデルは、製品リリース段階とは全く異なるものへと変化していた。このような様々なアプローチを通じて、チームのスキルとナレッジをアップデートし、プロトタイプを改善し続ける方法論を構築することで、イノベーションの創出が可能となるだろう。

これらの可能性を踏まえると、リソースが不足していると思われがちな地方であっても、イノベーションに必要な方法論を導入することで、次々とイノベーションを創出することができると言える。なぜならば、地方にはイノベーションに必要なリソースは十分に存在しているためだ。しかしながら、現状それが現実のものとなっていないとすると、昨今イノベーションを実現するための方法論として世に広められている方法論それ自体に限界があるということになる。このような現状に対して、地方において地域のアクターが自らイノベーションを創出するための、実効性のある理論と方法論を構築しようというのが本書の狙いである。

イノベーション理論としてのリソース・ドリブン・イノベーション

本書では、WANICにおいて創出したタイプのイノベーションを**リソース・ドリブン・イノベーション**（RDI）と名づけた。すなわち、地域の人々が、彼らの身の回りにある馴染み深いリソースから、新たな製品をデザインし、新たな事業を紡ぎ出すイノベーションを指す。

RDIにおいて鍵となるのは、**リソース**である。ココナッツのような天然のリソースであれ、観光地となっている文化的、歴史的なリソースであれ、まずは地域のリソースを発見する。また、スキルやナレッジ、さらには顧客やパートナーといった社会的ネットワークもリソースに含まれる。スキル、ナレッジを適用し、顧客やパートナーとともにリソースを統合することで、どこでもイノベーションが可能となる。これがＲＤＩの本質である。

イノベーションとは何か

長らくイノベーションは、新しいアイディアの創出、発明、あるいは技術革新と混同されてきた。後者については、イノベーションが日本で「技術革新」と誤訳されたことによるところが大きい。この翻訳が広まった一つの要因は、「もはや戦後ではない」のフレーズが記載された一九五六年の『経済白書』*01にあると言われている。本白書において、イノベーションの概念が紹介された際、「イノベーション＝技術革新」と翻訳されたのである。しかしながら、本来の意味でのイノベーションは、新しいアイディアの創出や技術革新という限定的な概念ではなく、より広い概念である。

経済学におけるイノベーション研究は、ヨーゼフ・シュンペーターを由来とする。一九一二年に出版された『経済発展の理論』*02の中で、後に「イノベーション」と呼ばれるものを、彼は「Durchsetzung neuer Kombinationen」、つまり、**新結合の遂行**と呼んでいる。一九三七年に出版された『経済発展の理論』の日本語版にはシュンペーターによる英語序文が収録されており、「innovation」という英語が「新結合の遂行」の意味で使われていることがわかる。

シュンペーターは、「新結合」を五つのタイプに限定していた。第一は「新製品、あるいは、新しい品質を伴う製品の開発」、第二は「新しい生産方法の導入」、第三は「新しい販路の開拓」、第四は「原料、あるいは、半製品の新しい供給源の獲得」、最後に「新しい組織の実現」である。これら五つのタイプからも判断できるように、シュンペーターがイノベーションの概念を提唱した段階では、技術革新に限定されていたわけではなかった。市場そのものの開発、さらには組織論までをも含む実に幅広い概念であった。

シュンペーターの主張の示唆深さは、「新結合」にとどまらず、その「遂行」までを経済発展の源として捉えていた点にある。つまり、何かを組み合わせ、新しいアイディアを生み出しただけでは不十分であり、それらを「遂行」しなければ経済発展はないと主張していたのである。ゆえに、五つのパタンはすべて実現に類するワードが含まれている。シュンペーターを多少なりとも読み込んでいれば、例えばブレーンストーミングによるアイディア創出やコンセプト構築が、すなわちイノベーションであるなどとは言えないことは自明だろう。

イノベーションとしてのWANIC

このようなシュンペーターの考えを踏まえると、WANICこそイノベーションそのものである。従来のココヤシがもっていた〈原始的な酒＋途上国の人々〉という組み合わせを、〈洗練された酒＋先進国の人々〉へと変更し、新たな製品と新たな顧客を創造したのである。

このようなRDIは、イノベーションの文脈において三つのイノベーション・モデルの特徴を併せもつ。

第一に、**意味の急進的な変化を伴うイノベーション**の可能性である。ココナッツ・ウォーターは、現地の人々にとって安価な水分および栄養供給源であり、また、ココヤシから作られる醸造酒トゥアックや蒸留酒アラックは現地の人々にとってタダ同然で品質の安定しない酒にすぎなかった。WANICはココナッツ・ウォーターのもつ意味、ココヤシ由来の酒のもつ意味を急進的に変化させ、全く新しいカテゴリの製品を作り出した。この意味で、RDIは意味の急進的な変化を伴うデザイン・ドリブン・イノベーションを継承する概念である。

第二に、**オープン・イノベーション**の可能性である。WANICは、新たな製品であるフレッシュWANICおよびWANICツールキットのコンセプトを構築し、顧客体験、サービス・エコシステム、ビジネスモデルのプロトタイプをデザインした。このプロセスにおいて顧客を含む様々なパートナーのスキルとナレッジを新たなリソースとして統合したことで、最終的に製品をリリースするに至った。この意味で、RDIはオープン・イノベーションをより具体的かつ現実的なレベルへと落とし込んだ概念である。

第三に、**地方から中央に向けたイノベーション**の可能性である。従来、イノベーションは、中央から地方へ、先進国から途上国へと輸出されるものであった。しかしながら、ゴビンダラジャンの主張するように、*03 途上国から先進国へ、地方から中央へとイノベーションを逆輸入するリバース・イノベーションが存在する。RDIは、途上国から先進国だけではなく、地方から中央へ、辺境から中央へとイノベーションを逆輸入するという意味で、リバース・イノベーションを拡張する概念である。

紡ぎ出すプロセス

このように特徴づけられるＲＤＩを紡ぎ出すためのプロセスは、三つのフェーズからなるデザイン・プロセス、四つのデザイン対象、四つのデザイン・ツールで構成されている。

問題空間

これらの概要を説明する前に、どのようなシチュエーションにおいてＲＤＩの創出を狙うべきなのか、その問題空間を定めておく必要がある。

ＲＤＩが対象とする問題空間は、**未来に関する予測が不可能で、目的が不明瞭な空間**を対象としている。Wanicの場合、プロジェクトの開始時点では、どのような製品をデザインし、どのような市場を紡ぎ出そうという予測が不可能で、目的もまた不明瞭であった。いわゆる０から１を生み出そうとする段階であり、未来に対する不確実性の極めて高い状況をＲＤＩは対象にしている。

一方、未来に関する予測が可能で、目的が明瞭な空間とはどのような空間であるかというと、例えば、昨年度にある製品が一〇〇万台売れていたとして、今年度は二〇〇万台売りたい、という状況が考えられる。目的は前年比＋一〇〇％の販売数である。昨年度のプロモーションに関する予算を二倍に上げることで、この目的を達成できるだろうと予測を立てるのである。このような状況においても、ＲＤＩは適用可能であるかもしれないが、より不確実性の高い状況において真価を発揮する理論である。

3つのフェーズ

このような問題空間において実行されるＲＤＩのデザイン・プロセスは、三つのフェーズで構成されている。

フェーズ1は、**リソースの発見**である。フェーズ1のゴールは、ＲＤＩを紡ぎ出す新たな製品をデザインするためのリソースの発見である。ＲＤＩを実現する製品は、天才のひらめきによって生まれるわけではない。現在のリソースを把握し、新たなリソースを発見し、それらを地道に分析し、統合することによって生み出される。製品のクオリティは、利用可能なリソースに強く依存する。したがって、適切な方法に基づいて適切なリソースを発見する必要がある。

フェーズ2は、**リソースの統合**である。フェーズ2のゴールは、ＲＤＩを紡ぎ出す四つのデザイン対象、すなわち、コンセプト、顧客体験、サービス・エコシステム、ビジネスモデルの初期値の設定である。チームはすでに現在のリソースを把握し、さらには各種調査を経て新たなリソースを発見した。これらすべてをリソースとして統合し、デザイン機会を同定し、顧客の課題に対する新たな価値を提案する、新たなカテゴリに属する製品のコンセプト、顧客体験、サービス・エコシステム、ビジネスモデルの初期値をデザインする。

フェーズ3は、**リソースの拡大**である。フェーズ3のゴールは、フェーズ2を経てデザインされた四つのデザイン対象、コンセプト、顧客体験、サービス・エコシステム、ビジネスモデルのアップデートである。フェーズ2が終了した段階では、これら四つのデザイン対象は、初期値をもっているにすぎない。リソースの拡大を通じて、四つのデザイン対象をアップデートすることで、顧客に対する提供価値のアップデートを行う。これら四つのデザイン対象をアップデートするためのツールが四つのデザイン・ツールである。

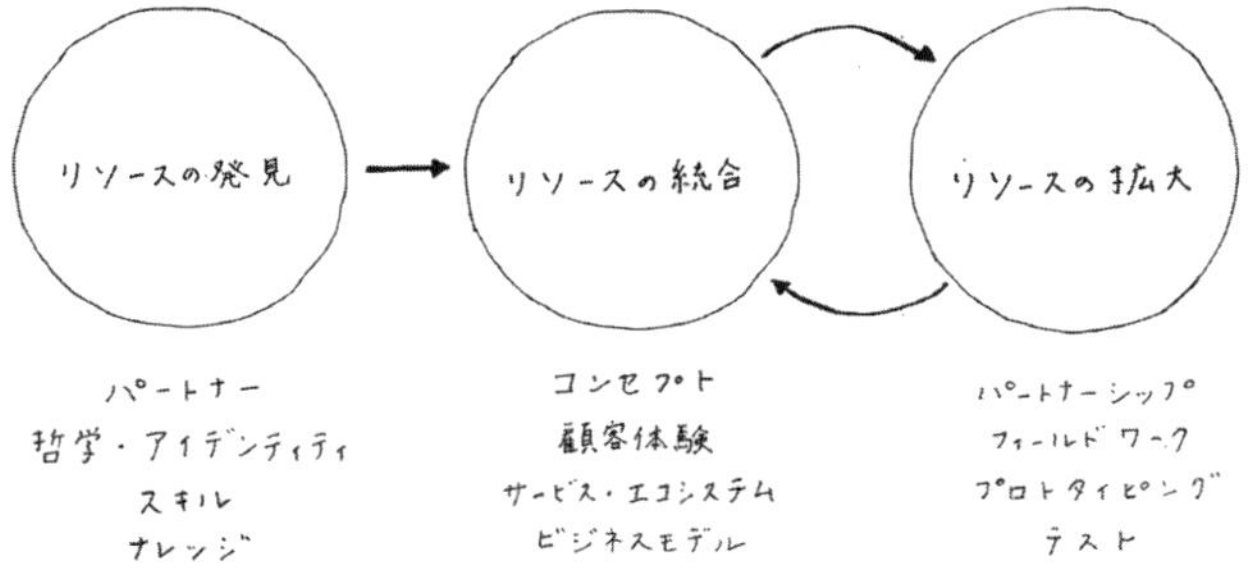

図0・7　リソース・ドリブン・イノベーションのデザイン・プロセス

4つのデザイン・ツール

ツール1は、**パートナーシップ**である。パートナーシップは二つの役割をもつ。第一の役割は、パートナーの提供可能なサービスに基づいて、価値提案プロセスにおいて利用可能なリソースが拡大される。第二の役割は、パートナーとの関係性が制約条件として機能し、新たな製品の可能性がある方向に収斂される。

ツール2は、**フィールドワーク**である。リソースの発見フェーズにおいても現場観察およびインタビューを実施したが、リソースの拡大フェーズにおいても、フィールドワークを実施する。ただし、すでにデザイン機会は発見されているため、フィールドワークの目的が異なる。

すなわち、価値提案プロセスにおいて利用可能な新たなリソースを発見すること、および、顧客が新たな製品を使用する際に、より価値を見出す文脈を発見することがその目的となる。

ツール3は、**プロトタイピング**である。プロトタイピングでは、二つの領域を扱う。第一の領域は、コンセプトや顧客体験の可視化である。想定顧客がコンセプトを体験可能な状態とすることで、不確実性を減少させる。第二の領域は、新たな製品を顧客に伝達するためのメディアのデザインである。メディアを通じて、新たな製品のブランドの想定顧客への認知、および、顧客との関係性を構築する。

ツール4は、**テスト**である。プロトタイピングを通じてデザインされた様々なプロトタイプは単にデザインされただけでは不十分である。なぜならば、その価値は顧客がプロトタイプを使用することで、顧客が判断して初めて創出されるためである。価値共創プロセスにおいて取得されたリソースは、クライアントやチームにフィードバックされることで、新たなリソースとして機能し、次のプロトタイプのデザインに活かされることとなる。

以上の三つのフェーズをまとめると、現在のリソースを把握し、新たに発見したリソースと統合することで、イノベーション・プロセスの初期値としての四つのデザイン対象のプロトタイプをデザインし、パートナーや顧客とともに、リソースの統合と発見を繰り返しながら、目的を収斂させ、新たな市場を紡ぎ出す。これがＲＤＩのプロセスである。このような方法論を様々な分野に展開することによって、その地域ならではのリソースを活かした、その地域ならではの様々な新規産業を紡ぎ出すことができる。

鉄道と郵便馬車

話をもう一度シュンペーターに戻そう。シュンペーターは、新結合の遂行という現象には、二つの**非連続性**が存在すると主張し、これを鉄道と郵便馬車を例に説明した。

第一の非連続性とは、**軌道の変更**である。「郵便馬車をいくら連続的に加えても、それによって鉄道をうることはできないだろう」（シュンペーター）。郵便馬車をいくら改良しても、鉄道には成りえないのである。郵便馬車と鉄道は確かに同じく輸送手段として考えられる。しかしながら、鉄道は、鉄道ネットワークを通じて貨物の大量輸送という新たなサービスを実現し、人間社会の軌道を質的に変化させてしまった。

第二の非連続性とは、**発展担当者の変更**である。「鉄道を建設したものは、一般に駅馬車の持ち主ではなかったのである」（シュンペーター）。旧い産業の担い手は、一般的に、イノベーションの担い手たり得ない。新結合は、旧結合と並走して出現するものの、やがて旧結合は淘汰される。このとき、新結合の社会的地位は上昇し、旧結合の社会的地位は下落するのである。

シュンペーターのイノベーション理論が鉄道と鉄道ネットワークのもたらす社会の変化を背景としたものであったのに対して、ＲＤＩは、ＩｏＴ、ロボティクス、拡張現実、ＡＩなど、コンピュータとネットワークのもたらす社会の急進的な変化を背景としている。このような時代に求められる新たなイノベーションの枠組みとその方法論を構築し、二一世紀ならではの地方のビジョンをデザインする一翼を担いたいと切望している。

本書の構成

本書は、二部からなる。第Ⅰ部では、ＲＤＩの事例と理論を扱う。第Ⅱ部では、ＲＤＩを紡ぎ出すための詳細なマネジメント手法を扱う。

第Ⅰ部は、ＲＤＩについて掘り下げるために、理論の土台となった事例および背景理論を紹介したうえで、理論化を試みる。この理論を踏まえ、実際に地域の人々がそれぞれのリソースからイノベーションを実現するための枠組みを検討する。

第1章では、ＷＡＮＩＣを取り上げ、ＷＡＮＩＣココナッツ・スピリッツをリリースするまでのプロセスを紹介する。東ティモールでのフィールドワークに始まり、フィリピンでのプロトタイピング、そしてラオスでのＷＡＮＩＣココナッツ・スピリッツ２０１５の製造とリリースまでのプロセスを説明する。

第2章では、ＲＤＩの理論的土台を構成するいくつかの理論を紹介する。価値創造のための理論である「サービス・ドミナント・ロジック」を中心に、熟達した企業家の行動論理「エフェクチュエーション」、デザイン思想の一つである「人間中心デザイン」を紹介する。

第3章では、ＲＤＩを紡ぎ出すためのフレームワークを紹介する。本フレームワークは、三つのフェーズからなるデザイン・プロセス、これらのプロセスにおいてデザインが必要となる四つのデザイン対象、そして、これらのデザインを行うにあたって利用可能な四つのデザイン・ツールを解説する。

第4章では、教育、行政、ビジネスの三つの観点から、地域のリソースに着目し、イノベーションを実現するための枠組みを議論する。地方ならではの、地方でしかできない、教育、行政、ビジネスにおける戦略について議論し、地方の未来についての一つのビジョンを共有したい。

第II部では、RDIを紡ぎ出す組織を構築するために、組織、チーム、人材という三つのターゲットに対するマネジメント手法を述べる。これらは書籍という体裁上順序だてて説明しているが、実際には、同時に進める必要がある。なお、便宜上、第II部の主体を企業として記述しているが、自治体、教育機関、NPOなどに読み替えることで、これらの組織においても同様のマネジメント手法は適用可能である。

第5章は組織マネジメントを扱う。RDIを継続的に紡ぎ出す組織をデザインするためのマネジメント手法を説明する。

第6章はチーム・マネジメントを扱う。RDIを紡ぎ出す製品を次々と創出するチームをデザインするためのマネジメント手法を説明する。

第7、8、9章は人材マネジメントを扱う。RDIを担う人材をデザインするためのマネジメント手法として、RDIのデザイン・プロセスの三つのフェーズに合わせた原則一年間のカリキュラムを説明する。

人材育成カリキュラムは、チーム単位で実施するイノベーション・プロジェクトの形式をとる。チームは第6章で紹介するチーム構成手法に基づき、五人程度のメンバで実施する。また、第5章で紹介するイノベーション・ポートフォリオに基づき、イノベーション・プロジェクトを実施するチームの数を決定する。

第7章では、フェーズ1のリソースの発見を扱う。リソースの発見は、六ステップで構成される。隔週で一ステップを実施し、約二カ月かけて、リソースを発見する。

第8章では、フェーズ2のリソースの統合を扱う。リソースの統合は、四ステップで構成される。隔週で一ステップを実施し、約二カ月かけて、リソースを統合し、コンセプト、顧客体験、サービス・エコシステム、ビジネスモデルのプロトタイプをデザインする。

第9章では、フェーズ3のリソースの拡大を扱う。リソースの拡大は、四つのツールを用いて実施される。各月で一ステップを実施し、約五カ月かけてリソースを拡大し、四つのプロトタイプの精度を向上させる。

part one.

第Ⅰ部

リソース・ドリブン・イノベーションを紡ぎ出す理論

第1章　途上国のリソースに注目し、イノベーションを紡ぎ出す

本章では、Wanicを題材に、リソース・ドリブン・イノベーション（RDI）のデザイン・プロセスの三つのフェーズ、リソースの**発見**、**統合**、**拡大**を概観しつつ、実際の製品の着想からリリースまでの物語を紹介したい。

この物語は、東ティモールのフィールドワークから始まる。東ティモールでのフィールドワークを経て発見したリソースと、チーム・メンバのもつリソースがいかにして統合され、コンセプトが生まれ、**プロトタイピング**、**テスト**、**フィールドワーク**、**パートナーシップ**という四つのデザイン・ツールを駆使しながら、いかにして**コンセプト**、**顧客体験**、**サービス・エコシステム**、**ビジネスモデル**という四つのデザイン対象が洗練され、顧客へと製品を届けられたかという、そのプロセスを共有する。

東ティモールのリソースから生まれたWANIC

7人のリソース

Wanicの歴史は、二〇一〇年に遡る。その夏、ある途上国向けプロダクト・デザイン・コンテストが開催された。コンテストの課題は、途上国の社会課題を解決するためのプロダクトのデザインであった。このコンテストをきっかけに、それまで面識のない七人が集まり、一つのチームが生まれた。立場で言えば学生と社会人、年齢で言えば二〇代から四〇代、職業で言えばデザイナ、元医師、研究者などと、バラバラであった。

この七人のリソースは次のようなものであった。

デザイン・オフィスを経営しているプロダクト・デザイナは、医療機器を中心とするプロダクトやパッケージ・デザインの経験があった。大手総合家電メーカーと、OA機器の総合メーカーに勤務するメンバは、大企業における新規事業立案の経験があった。ソーシャル・アントレプレナーシップを専攻する大学院生は、フィリピンで語学学校を経営する会社の役員を務めていた。都市計画を専攻する学部生は、イノベーション教育を受けていた。元医師の政策秘書は、医療に関するスキルとナレッジをもっていた。そして、インタラクション・デザインの研究者である私は、デザイン理論とサービス開発に関するスキルとナレッジをもっていた。また、途上国における現地の人々の現金収入向上に関心をもっていた。

酒を造ることは最初から決まっていたわけではなく、これらのリソースと、フィールドワークの結果得られたリソースを統合し、紡ぎ出された。

フィールドワークへ

このプロダクト・デザイン・コンテストは、プログラムの一貫として、参加者に東ティモールでのフィールドワークの機会を提供するという、非常に挑戦的な試みを採用していた。東ティモールは、インドネシア半島の南、オーストラリアの北に位置する小さな島国である。ティモールの創生神話にはワニが登場する。それゆえに、現在もワニは神聖視されている。そのようになな視点で見れば、心なしかティモール島のかたちもまた、ワニのように見える。内戦のため、二一世紀の現在も国土の八〇%は依然として非電化のままである。この非電化の現場へ実際に出かけ、調査を行い、そこで得られたデータをもとにコンセプトを生み出し、プロダクトをデザインすることが求められていた。

先進国に住む人々が途上国の人々のためのプロダクトをデザインする場合、フィールドワークはデザインの大前提となる。なぜならば、フィールドワークを通じて現場を観察し、現地の人々の生の声をはじめとする生き生きとしたデータを収集することによって初めて、実感として現地を体感し、現地の人々に共感しながらデザインするための一つの世界観を獲得できるためだ。

実際にフィールドワークを実施する前段階では、デスクトップ調査を行う。なぜならば、デスクトップ調査を通じて、政治、環境、社会文化、技術、法制度、環境などのマクロ環境に関するナレッジを獲得することができるだけではなく、観察対象やインタビュー候補者の選定など、

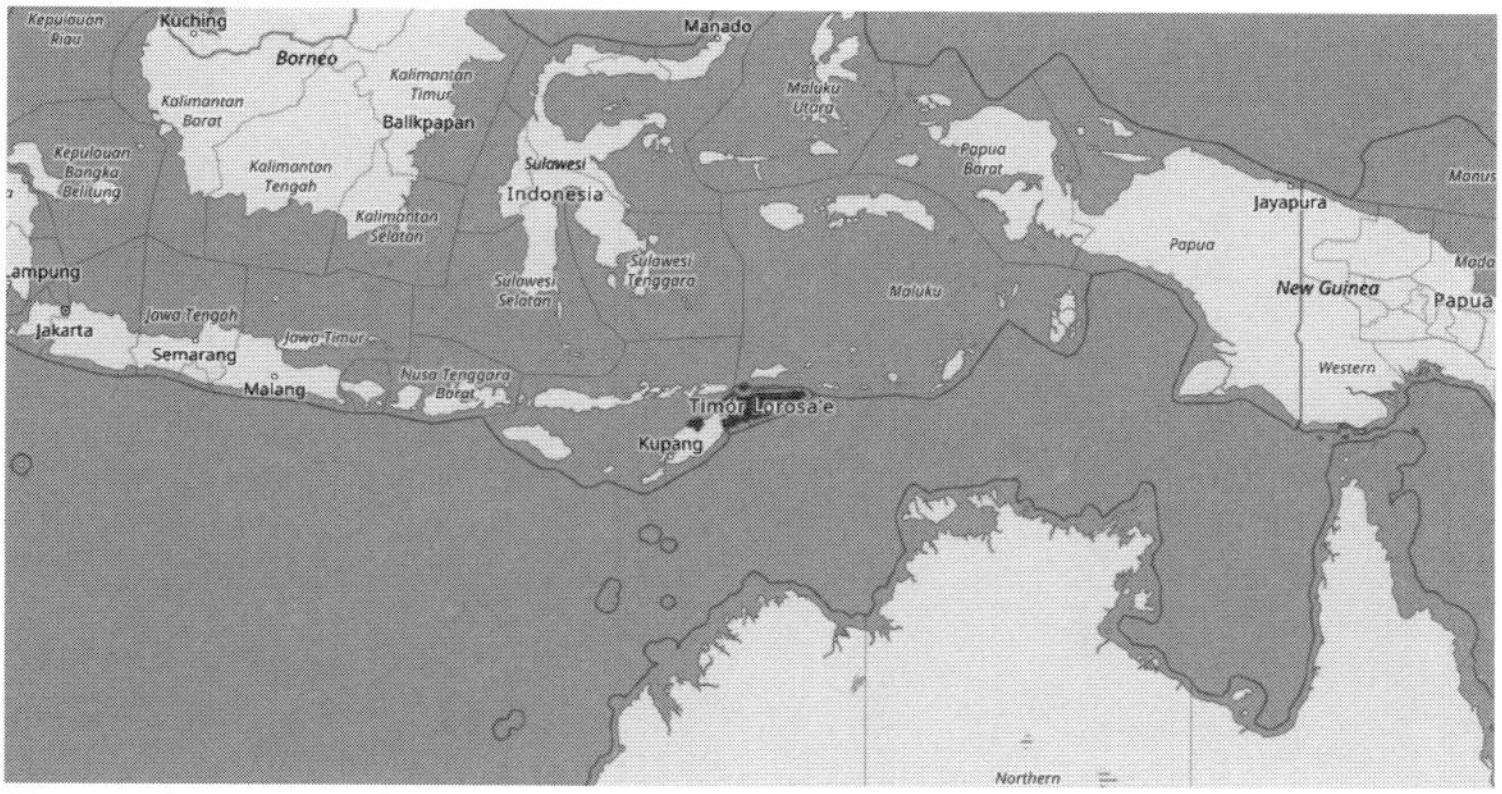

図1・1　東ティモール（引用元：<https://www.openstreetmap.org/>）

フィールドワークを実施するにあたっての綿密な計画を立案する際の参考となるナレッジを獲得できるためである。いざ調査を開始してみると、東ティモールは、非常に複雑な国であることがわかった。

東ティモールという国

東ティモールは、二〇世紀に二度の独立を経験している。最初は、ポルトガルからの独立である。東ティモール島は、一六世紀にポルトガルによって植民地化された。その後、西ティモールはオランダに占領され、東ティモールは、独立戦争を経て、一九七四年に独立を宣言した。二度目の独立は、インドネシアからの独立である。一九七四年に独立を宣言したのも束の間、インドネシアの侵攻に遭い、全土を制圧されてしまった。独立戦争は二〇年以上も続き、一九九九年から二〇〇二年まで国連による暫定統治時代を経て、実質上の独立を果たした。

ポルトガル領時代の工業化の失敗、独立を巡る紛争による首都の破壊の結果、産業基盤が育たず、東ティモールの経済はいまだ脆弱である。主要な産業は農業で、米・とうもろこし・コーヒーなどを栽培し、特にコーヒーの輸出が盛んである。現地の物価を反映した一人あたり名目GDPは、二〇〇〇年段階で504ドルであったが、二〇一一年には5021ドルまで回復している。*04 とはいえ、特に村落地域はいまだに貧しく、国民の半数以上が一日一ドル以下、七割以上が二ドル以下の収入で暮らしている。現地の人々は、農業だけでは十分な収入が得られず、高収入を得るためには、国連やNGO絡みの仕事に就く必要がある。しかしながら、これらの仕事に就くためには英語力が求められる。英語が話せなければ高収入は望めず、高収入を得られなければ良質の教育を受けることができない。このような負のサイクルを脱出するためには、新たな産業の創出が不可欠である。新たな産業は、現地の人々に新たな就労機会を提供する。現金収入が向上すれば、経済的自由を達成できる。教育やその他生活の必要な領域への投資が可能となり、やがて負のサイクルからの脱出が可能となる。

ココヤシの実の発見

新たな産業を創出するといっても、話はそう簡単ではない。国土は荒廃し、十分なインフラも整備されていない東ティモールでは、目立った技術もなければ、新たな技術を活かす人材も乏しい。限られたリソースを用いて、新たな産業をデザインする必要があった。そのようななか、フィールドワークを通じて見つかったリソースが、ココヤシの実であった。

現金収入の向上という現地の人々の課題に対して、余剰リソースとしてのココヤシの実に着目するまでは良いとしても、既存のカテゴリに属する製品をデザインしてしまえば、当然ながら既存企業との競争に巻き込まれてしまう。競争下では、価格設定は市場のメカニズムによって決定するため、後発、かつ、当該製品に関するスキルやナレッジに乏しい企業がその市場に乗り込んでいく合理的な理由を見出すことはできない。しかしながら、新しいカテゴリの製品をデザインする場合、そこに競争は存在しない。自由な価格設定が可能となり、高価格での展開も可能となる。

リソースの意味を変化させる

新たなカテゴリを創出する場合、**リソースの意味に着目する**といったアプローチが考えられる。社会一般の人々がそのリソースに対して抱いている意味を変化させない、あるいは抱いている意味をわずかに変化させる、いわば漸進的に変化させる場合、既存製品の改善にとどまってしまう。一方、現在そのリソースに対して抱いている意味から大きく逸脱させる、いわば急進的に変化させる場合、イノベーションに寄与する。例えば、従来、時計は時間を確認するための道具として考えられていた。時間を確認するという道具としての意味にとどまれば、漸進的変化の領域に属する。しかしながら、ファッションアイテムとしての意味を時計に付与したとたん、急進的変化の領域に属することになる。

このような視点に基づいて、リソースとしてのココヤシのもつ現在の意味を考えた。現地の人々にとって、一本のココヤシの樹があれば生活が成り立つと言われているほど、ココヤシは生活に密着している。例えば、ココヤシの実に含まれるココナッツ・ウォーターは、現地の人々にとっての身近で安価な水分補給源であり、栄養補給源である。また、従来、ココヤシ由来の酒といえば、現地の人々が飲む、ココヤシの樹液から作られる原始的なヤシ酒であるトゥアック（Tuak）、さらにはこれを蒸留したアラック（Arack）を意味した。

このようなココヤシのもつ意味を、二つの観点から急進的に変化させようと試みた。第一に、ココナッツ・ウォーターのもつ意味を、現地の人々にとってのありふれた日常的な飲料から、高付加価値製品としての酒の原料へと、その意味を急進的に変化させる。第二に、ココヤシ由来の酒のもつ意味を、現地の人々が日常的に飲む原始的なヤシ酒から、先進国出身の人々が非日常的に飲む、南国らしさを体現したエキゾチシズムの象徴としての醸造酒へと、その意味を急進的に変化させる。加えて、現地の人々が酒を造り、顧客として先進国の人々に販売するモデルを採用することで、生産者である現地の人々はより貨幣価値の高い外貨を獲得できる。結果、獲得可能な現金収入の向上が期待できると考えた。

フレッシュWANICの誕生

このような急進的な意味の変化に基づいて、ココヤシの実を容器として利用し、内部のココナッツ・ウォーターを発酵させて作られるフレッシュWANICのコンセプトが生まれた（図1・2）。

さらに、フレッシュＷＡＮＩＣを製造するためのツールキットとレシピをデザインし、これを公開することで、フレッシュＷＡＮＩＣを作る生産者、ツールキットを作る生産者が生まれ、より多くの人々が現金収入を向上させることができると考えた。

ツールキットのファーストプロトタイプは、東ティモールの象徴であるワニの形をあしらったメインパーツに、四つのツールを接続して利用するという構成を採用した。四つのツールとは、穴あけ器具、発酵栓、保存栓、サーブ栓である。３Ｄプリンタを使って複数のモデルを出力しては細かな修正を加え、完成に至った（図１・３、１・４）。

図1・2　フレッシュWANIC

ツールキット・ファーストプロトタイプ用のレシピは六ステップで構成されていた（図１・５）。❶まず、穴あけ具を用いて、ココヤシの実に穴を開ける。次に、❷酵母と砂糖を投入する。一つのココヤシの実には、平均約一リットルのココナッツ・ウォーターが含まれている。その糖度は約五％であるため、アルコール発酵に適切な糖度約二〇％をターゲットとした場合、約一五〇グラムの補糖を行う必要がある。続いて、❸発酵栓を接続し、アルコール発酵を待つ。ココナッツ・ウォーターの内容量次第であるが、約五－六日経過すると、アルコール度数約七－八％に至り、フレッシュＷＡＮＩＣが完成する。❹アルコール発酵後の

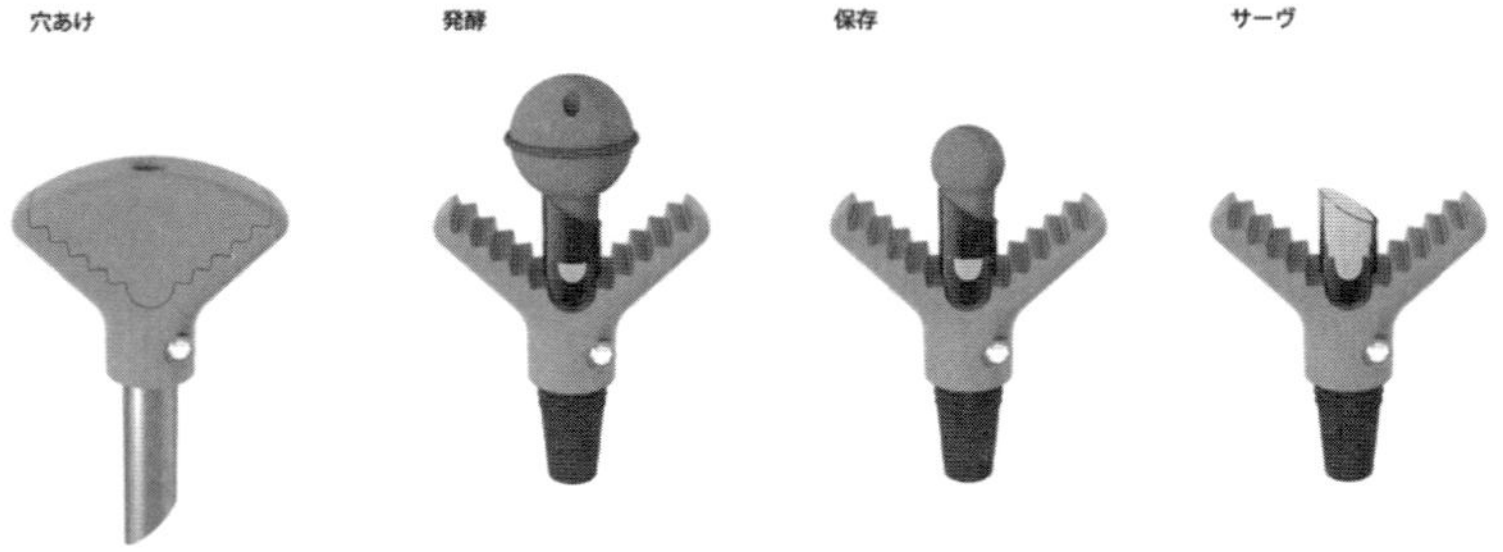

図1・3　WANICツールキット・ファーストプロトタイプ（3Dモデル）

酸化を防ぎ、空気の侵入を妨げるために保存栓を接続し、❺保存栓をサーブ栓に取り替え、グラスにサーブする。❻おいしい！

顧客体験のデザイン

新たなカテゴリの製品を提案するだけで、顧客が満足するかと言えば、そう話は簡単ではない。その製品のもつ顧客体験が顧客にとって十分に魅力的でなければならない。ツールキットを使ってフレッシュWANICを作る顧客と、フレッシュWANICを購入し、飲む顧客にとっての魅力的な顧客体験をデザインするために、プロトタイピングとテストを繰り返し、顧客にとっての価値を高める必要があった。

ツールキットのファーストプロトタイプをデザインしたのち、その改良を目的として、専門家へのインタビューを行った。具体的には、酒造りおよびココヤシに関する専門家へのインタビューを通じて、ツールキットとレシピの改善に関するナレッジを得ることが目的であった。

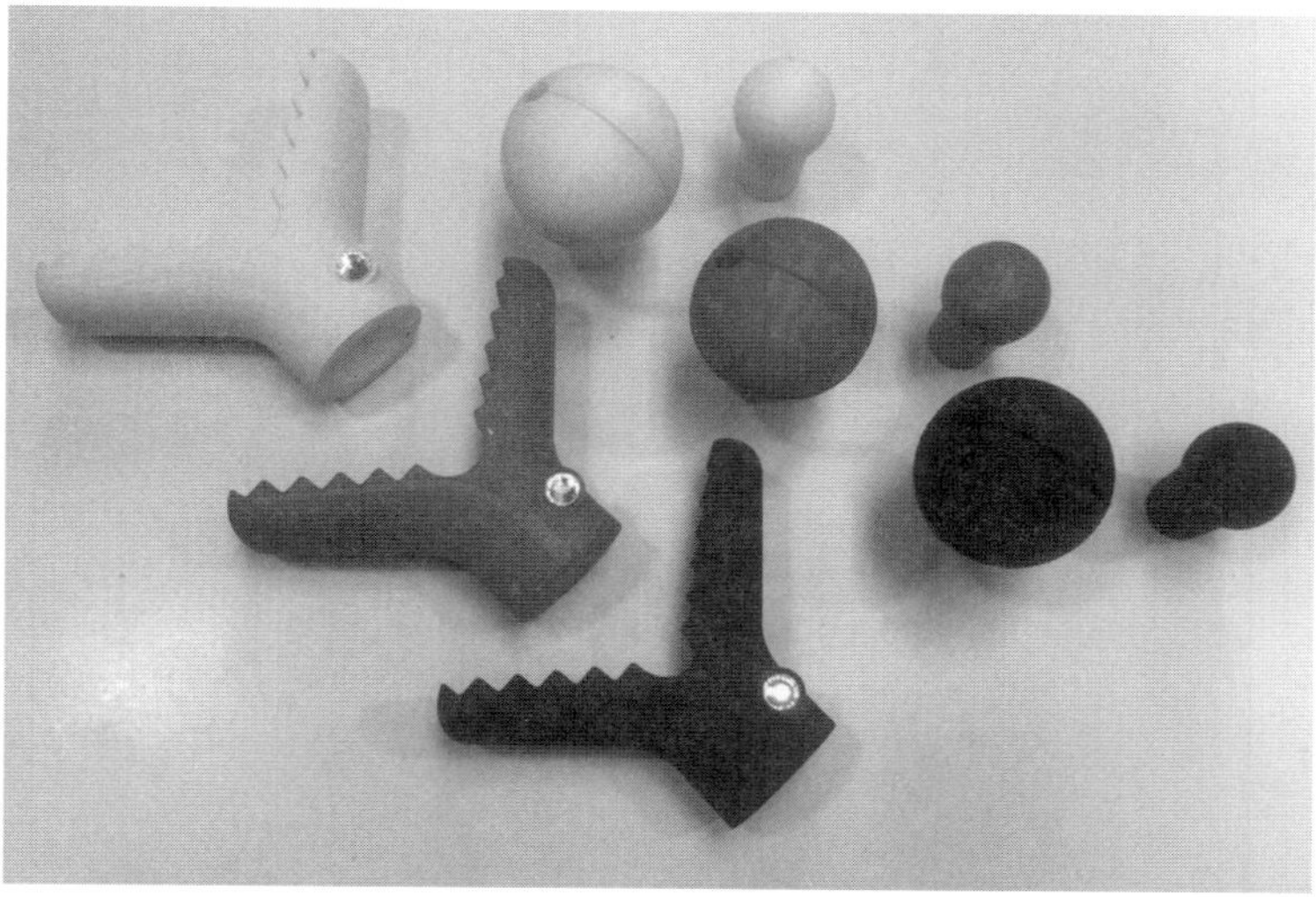

図1・4　WANICツールキット・ファーストプロトタイプ

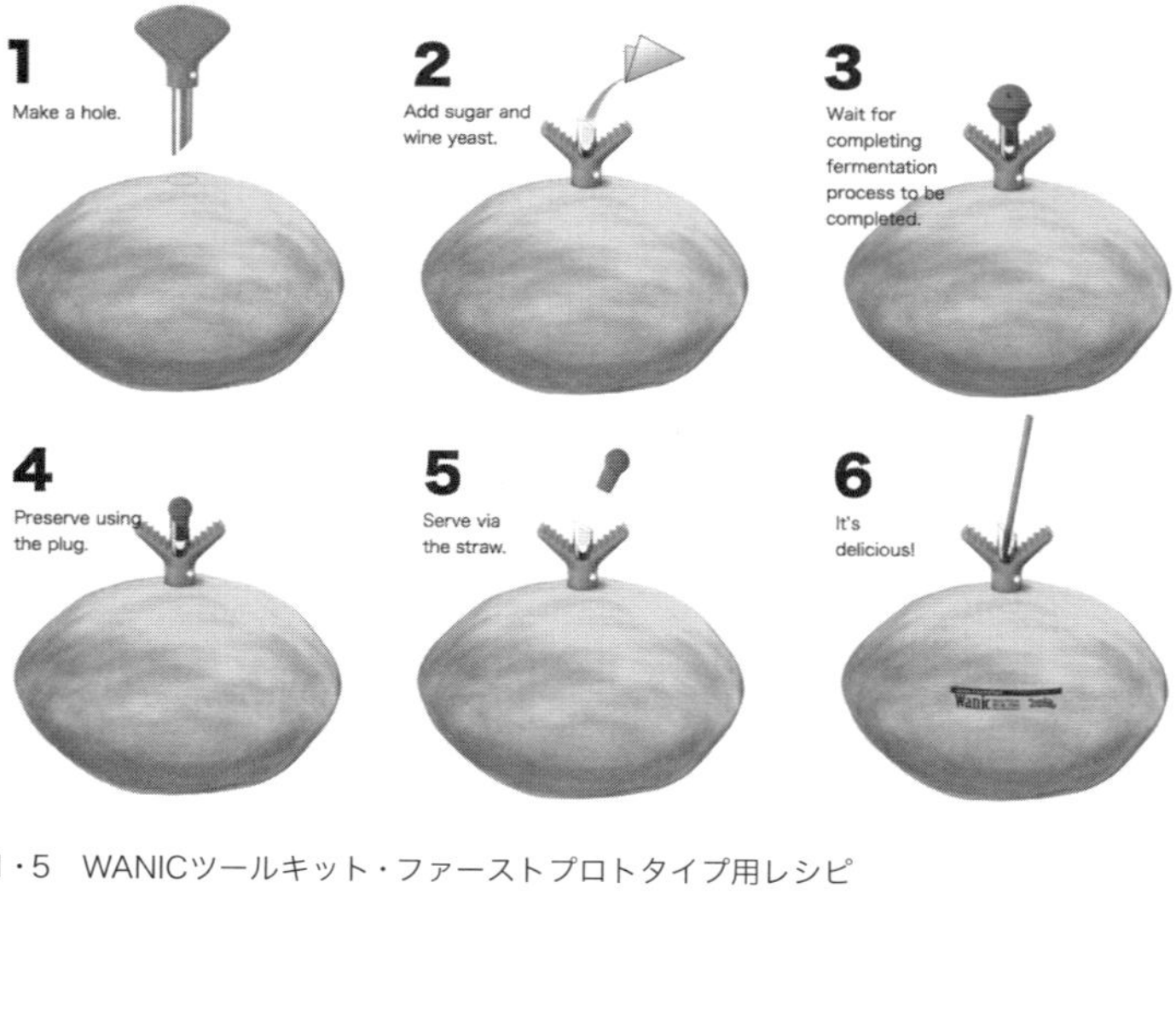

図1・5　WANICツールキット・ファーストプロトタイプ用レシピ

セカンドプロトタイプ

専門家インタビューを経て生み出されたのがWANICツールキット・セカンドプロトタイプである。セカンドプロトタイプは、三つのツールで構成されている（図1・6）。穴あけ具、発酵栓、コルク付きサーブ栓である。穴あけ具は、ハンドドリルの刃を参考にして、先端部分に波形が採用された。発酵栓は固定具と上蓋の二組で構成される。固定具は、内側の凹みに水を入れて利用する。固定具の上に上蓋を被せることで雑菌の混入を防止できる。ファーストプロトタイプのメインパーツであったワニの形状をあしらった固定具は廃止されたが、象徴としてのワニが完全に排除されたわけではない。発酵栓の上蓋にワニのイメージの焼き印が押されている。

セカンドプロトタイプの素材には、セラミックが採用された。東ティモール在住の友人を通じて、追加の現地調査を実施し、コスト面でプラスチックを大幅に下回るセラミックの鋳造スキルをもった職人が首都ディリで活動していることが判明した。穴あけ具のアルミニウム以外の部分を除けば、ファーストプロトタイプにてABS樹脂で制作されている部分の代替として、セラミックを利用できる。このアクターとの連携により大幅にコストを削減できるだけではなく、現地でのツールキットの製造が実現できる。また、セラミックは土から作られるため、大量に製造・廃棄されたとしても、プラスチックと比較して自然環境に対する影響も少ないため、環境的持続性にも貢献できる。

これらの新たなツールを用いたレシピには、ファーストプロトタイプと同様、六ステップが採用されたが、最後のステップに若干の変更が加えられた（図1・7）。こし器を利用して、WANICをサーブすることで、雑味の原因となる澱《オリ》の混入を防ぐという改良である。

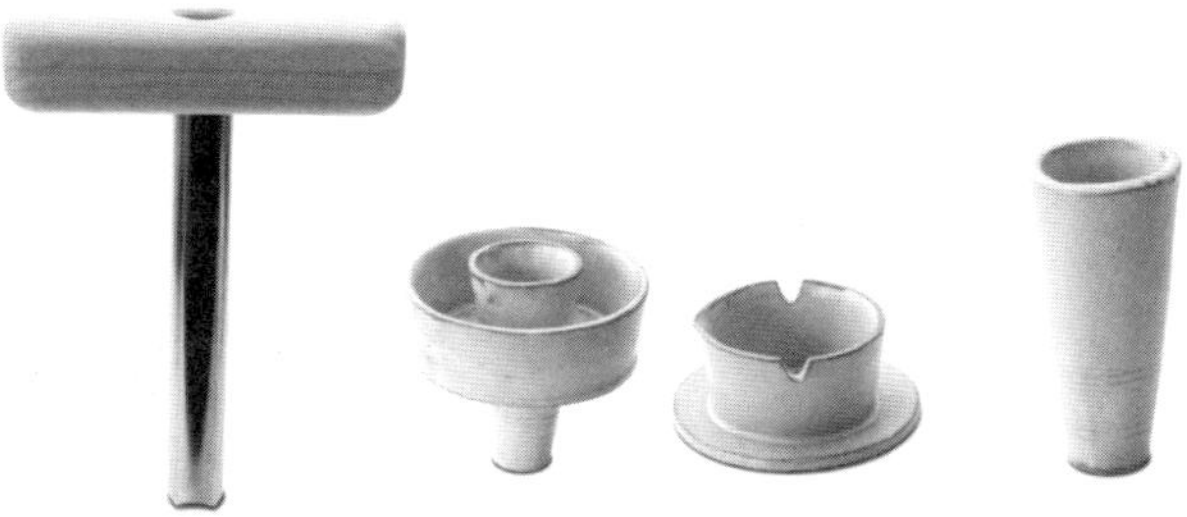

図1・6　WANICツールキット・セカンドプロトタイプ

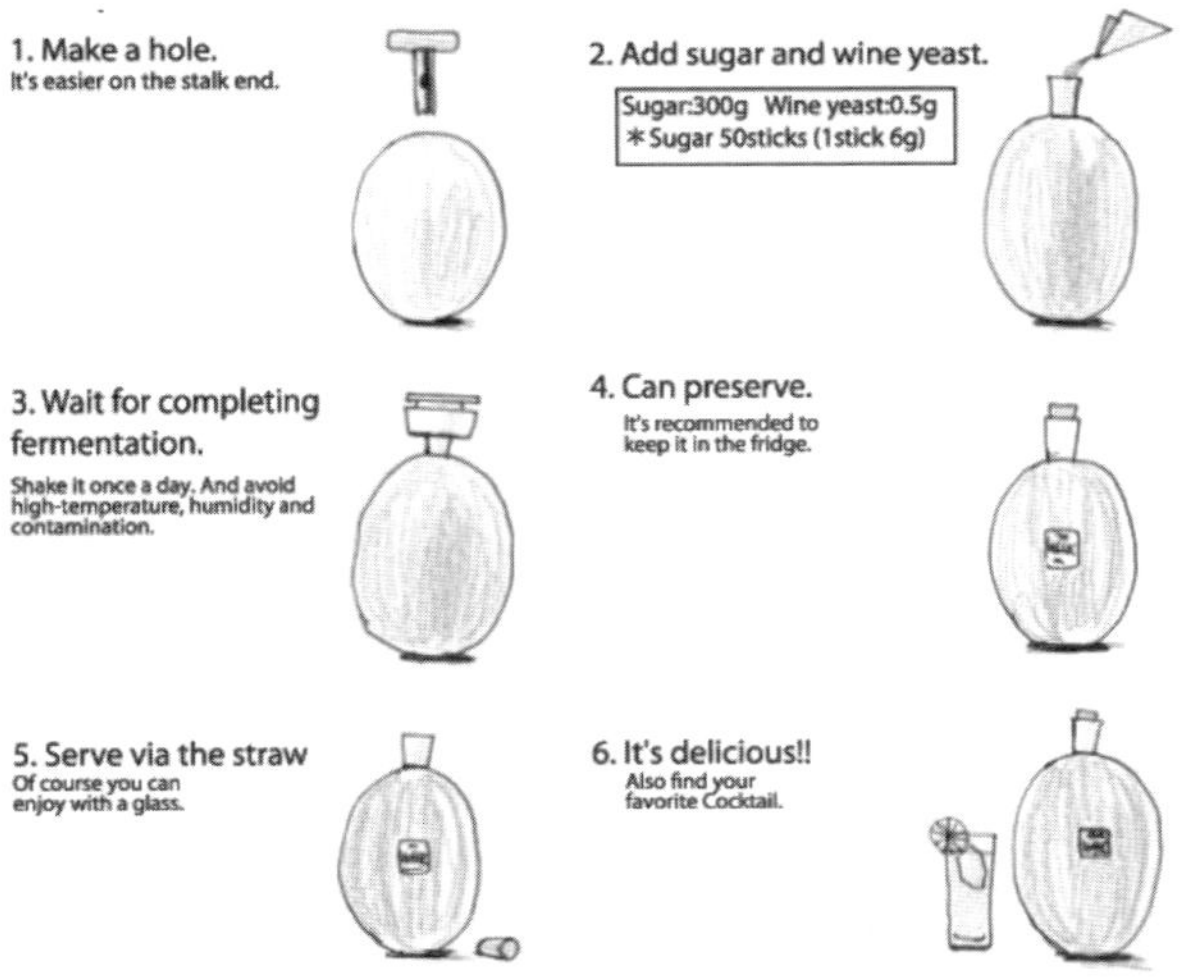

図1・7　WANICツールキット・セカンドプロトタイプ用レシピ

図1・8　フレッシュWANIC造りの様子

二〇一一年三月、セカンドプロトタイプを実装した段階で、現地でのテストを実施した。テストは、二種類の顧客を対象として実施した（図1・8）。第一のテストは、直接の顧客、つまり、ツールキットとレシピを使ってフレッシュWANICを製造する現地の人々を対象としており、その使用感を検証することを目的としていた。第二のテストは、顧客の顧客、つまりフレッシュWANICを飲む現地に住む先進国の人々を対象としており、消費者のフレッシュWANICに対する味や印象などの主観的な情報を取得することを目的としていた。

サードプロトタイプ

これらのテストの結果を踏まえてデザインされたものが、WANICツールキット・サードプロトタイプである（図1・9、1・10）。サードプロトタイプは八つのパーツで構成されている。八つのパーツとは、発酵栓の上蓋、発酵栓、サーブ栓、カップ、フィルタ、穴あけ具、繊維除去スティックである。今回カップ、フィルタ、繊維除去スティックが新たに追加された。また、

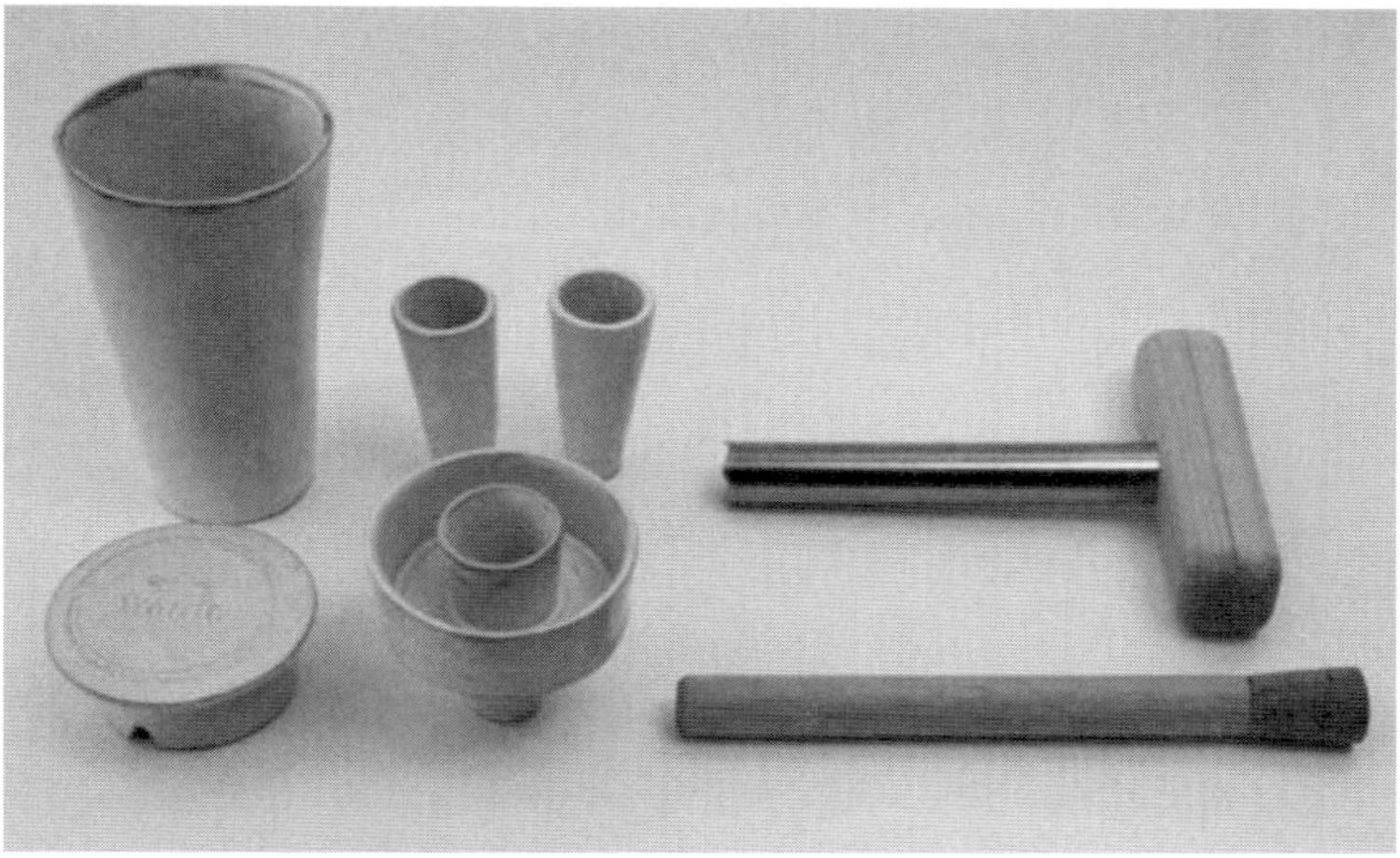

図1・9　WANICツールキット・サードプロトタイプ（展開時）

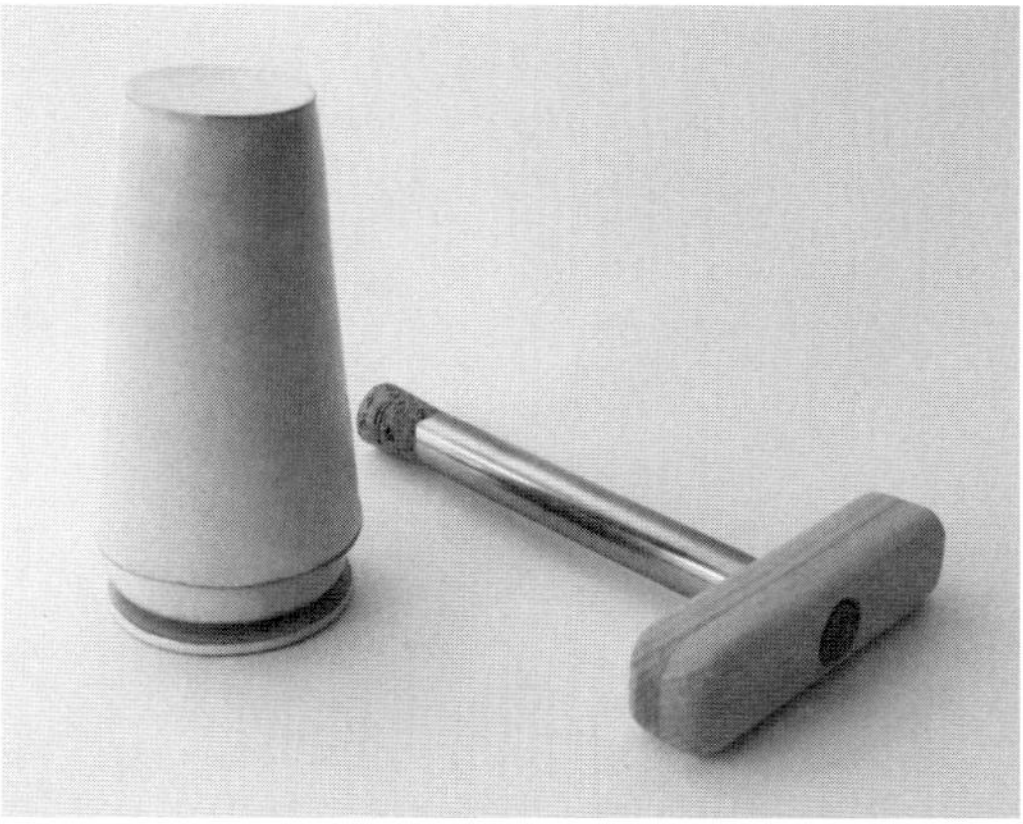

図1・10　WANICツールキット・サードプロトタイプ
（収納時）

サーブ栓の数が一点から二点へと変更された。さらに、収納を考慮して、ツールどうしをスタッキング可能な設計が採用された。

カップは、ココナッツ・ウォーターをココヤシの実から取り出し、酵母を加えて予備発酵させるために追加された。フィルタは、サーブ栓とサーブ栓の間に挟んで利用する。具体的には、一つ目のサーブ栓をココヤシの実に取りつけ、間にフィルタを挟み、その上から二つ目のサーブ栓を取りつける。これにより、フレッシュWANICをサーブする際、ココヤシの実の底部に沈殿した澱《オリ》のグラスへの流れ込みを防止できる。繊維除去スティックは、穴あけ具のハンドル天頂部側の穴より挿し込むことで、穴あけ時にパイプの内側に混入したココヤシの繊維を取り除くことができる。穴あけ部側の穴から差し込めば、先端部の刃による怪我を防止することもできる一石二鳥のツールである。

ツールキット・サードプロトタイプを用いたフレッシュWANICのレシピは、従来の六ステップから一二ステップへと変更された（図1・11）。ココナッツ・ウォーターをいったんカップへ取り出し、酵母を投入し、予備発酵を行うステップが追加されただけではなく、ココナッツ・ウォーターと砂糖を十分に溶解させるために、攪拌のステップが追加された。また、全体的に、数字を用いて指示を明確に説明するように工夫されているほか、ステップごとのテキストによる説明もより詳細なものへと変更された。

エコシステム

サードプロトタイプをデザインした段階ではじめて、フレッシュWANICを中心とするサービス・エコシステムのプロトタイプをデザインした（図1・12）。

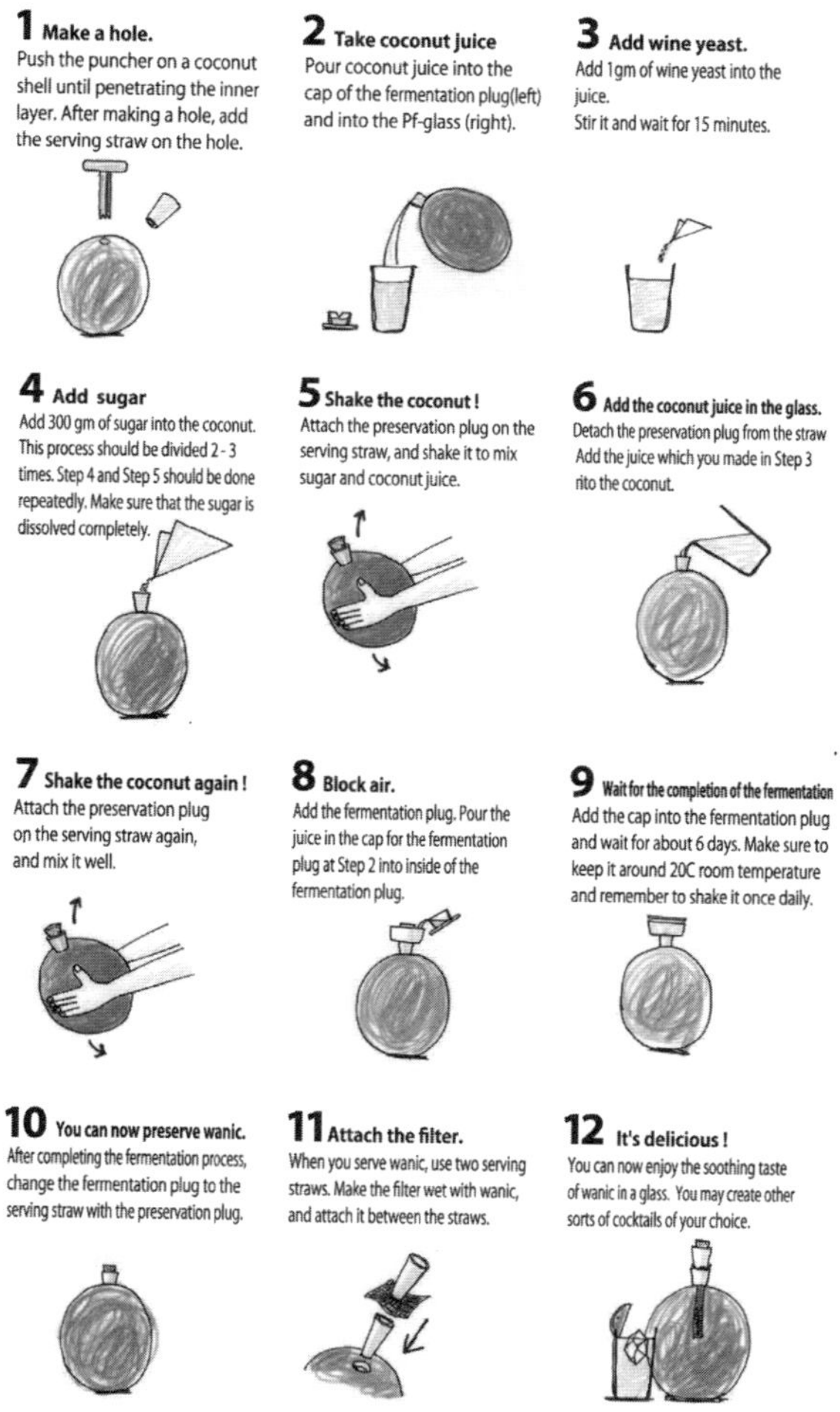
1 Make a hole.
Push the puncher on a coconut shell until penetrating the inner layer. After making a hole, add the serving straw on the hole.
2 Take coconut juice
Pour coconut juice into the cap of the fermentation plug(left) and into the Pf-glass (right).
3 Add wine yeast.
Add 1gm of wine yeast into the juice.
Stir it and wait for 15 minutes.
4 Add sugar
Add 300 gm of sugar into the coconut. This process should be divided 2 - 3 times. Step 4 and Step 5 should be done repeatedly. Make sure that the sugar is dissolved completely.
5 Shake the coconut !
Attach the preservation plug on the serving straw, and shake it to mix sugar and coconut juice.
6 Add the coconut juice in the glass.
Detach the preservation plug from the straw
Add the juice which you made in Step 3 rito the coconut.
7 Shake the coconut again !
Attach the preservation plug on the serving straw again, and mix it well.
8 Block air.
Add the fermentation plug. Pour the juice in the cap for the fermentation plug at Step 2 into inside of the fermentation plug.
9 Wait for the completion of the fermentation
Add the cap into the fermentation plug and wait for about 6 days. Make sure to keep it around 20C room temperature and remember to shake it once daily.
10 You can now preserve wanic.
After completing the fermentation process, change the fermentation plug to the serving straw with the preservation plug.
11 Attach the filter.
When you serve wanic, use two serving straws. Make the filter wet with wanic, and attach it between the straws.
12 It's delicious !
You can now enjoy the soothing taste of wanic in a glass. You may create other sorts of cocktails of your choice.

図1・11　WANICツールキット・サードプロトタイプ用レシピ

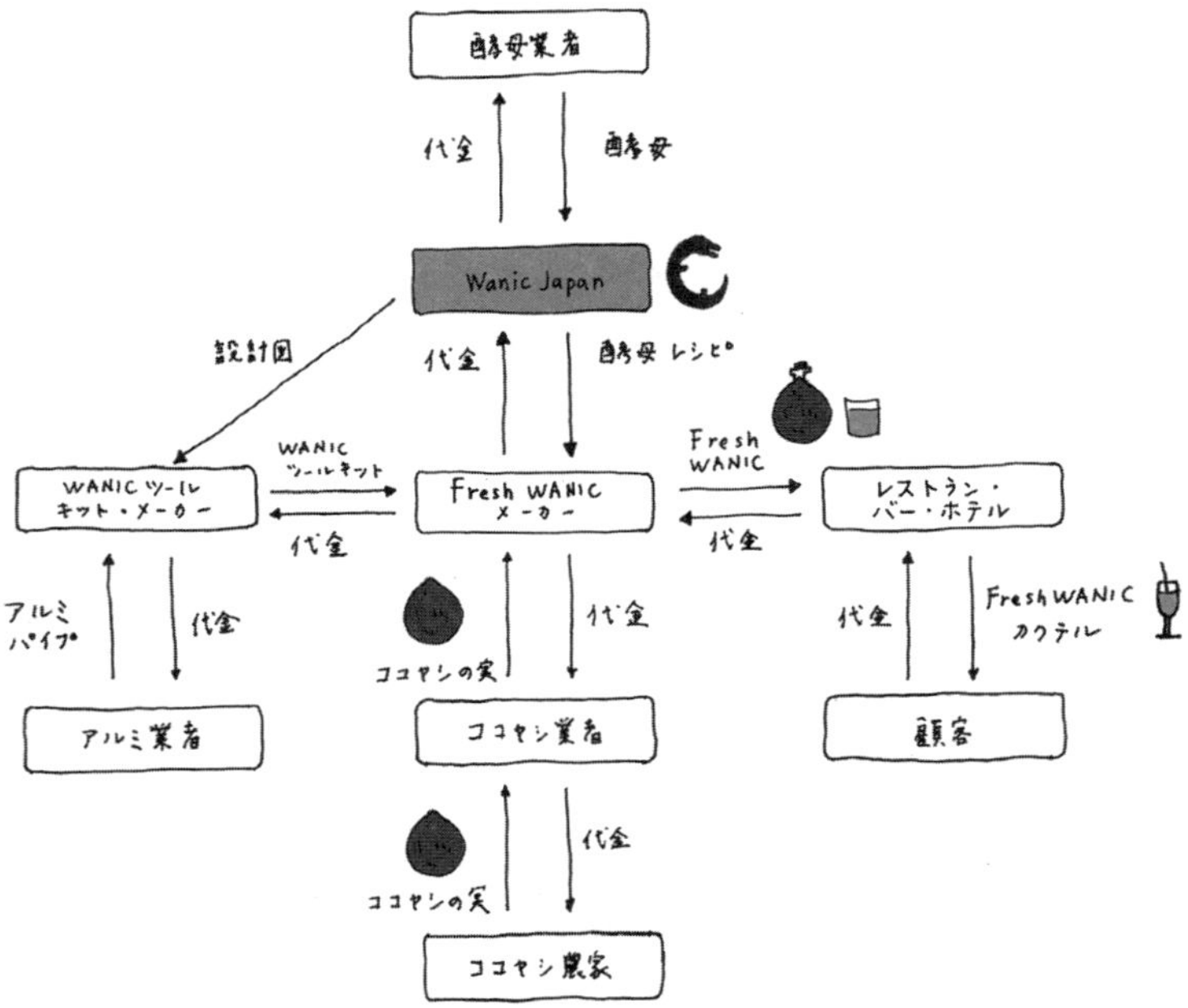

図1・12　東ティモールにおけるWANICサービス・エコシステム

フィリピン・セブ島でのプロトタイピングとテスト

活動拠点の移動

二〇一二年八月、ツールキット・サードプロトタイプを用いた現地製造実験が行われた。この製造実験を機に、主たる活動場所を、東ティモールからフィリピン・セブ島へと移動させた。というのも、フィリピンは実にWANIC事業にとって魅力的な場所と考えられたためである。

フィリピンは、二〇一一年度ココナッツ生産量世界ランキング二位、*05 年間一五二四万トンのココヤシを生産しているココナッツ大国である。産業の乏しいフィリピンにとって、ココヤシは貴重な資源の一つと考えられている。その力の入り具合は、政府が、ココヤシ庁（Coconut Authority）と呼ばれる国家機関をフィリピン各地に設置していることからも伺える。ココナッツを様々な用途へ利用したいと考えており、このような機関を設置しているのだ。例えば、トランス脂肪酸・コレステロールフリーのココナッツ・オイルは、ココヤシ庁によるココナッツ農家やオイル生産者の指導によって、高品質を保ち、世界中へと輸出されている。まずは、既存のココナッツ産業が存在し、政府の後押しも期待できるフィリピンで事業を確立させたのち、東ティモールにて事業を展開するという計画のもと、活動拠点を移動させるに至った。

新たなレシピ

今回の製造実験では、新たなレシピを試すことを目的としていた。この新しいレシピとは、酒

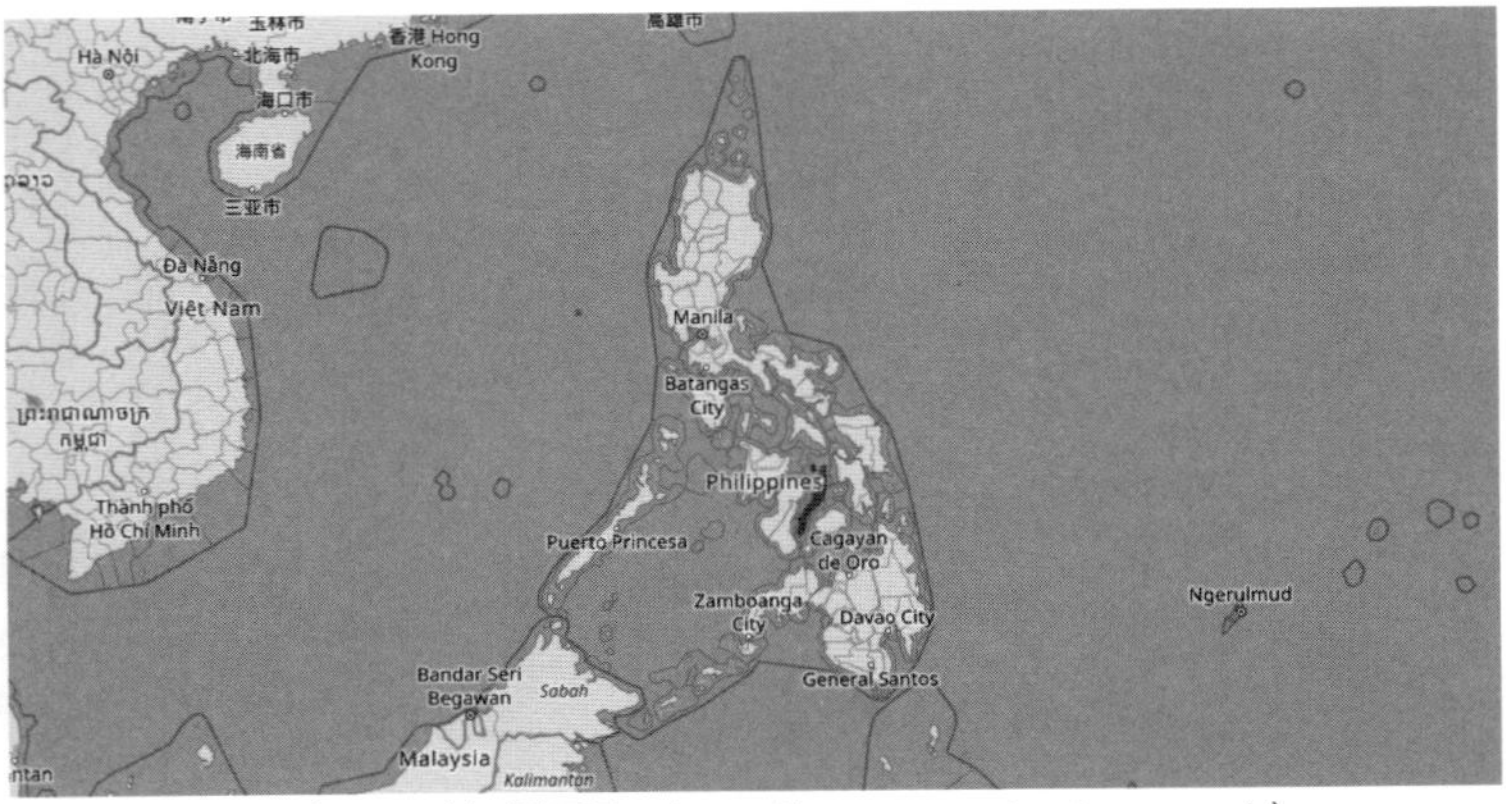

図1・13　フィリピン・セブ島（引用元：<https://www.openstreetmap.org/>）

造りのメンターであるＬＡＯＤＩ社の井上育三氏が考案したレシピである。ＬＡＯＤＩ社は、ラオスの首都ヴィエンチャンでアグリコール・ラムの製造を行っているディスティラリ（蒸留所）だ。アグリコール・ラムはサトウキビから作られる蒸留酒である。市場に出回っている多くのラム酒はサトウキビから砂糖を精製したあとの廃糖蜜から作られるインダストリアル・ラムである。ＬＡＯＤＩ社はアグリコール・ラムにこだわり、二〇〇八年より現地の人々とともに製造を続けている。いわばWanicのロールモデルとしての存在だ。

　ラオスでのトレーニングを経て、より厳密な製造レシピをリソースとして獲得した。具体的なステップとして、スターターと呼ばれる酒母の事前仕込み、ココヤシの穴あけ、ココナッツ・ウォーターの取り出し、スターター投入、補糖、撹拌と続く。各ステップで雑菌の繁殖抑制を徹底するために、煮沸による原料の加熱処理、および、エタノールによる器

図1・14　仕込みの完了したフレッシュWANIC

具の殺菌処理を適宜実施するなど、衛生面での数多くの改良点が施された（図１・14）。

タンクの採用

二〇一二年夏のセブ島でのフレッシュＷＡＮＩＣ製造実験を通じて明らかになったことは、その味の不安定さと、ココヤシの実の傷みやすさであった。特にココヤシの実の傷みは深刻であった。雑菌対策をしていても、一週間もすれば変色が著しく、商品としての魅力は低下してしまうため、中長期での保存は困難である。これらの課題を踏まえて、今後の事業の方向性が見出された。

それは、フレッシュＷＡＮＩＣを蒸留したＷＡＮＩＣスピリッツを開発し、これを先進国に輸出するというモデルである。フィリピン国内に住む先進国出身の人々は限定されている。しかしながら、先進国にこれらを輸出することで、より積極的なビジネスが可能となる。一方、輸出ビジネスを行うにあたって、味と品質の一定の質の担保は不可欠である。これらを踏まえると、ココヤシの実ではなく、タンクを用いた製造方法がより望ましいという結論に至った。ココヤシの実を器に使うことは確かに外見上の魅力はある。しかしながら、その点にこだわるあまり顧客体験そのものが損なわれては、本来の目的である、現金収入の向上、新たな産業の創出という目的の達成が困難となってしまう。自らの哲学、現在の状況、魅力的な顧客体験など、様々な要素を考慮しつつ、最善の打ち手を採用する必要があった。

クラウド・ファンディング

WANICスピリッツの製品化に向けて、最初の顧客を発見するためにクラウド・ファンディングを活用することにした。クラウド・ファンディングの最大のメリットは、ベンチャーキャピタルや銀行とは性質の異なる資金を調達できることに加えて、最初の顧客を発見できる点にある。製品のコンセプトやプロトタイプを提示し、それに共感した人々が最初の顧客でありパートナーとなり、ともに製品を育てていくことができる。

クラウド・ファンディングを利用してプロジェクトを開始する場合、入念な準備が必要である。まず、プラットフォームの選定から始まり、出資者であるパトロンに対する訴求ポイントを整理し、目標金額、パトロンへのリターンの内容を検討する必要がある。これらが確定したのち、紹介テキストの執筆、写真やビデオといった素材の制作、告知用のリスト作成など、多くの検討事項が待ち受けている。

パトロンへの訴求ポイントは、最も慎重に検討する必要がある。Wanicの場合、社会貢献を訴求ポイントにするという提案もあった。しかしながら、Wanicは社会貢献事業ではない。というのも事業である以上、営利企業の社会貢献は大前提と考えているためだ。企業は、人を雇い、製品を開発し、経済の循環に貢献するだけではなく、納める税金を通じて社会貢献を自ずと達成しており、あえて声高に叫ぶ必要はないと考えた。社会に貢献する、貧困を救うといった聞こえの良いフレーズを使うことを避け、純粋に魅力的なプロダクト開発への協力を訴求ポイントとして設定し、プロジェクトを開始した。

プロジェクト開始から三〇日後、合計六三万二〇〇〇円が集まった。目標金額の六〇万円の約一〇五%の金額であった（図1・15）。集まったパトロンは、合計六二人。そのうち三五%は、メンバの友人でも知人でもない、純粋なパトロンであった。各種掲載記事やソーシャル・メディアでの告知を通じて参加した方、興味深いプロジェクトを探していた方、あるいは、セブに何らかの所以があって参加した方、

図1・15　成功したクラウド・ファンディング・プロジェクト

その理由はパトロンごとまちまちであった。ともあれ、目標金額を達成したことで、提案しようとする価値が認められ、最初の顧客が見つかった。プロジェクトにとって大きな一歩であった。

製造実験

二〇一三年八月、クラウド・ファンディングで獲得した資金をもとにLAODI社の井上氏をセブに招き、WANICスピリッツの製造実験が行われた。今回の実験では、一五リットルのタンクを合計六つ用意し、フレッシュWANICを作成し、そのうち四つのタンクを使ってWANICスピリッツを二種類製造する計画であった。二種類のWANICスピリッツとは、焼酎酵母に対して白砂糖を補糖したものと、ワイン酵母に対してヤシ糖を補糖した二種類である。合計九〇リットルのタンクを満たすために、地元のココヤシ農家に依頼して調達したココヤシの実は一五〇個。昨年の製造実験の五倍の数である。ハードリカーを作る場合、必要な蒸留酒量の約一〇倍の醸造酒が必要となるため、その数は膨れ上がる。

作業四日目の段階で、焼酎酵母フレッシュWANICのアルコール度数が四%、ワイン酵母のフレッシュWANICが六%を超え、その翌日、蒸留作業が開始された。入念に洗浄したドラム缶にフレッシュWANICを注ぎ込み、密閉する。なまし銅管をドラム缶に固定する。分岐コネクタを使って蛇口に接続したホースの先から流れる水流を複数に分け、満遍なく銅管を冷却し、ドラム缶を設置した竈に火を焚いて蒸留を待つ。竈の熱で水分が気化する瞬間に、冷却された銅管との温度差を利用して、なまし銅管にアルコール分が付着するという仕組みである。火をゆっくりと焚きつけると、数分後には無事に最初の蒸留酒が銅管から滴り始めた（図1・16）。こうして、白砂糖・焼酎酵母のＷＡＮＩＣスピリッツ、ヤシ砂糖・ワイン酵母のＷＡＮＩＣスピリッツという、二つの新しい蒸留酒ができあがった（図1・17）。

報告会

クラウド・ファンディング・プロジェクトでは、出資者に対して報告会を実施することが慣例化している。出資者であり最初の顧客に対する責任と言ってよいだろう。慣例どおり、フィリピンから帰国した一カ月後、ささやかな報告会兼パーティを開催した。パーティに集まった人々は約二〇名。東京だけでなく、京都から来てくださった方もいた。

図1・16　蒸留装置から滴るWANICスピリッツ2013

図1・17　2種類のWANICスピリッツ2013

ラオス・ヴィエンチャンでの製品化

会社設立

クラウド・ファンディング・プロジェクトを通じて、コンセプトを検証し、最初の顧客を発見したのち、いよいよ製品化を目指して、二〇一四年三月に株式会社ワニックが設立された。その資本金はわずかなもので、まずは限られた予算を使って、フィリピンでの工場建設のための第一歩を踏み出す必要があった。そこで、ＬＡＯＤＩ社に協力を依頼し、ラム酒作りの閑散期である一一月から三月にヴィエンチャンにあるＬＡＯＤＩ社の工場を有償で借りることとなった。ＷＡＮＩＣスピリッツをラオスで製造し、日本へ輸出し、日本で販売する。その売上げを翌年度のＷＡＮＩＣスピリッツに再投資するというサイクルを複数年繰り返し、利益を蓄積し、数年後にフィリピンに工場を建設する計画であった。

製造開始

二〇一五年二月、製品としての最初のロットとなるＷＡＮＩＣスピリッツの製造が開始された。資本金から逆算し、ファーストロットとして、フルボトル七〇〇mlを限定一〇〇本、サンプルの五〇mlを三〇〇本生産することとした。これだけの量のＷＡＮＩＣスピリッツを製造するために、まず、約一四〇〇リットルのフレッシュＷＡＮＩＣを製造し、さらにこのフレッシュＷＡＮＩＣ

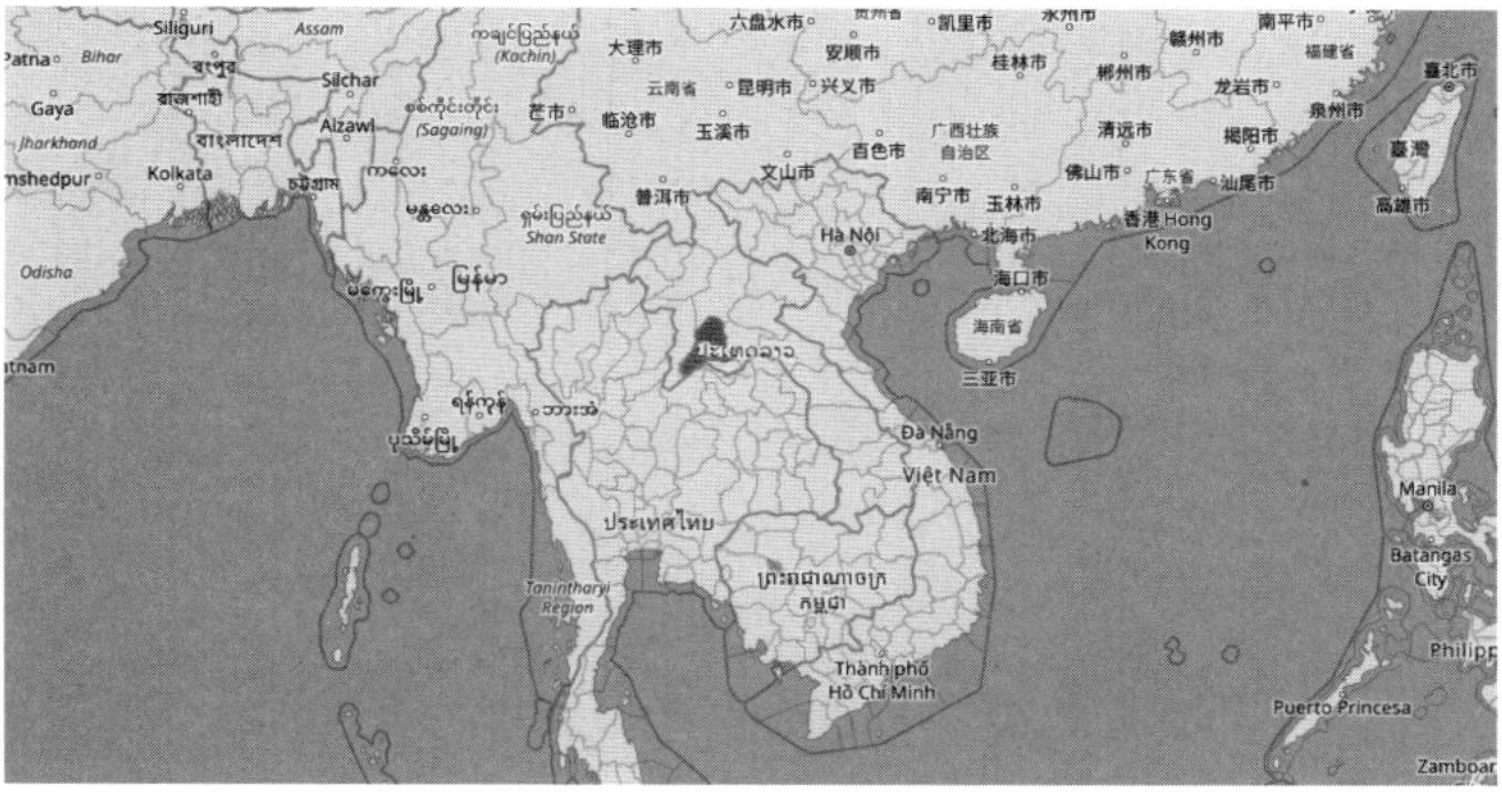

図1・18　ラオス・ヴィエンチャン（引用元：<https://www.openstreetmap.org/>）

を用いて、約一四〇リットルのＷＡＮＩＣスピリッツを製造する計画であった。実に、ココヤシの実の数にして二六〇〇個であった（図1・19）。二六〇〇個のココヤシの実となると、フィリピンやインドネシアほどココヤシの生産量が多くなく、ココナッツ産業も確立していないラオスでは容易には調達できない。しかしながら、パートナーのＬＡＯＤＩ社の現地代表であるシハッタ氏のおかげで、複数のココヤシ農家に打診し、何とか調達することができた。

ＷＡＮＩＣスピリッツの製造にあたって、まず、二六〇〇個のココヤシの穴あけを行った。Wanicの日本人スタッフ五名とＬＡＯＤＩ社のラオス人スタッフ十数名が協力し、丸三日間が費やされた。穴あけののち、タンクに貯められた一四〇〇リットルのココナッツ・ウォーターをボイラーで加熱消毒し、醸造用のタンクへと移動させる。一部のココナッツ・ウォーターをタンクから取り出し、酵母を投入し、酒母を作り出す。酵母が活性化してきたところで元

図1・19　2600個のココヤシの実

の醸造用タンクへ投入し、発酵を待つ。ラオスの二月の平均気温は日中で約二五度。発酵開始から一週間後、アルコール度数が約八度に達した時点で、蒸留を開始し、アルコール度数四二度の一四〇リットルのWANICスピリッツが完成した。ここから約一年の熟成期間が始まった。

酒作りでは、蒸留後の熟成期間中に多くの仕事が待っている。まず、味の調整を行う必要がある。WANICはココナッツ・ウォーターから作られた蒸留酒で、製造段階では化学調味料や添加物の類を使用していない。当初、純粋な熟成後のWANICスピリッツをそのまま製品として出荷するか、あるいは、天然のココナッツフレーバーをわずかほど追加し、味を調整したうえで出荷するか、意見が分かれた。前者は、純粋な味を楽しめる一方、毎年味がわずかながら変わってしまう恐れがある。後者は、味のブレをなくし、味に深みを出せる一方、天然由来とはいえ、添加物を入れることに抵抗感がある。議論の末、最終的に後者が選択された。顧客視点で考えた場合、一定した味を提供し続けることが重要であると考えたためである。

エコシステムのアップデート

ＷＡＮＩＣココナッツ・スピリッツ２０１５を製造した段階で、サービス・エコシステムのプロトタイプをアップデートした（図１・20）。Wanic Co., Ltdの顧客は、自社サイトを通じて直接、ＷＡＮＩＣココナッツ・スピリッツ２０１５を購入してくれる一般の顧客、レストラン、バー、ホテルなどの販売担当などの法人顧客を想定していた。レストラン、バー、ホテルには自社サイト以外にも、卸売業社経由で販売することを想定し、パートナーシップの締結を目指した。

ビジネスモデルの検討

このようなサービス・エコシステム上で機能するビジネスモデルを検討した。すでに述べたようにＲＤＩのプロセスを経て生み出される製品は新しいカテゴリを創出するため、競争相手は存在せず、プライシングは自由である。しかしながら、価格を設定するにあたって、利益率を検討するためにも、コストは把握しておく必要がある。ＷＡＮＩＣココナッツ・スピリッツを製造する場合、製造プロセスでは、工場レンタル費用、現地での人件費、日本人スタッフの渡航費、ココヤシの実、酵母、砂糖、また、出荷プロセスでは、ボトル、ラベル、パッケージ、運送費に加えて、酒税が必要となる。

コストを計算したのち、価格を決定した。ＷＡＮＩＣココナッツ・スピリッツは、アルコール度数が四二度の一種類、サイズは七〇〇mlのみ、一本一万円、一〇〇本限定で販売すること

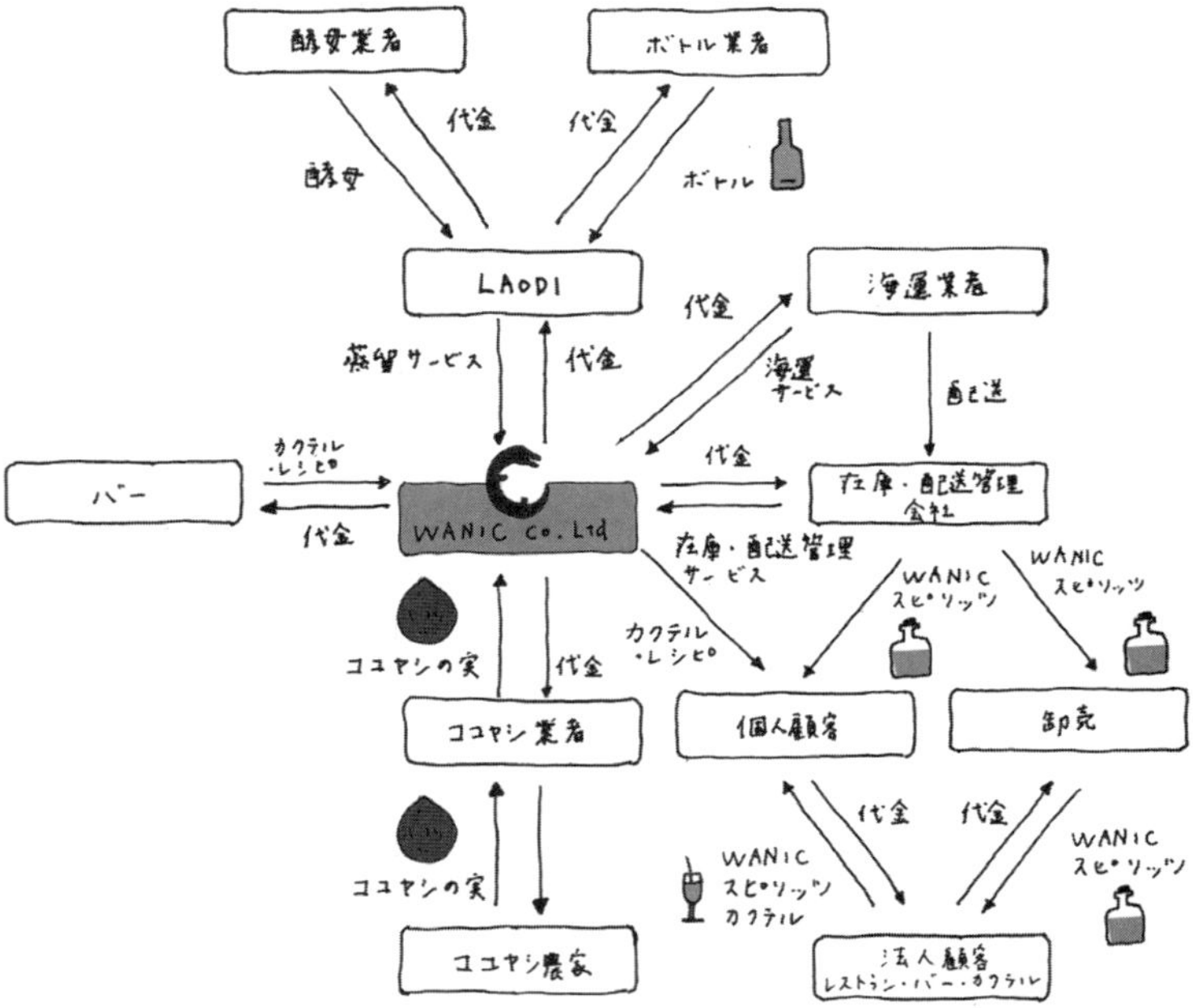

図1・20　WANIC ココナッツ・スピリッツ2015発売時のサービス・エコシステム

となった。アルコール度数を薄めた製品や、異なる味の製品も検討したものの、最終的に四二度のＷＡＮＩＣ一種類に絞った理由は、ブランド確立のためである。ブランドが確立していない段階で複数の味が提供されることは、ブランド価値を弱めてしまうと考えたのである。また、四二度という強いアルコール度数により、ハードリカー好きの顧客はロックで楽しむことができるだけではなく、カクテル好きの顧客は、その味の独特さからカクテルの材料として楽しむことができると考えた。

価格を設定したのち、その価値に見合う販売戦略を構築する必要があった。まず、法人顧客については、当初、外資系ホテルや高級レストランの購買担当、あるいは、オーセンティック・バーのマスターを顧客兼チャネル・パートナーとして想定した。これらの開拓にあたっては、友人、知人経由、あるいは、既存のパートナー経由で、購買担当者を紹介してもらうというアプローチを採用した。一方、一般の顧客については、毎日ハードリカーを嗜むほどのハードリカー愛飲者で、製品の味だけではなく、ストーリーに関心をもつ人々を顧客として設定した。このような顧客に価値を提案するために、高価格帯の製品にふさわしいボトル、ラベル、および、パッケージ・デザインを採用した。

ストーリー戦略

製品がリリース可能な状態になった段階で、顧客に対して、製品の魅力を最大限かつ効果的に伝達する必要がある。彼らに対してＷＡＮＩＣのブランドを認知させるために、ＷＡＮＩＣがいつ、どこで、どのように生まれ、そしてどのよう育ってきたか、さらにはどのように飲まれることで最もポテンシャルを引き出せるかといったストーリーを伝える必要があった。

強いコンセプトをもつ製品は、多数のアイディアで構成されるため、実に様々なコンテキストからストーリーを語ることができる。製品が生まれるコンテキスト、製品が作られるコンテキスト、製品が消費されるコンテキストなど、様々なコンテキストをストーリーとして効果的に顧客に伝えることで、製品の魅力が高められる。しかしながら、コンテキストだけがきれいにデザインされ、消費されてしまっては本末転倒である。コンテキストを含むストーリーは顧客を魅了する一方、それだけでは顧客の中に芽生えた製品の魅力は持続しない。魅力を持続させるためには、製品は本物でなければならない。製品としての品質が担保されて初めて、顧客は製品との持続的な関係性を構築するためである。ゆえに、製品のデザイン過程を通じて、**文脈**（Context）と、**本物であること**（Authenticity）を同時に追求しなければならない。

残念ながら、ストーリーを通じて、偽りの本物らしさを主張する製品が数多く存在していることも事実である。色や形を整え、魅力的なストーリーを通じて、さも本物であるかのように、製品を喧伝するといった具合だ。本物を知る顧客であれば、その違いは理解できるかもしれない。しかしながら、その本物をいまだ体験したことがない顧客にとっては、きれいな色、形、そして、魅力的なストーリーによって伝えられる偽りの製品を本物と勘違いさせられてしまうことは避け難い。悪貨は良貨を駆逐するとの言葉のとおり、やがて本物が失われ、ニセモノのみが残る世界となってしまう可能性もある。それを回避するためには、企業は、真摯に本物を作り続けるだけではなく、着実に顧客に製品を届けるためのメディア戦略をデザインする必要がある。

自社サイト

顧客にブランドを認知させるために用意したメディアの一つが、オウンドメディアとしての自社サイトである。EC機能を実装しており、サイトから直接製品を購入することができる。コンテンツとして、製品であるフレッシュWANIC、WANICツールキット、そして、WANICココナッツ・スピリッツの紹介に加えて、東ティモール、フィリピン、ラオスにて紡がれたこれらの製品が生まれるまでのストーリー、馴染みのバーのマスターに協力を依頼したオススメのカクテル・レシピ、さらには、WANICココナッツ・スピリッツを美味しく飲める店のリストを掲載している。これらのコンテンツを通じて、WANICを購入する前の調査段階の顧客の意思決定を促す狙いがある。

以上の試みは、WANICを購入する前の調査段階での顧客の意思決定をサポートする試みであったが、バーやレストランといった店頭での意思決定をサポートする試みも採用した。それが、ブックレットである。ブックレットは、製品の化粧箱に同梱され、WANICが作られたストーリーが掲載されている。バーやレストランで想定顧客にWANICの生まれたストーリーを読んでもらいながら、WANICを体験する前に楽しんでほしいとの考えである。また、レストランやバーのスタッフにWANICのストーリーを理解してもらい、接客に役立てててもらうという別の目的もある。

　ラオスでのファーストロットの出荷を終え、セカンドロットの製造計画を立案するにあたって、ラオスならではの課題も見えてきた。既存のココナッツ産業の欠落である。フィリピンでは、ココナッツの果肉部分や外皮から製品を生み出す複数の業者が存在する。しかしながら、ラオスにはこのような業者は現状存在しない。現地スタッフが果肉部分を持ち帰るだけで、大部分は廃棄されてしまい、ココヤシのもつ価値を最大限に活用できないのである。生産量が上がれば上がるほど、廃棄物の量も増えてしまう。利用可能なリソースを廃棄してしまう事態は避けなければならない。数年かけてフィリピンに工場を建設するつもりが一転、セカンドロットを製造するにあたり、ココナッツ産業がすでに確立しているフィリピンでのサービス・エコシステムの構築を、現実的に検討する必要が出てきた。

　二〇一六年八月、フィリピン最大のココヤシ生産地であるボホール島へのフィールドワークを実施した。ココナッツ産業の現場を観察し、産業関係者にインタビューを実施することで、フィリピンならではのサービス・エコシステムの構築に向けてのデータを獲得することを目的としていた。ボホール島のココヤシ庁を訪問し、ココヤシ農家、ココナッツ・オイル工場を視察した。オイル工場では、一週間に三六〇〇個のココヤシの実を利用し、ココナッツ・ウォーターを廃棄していることがわかった。また、新たに建設予定のココ・マット工場は、一日二万五〇〇〇個のココヤシの実を利用し、こちらもウォーターを廃棄予定であることがわかった。これらの企業をパートナーとして迎えることで、リソースとしてのココヤシの価値を最大化で

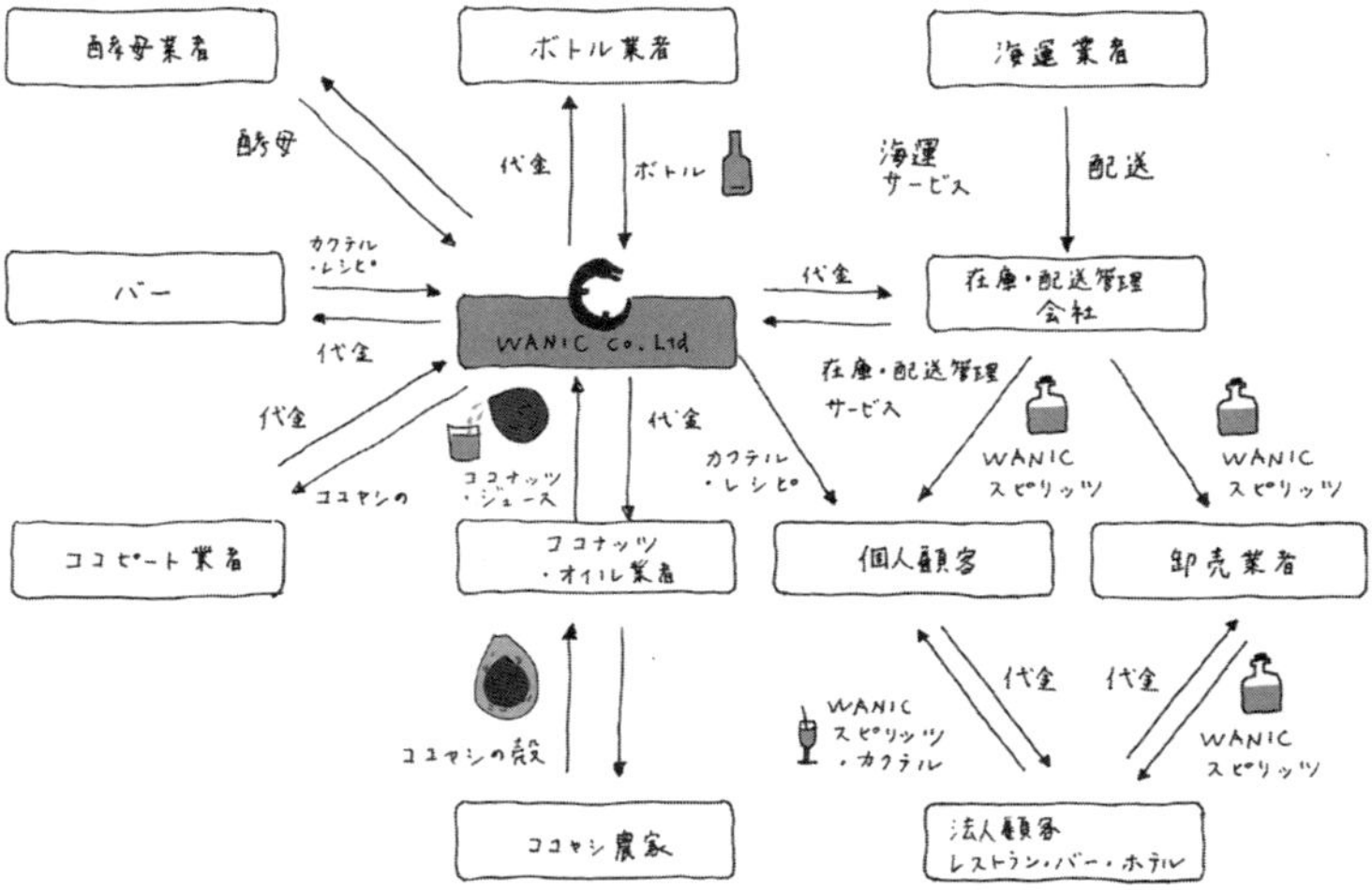

図1・21　フィリピンにおけるサービス・エコシステム

きる。

フィリピンにおけるエコシステム

フィールドワークの結果を踏まえ、フィリピンにおけるサービス・エコシステムのプロトタイプをデザインした（図1・21）。ラオス版のサービス・エコシステムと異なり、ココナッツ・オイル工場やココ・ピート工場と連携し、廃棄予定のココナッツ・ウォーターを安価で調達し、これを用いてココナッツ・スピリッツを製造する点が大きな変更点だ。

正式リリースとプロモーション

二〇一六年九月二一日、WANICココナッツ・スピリッツ2015が正式にリリースされた。リリース後、パートナーとともに様々なプロモーション施策を行った。

発売月となった二〇一六年九月にリリース・パーティを行った。リリース・パーティは、クラウド・ファンディング・プロジェクト終了時に東京で実施したパーティと同様、関係者を招き、WANICココナッツ・スピリッツと、WANICに合った食事のケータリングを楽しんでいただくという企画であった。このパーティには、知人である酒専門誌の編集者を招待し、パーティの取材を行っていただいた。同誌で製品を紹介していただくことで、業界内での知名度を上げ、業界内の人々を通じて、チャネルとしてのバーやレストランにリーチさせるだけではなく、個人のハードリカー好きの顧客へとリーチさせるという狙いであった。

この取材をきっかけに、レストラン、バーに販路をもつ卸売業者とのパートナーシップが生まれた。パートナーシップを通じて、卸売業者を顧客として、卸売業、さらには、レストランやバーといった顧客の顧客のニーズを収集することができた。ここで得られたナレッジに基づいて、プライシング戦略が練り直された。将来的には、小売り五〇〇〇円レベルの製品を展開し、より多くの顧客にブランドを認知してもらい、提案する価値を判断してもらう。その後、高価格帯のラインを追加するという戦略である。

ファーストロットの製造時、プロモーション用に五〇mlのサンプルが三〇〇本ほどボトリングされていた。リリース後、単に友人やレストラン、バーに配布するだけでは効果が不十分であると考え、自社サイトにサンプルリクエストページを設置した。二〇歳以上であればWANICに関心をもつすべての見込み顧客に対してサンプルを送付するという、まさに価値提案を地でいく施策である。さらに、サンプルリクエストページそのものの認知度を、Facebookオーディエンスネットワークを活用して向上させた。具体的には、三〇歳以上のクラフト・スピリッツ好きの男性に対して、ターゲティング広告を展開した。

さらに、プロモーションのためのリソースを拡大させるために、スピリッツコンテストへ応募を行った。NYのUltimate Spirits Challenge、アメリカ最大のSan Francisco World Spirits Challenge、ヨーロッパで最も歴史と権威のあるInternational Wine & Spirits Competitionの結果を新たなリソースとして、自社サイトやPRサービスに記事を掲載し、プロモーションに活用した。

これらに加えて、オンライン・パブリッシング・プラットフォームのMedium*06を活用し、作り手の顔を出しながらWANIC関連の様々なストーリーを紹介している。既存プラットフォームを通じて記事を公開することは、購入前の調査段階の顧客に対して、情報を提供することを狙いとしているだけではなく、既存のファンとの関係性を強化したり、チーム・メンバとファンで構成されるコミュニティを形成することを狙いとしている。コミュニティの形成を短期間で実現することは確かに難しい。しかしながら、Mediumというよりオープンなプラットフォームを活用することで、他のソーシャル・メディア以上に顧客との親密な関係性を構築できるのではないかと考えている。

第2章　リソースを巡る3つの視点

本章では、リソース・ドリブン・イノベーション（RDI）の理論的土台を構成する、いくつかの背景理論を紹介したい。その中心となるのは、価値創造のための理論である**サービス・ドミナント・ロジック**（以下、S-Dロジック）である。S-Dロジックのもつ、いくつかの課題を克服するために、二つの理論を導入する。まず、S-Dロジックにおけるリソース統合、および、価値共創プロセスを補完するために、熟達した企業家の行動論理である**エフェクチュエーション**を導入する。さらに、S-Dロジックにおけるリソースを発見およびリソースの量と濃度を向上するために、価値共創プロセスにおけるすべてのアクターの体験に注目するデザイン・フレームワークである**人間中心デザイン**に含まれるツールとメソッドを導入する。

S‐Dロジックは、二〇〇四年にラッシュとバーゴによって提唱された価値創造のための理論である。[*07] ラッシュとバーゴによるS‐Dロジックの基本書は、特殊な用語、用法を多用していることから、難解に思えるかもしれない。

しかしながら、S‐Dロジックの要点は、様々な**リソース**をもつ企業、個人、顧客といった様々な**アクター**どうしが、**インタラクション**を通じて**サービス**を交換し、リソースを統合することで、新たな**価値**を**共創**する、という非常にシンプルな理論として説明できる。リソース、アクター、インタラクション、サービス交換、リソース統合、そして価値共創、これらのキーワードを念頭におきながら、S‐Dロジックの全体像を眺めていきたい。

グッズ・ドミナント・ロジック

S‐Dロジックの対となる概念が、**グッズ・ドミナント・ロジック**（以下、G‐Dロジック）である。一九六八年にコトラーによって、最初のマーケティングの教科書である『マーケティング・マネジメント』[*08]が刊行された。ここでのマーケティング戦略とは、マーケティング・ミックスの四つの要素、すなわち、製品、価格、場所、プロモーションをいかにして実行するかという点に関するマネジメントを指している。『マーケティング・マネジメント』においては、マーケティングの焦点は、有形財としてのグッズに置かれていた。

S－Dロジックは、このようなG－Dロジックに対するアンチテーゼとして生まれた。『マーケティング・マネジメント』初版刊行から時は移り変わり、サービスを基礎とした経済へとシフトしてきたためである。このような時代においては、マーケティング・ミックス・アプローチという単純すぎる戦略はもはや機能不全に陥っている。このような時代背景の中で登場したのがS－Dロジックである。

サービス

G－Dロジックは、有形財としてのグッズに焦点をおき、グッズが交換の中心であった。また、無形財としてのサービスは、グッズよりも価値の低いものとして扱われてきた。一方、S－Dロジックでは、サービスに焦点を当てている。ここでいうサービスとは、G－Dロジックでいうところのサービスとは異なる。S－Dロジックでは、G－Dロジックで言うところの無形財としてのサービス、名詞としてのサービスを、複数形の**サービシーズ**と呼ぶ。一方、あるアクターのスキルやナレッジを適用するプロセスとしてのサービス、動詞としてのサービスを、単数形の**サービス**と呼んでいる。それは有形である場合もあり、無形である場合もある。有形である場合、すなわち、グッズの形をとる場合であっても、グッズはアクターのスキルやナレッジを適用したサービスを伝達するための手段にすぎないのである。

農業を例に考えてみよう。米という穀物は有形であり、グッズの形をとる。しかしながらS－Dロジックに従えば、米もまたサービスである。米というグッズが顧客に提供される際には、農家の、苗を植え、稲を育て、米を収穫するためのサービス、すなわち、ナレッジとスキルを適用したプロセスの結果が顧客に提供されているのである。

アクター

S-Dロジックでは、サービスとサービスの交換を行う存在を**アクター**と呼んでいる。例えば、企業や人はアクターである。アクターによるサービス交換には、二つのアプローチが存在する。第一に、サービスどうしが直接的に交換される場合である。第二に、サービスどうしが間接的に交換される場合である。この場合、グッズを通して交換される場合、例えば、米と魚を交換するといった場合や、貨幣を通じて交換される場合を含んでいる。米に支払われた貨幣は、あるアクターが苗を植え、稲を育て、米を収穫する代わりに支払われた貨幣である。

使用価値と交換価値

米のような、最終的に顧客に提案されるサービスのもつ価値についても、G-DロジックとS-Dロジックでは異なる。G-Dロジックにおいては、価値は、企業がグッズを顧客に提供し、貨幣と交換される段階で生み出されるもの、すなわち**交換価値**（Value in Exchange）として考えられてきた。しかしながら、S-Dロジックでは、価値は、サービス提供者によって提案され、それを受け取るサービス受益者、すなわち顧客が使用して、体験して初めて生み出されるもの、すなわち**使用価値**（Value in Use）として考えられている。

価値提案と価値共創

使用価値の観点に立てば、価値が創造されるためには、すべて受け手の存在が前提となる。なぜならば、価値が創造されるためには、価値を提案するアクターとしてのサービス提供者だけではなく、価値を判断するサービス受益者も必要となるためである。この意味で、価値はサービス提供者からは**提案されるもの**（Value Proposition）にすぎず、サービス受益者とともに**共創されるもの**（Value-Co-Creation）である。したがって、企業はあくまで価値を提案する存在にすぎず、顧客がそれを体験して初めて価値は創出されるのである。

リソース

アクターによって価値提案が行われるとき、複数のリソースが統合されることとなる。S－Dロジックにおいては、アクターが利用可能なリソースは、**オペランド資源**と**オペラント資源**に区分される。オペランド資源は、価値を提供するために行為が施される必要のある資源を指す。例えば、天然資源がこれにあたる。一方、オペラント資源とは、価値を創造するために他の資源に行為を施すことのできる資源を指す。例えば、スキルやナレッジがこれにあたる。以下、本書では、単独でリソースと明記する場合、オペランド資源およびオペラント資源の両者を指すこととし、いずれか一方を指す場合は、明示的に記述することとする。

G－Dロジックでは、オペランド資源に多くの主眼点がおかれてきた。しかしながら、S－D

ロジックでは、オペラント資源を重視する。なぜならば、同じオペランド資源であっても、このオペランド資源に対して適用するオペラント資源次第では、最終的に提案される価値が全く異なるものとなるためである。

G-Dロジックでは、顧客もオペランド資源とみなされ、モノとしてセグメント化されてきた。しかしながら、S-Dロジックでは、顧客はオペラント資源とみなされる。なぜならば、サービス提供者が提案するプロダクトを通じて、提供しようとする価値を判断するスキルやナレッジを顧客はもつためである。したがって、顧客は、価値共創プロセスにおける一参加者として扱われることとなる。

ラッシュとバーゴはリソース統合プロセスにおいては、リソースの量だけではなく、**濃度**の重要性を論じている。[*09] すなわち、リソース統合の段階で、より効果的、より効率的なリソースの組み合わせが存在する。このとき、より効果的、より効率的な組み合わせを提供可能なリソースの組み合わせに対して、リソースの濃度が高い状態であると定義している。同じ自動車であっても、より燃費効率の良い駆動システムをリソースとして統合可能な場合、リソースの濃度が高いということになる。したがって、リソースの量に加えて、リソースの濃度は、リソース統合の結果、提案される価値と相関関係をもつことになる。

サービス・エコシステム

S-Dロジックは、アクターによる価値共創プロセスを実現するためのアクターどうしのつながりとして、自然界におけるエコシステムの概念を借用し、これを**サービス・エコシステム**と呼んでいる。自然界におけるエコシステムは、様々なアクターどうしが互いにつながっており、自らの生存のために互いに依存する一つのシステムを指す。例えば、植物は二酸化炭素と水を使って、光合成を行い、酸素を生成する。草食動物は植物を捕食し、肉食動物はこの草食動物を捕食する。いずれも二酸化炭素を排出する。さらに、草食動物、肉食動物の死骸は、微生物によって無機物に分解される。

自然界のエコシステムと同様に、サービス・エコシステムは、様々なアクターによって構成されている。アクターどうしはゆるやかでありつつ、強固なつながりを形成し、様々なアクターはサービス交換という名のインタラクションを通じて、エコシステム内でリソースを統合し、新たな価値を創造するのである。

さらに、サービス・エコシステムは、入れ子状の構造をなしている点が特徴的である。具体的には、ミクロ、メソ、マクロの三つのレベルが存在する。

ミクロ・システムとは、少数のアクターどうしのサービス交換を中心に据えたシステムである。価値を提案する企業と、それに対して対価を支払う顧客の関係はミクロ・システムにあたる。例えば、自動車ディーラーと顧客の関係はミクロ・システムにあたる。

メソ・システムとは、何らかの課題を解決するための、ある特定のアプローチを中心として編成される多様なアクターの集まりである。複数のミクロ・システムが一つのメソ・システムを紡ぎ出す一方で、メソ・システムは、それらのミクロ・システムに対して影響を及ぼす。例えば、自動車ディーラーからなる小売りネットワークや、自動車修理・部品業者、保険会社、および燃料供給車のような支援アクター、道路や道路交通法および交通規制を含む公的な資源が挙げられる。

マクロ・システムとは、複数のメソ・システムによって形成される安定したシステムである。ミクロ・システムとメソ・システムの関係と同様に、マクロ・システムは、メソ・システムに対して影響を及ぼす。例えば、自動車が提供する個人の移動範囲を中心に形成された文化や社会がマクロ・システムにあたる。

これらの三つの階層からなるサービス・エコシステムにおいて、様々なスキルやナレッジをもったアクターが、インタラクションを通じて固有のサービスを交換し、最終的な価値提案を行う。このようなシステムを理解すれば、イノベーションの実現において求められる要素とは、**リソース**、リソースの所有者としての**アクター**、アクターによって構成される**エコシステム**であることがわかる。したがって、オペランド資源、オペラント資源、あるいは、アクターどうしの関係性という三つのパラメータが強力であればあるほど、サービス・エコシステムを通じて提供される価値もまた、強固なものとなる。

オペランド資源が強固である場合を考えてみよう。オペランド資源が豊富であるとは、すなわち、利用可能な天然資源や文化資源が存在することを指す。かつては、水や光といったエネルギーが豊富な土地が栄えた。そこでは、農作物、魚といった、地球によって提供される天然資源が提供されていたためである。

オペラント資源が強固である場合を考えてみよう。オペラント資源が豊富であることは、すなわち、何らかのスキル、ナレッジをもつエキスパートが豊富に存在することを指す。現在のシリコンバレーでは、デザイン、プログラミング、アントレプレナーシップ、投資家のスキルやナレッジに長けたエキスパートが世界中から集まっている。スタートアップがイノベーションを生み出し、株式公開や事業売却などのイグジットを通じて莫大な資金を得ることで、今度は投資家となり、スタートアップに投資するというサイクルが継続的に発生している。

いずれのリソースも単体だけで勝負しようとする場合、競争が激化する。したがって、複数のリソースを統合することで、独自性をもった価値を提供する必要がある。このリソース統合の仕組みがサービス・エコシステムである。一対一のミクロ・システムが提供する価値は再現可能であるかもしれないが、アクターの数が増加すればするほどに、エコシステムの再現性は限りなくゼロに近づき、サービス・エコシステムはより強固なものとなる。

地方の状況

現在の地方の状況を考えてみよう。いずれの地方にも何らかの名物、名所旧跡はあるだろう。昭和の時代はオペランド資源のみで勝負できていたはずだ。例えば、地域ならではの歴史的建造物、名産品など、その土地固有のものが存在し、加えて、顧客が選択可能な娯楽の数も少なかった。しかしながら、現在、顧客のとりうる選択肢は膨大に存在する。加えて、顧客の時間は有限である。新しくリリースされたより満足度の高いもの、顧客体験が優れたモノへ顧客の関心は常に移動する存在であることを考えれば、オペランド資源をそのまま提供しているだけでは、つまり、より優れた価値を提供することを怠れば、自ずと顧客は離れてしまうのである。

より優れた価値を提供するためには、より優れたオペラント資源、すなわち、濃度の高いオペラント資源が必要である。現在の地方に最も欠けているのはこのようなオペラント資源、すなわち人材である。起業家、エンジニア、デザイナ、あらゆる人材は東京に集中しているといっても過言ではない。地方と東京を行きつ戻りつ生活をしていると、実感としてオペラント資源不足を感じる。確かにインターネットは情報の非対称性を解消するツールである。しかしながら、スキルやナレッジを劇的に向上させるような難易度の高いプロジェクトは、まだまだ地方には数が少なく、東京の企業に集中している。したがって、人材育成に関しては、大都市圏が優位であると言えよう。

地方にスキルやナレッジをもった人材、オペラント資源が存在しない、あるいは、絶対数が少ないとしても、講じることのできる対策は存在する。まず、パートナーシップを通じて外部からオペラント資源を調達するのである。地方に優秀なデザイナ、プログラマ、起業家が存在しないとしたら、東京などの大都市から調達するのである。地方のリソースと中央のリソースを統合するためのサービス・エコシステムをデザインするのである。このアプローチの課題は、そもそも中央のオペラント資源たる人材を地方へ呼び寄せることができない、あるいは呼び寄せたとしても、最終的にはその地方にとどまらず、別の地方に拠点を構えたり、転出してしまう可能性が高いという問題である。

このような課題に対する解こそ、第二の対策である人材育成である。地域のオペラント資源を駆使して、新たな価値を創出する人材を育成するのである。地方の人材が、地域のリソースを統合するためのサービス・エコシステムをデザインするのである。このエコシステムにおいては、中央のアクターももちろん参加するわけであるが、あくまで主体は地方のアクターである。このような人材育成手法については第II部で紹介する。

リソース、アクター、サービス・エコシステムといった、S-Dロジックのキーワードとなる概念を説明してきたが、どのようなプロセスでリソース統合を行うのか？　新規事業創出というより不確実性の高い状況において、どのようにして事業の成功確率を向上させるのか？といった課題は残る。これらの課題に対する解を導出し、S-Dロジックを補強するための論理が、熟達した企業家の行動論理＝エフェクチュエーションである。

熟達した企業家の行動論理——エフェクチュエーション

不確実性下における、熟達した起業家に共通した行動論理が存在するならば、そして、それを起業家が学習することができるならば、これから新たな事業を起こし、成功を収めたい起業家にとってこれ以上心強いものはないだろう。経営行動と意思決定の権威ハーバート・サイモンの最後の弟子と言われるサラス・サラスバシー（Saras Sarasvathy）は、まさにこの起業家としての熟達性に関心をもち、長期にわたって研究を続けてきた。その彼女の研究成果が、**エフェク**

チュエーションと呼ばれる、起業家の実行論理である。*10 ここでは彼女の研究を通じて生まれた、エフェクチュエーションについてひもといていきたい。

起源

サラスバシーは、熟達した企業家に共通した特徴を発見するために、彼らを対象として、ある研究を試みた。この研究において、熟達した企業家とは、「個人・チームを問わず、一つ以上の企業を創業し、創業者・企業家としてフルタイムで一〇年以上働き、最低でも一社を株式公開した人物」と定義されている。彼女は、合計四五名の熟達した企業家を対象として、研究を開始した。

サラスバシーが行った実験では、**ベンチャリング**と名づけられたアントレプレナーシップに関する架空のゲームを用いた。このゲームでは、起業家が仮想製品を取り扱う新たな会社を設立する状況において直面する、解決すべき一〇の課題を折り込みながら、シナリオが構成されている。被験者はゲームの時間軸に従って一〇の課題に対する意思決定を行う。意思決定プロセスの分析のために、意思決定に至った言葉を継続的に口頭で発話してもらうという、シンク・アラウド法に基づく発話プロトコル分析が採用されている。

サラスバシーがこのような架空のゲーム形式での調査を採用した理由は、「起業家は嘘をつく」という仮説を彼女がもっていたためである。例えば、起業家に対して、起業ストーリーや製品開発ストーリーに対するインタビューを行うと、多くの場合、多少話を誇張したり、事実と異なる話を展開するだろう。このような可能性を排除するために、シミュレーション環境を構築し、実際の経営者のスキルとナレッジに基づいてゲームをクリアしてもらうそのプロセスを研究対象としたのである。

四五人の調査協力者のうち、三〇人分の発話プロトコルが収集され、残りの一五名分は追跡研究に転用された。収集された三〇名中、分析に適した二七名のみが利用された。残り三名のうち二名は、高齢と言語的な問題から、一名はすべての問題を事前に読むことを主張したため、無効となった。この二七名のプロトコルデータからいくつかの共通の特徴が導き出された。

興味深いことに、調査を通じて浮かび上がってきたことは、これまでアントレプレナーシップの講義において教えられてきた**コーゼーション**（causation）とは正反対のモデルであった。コーゼーションに基づくモデルでは、あらかじめ選択した目的を所与として、その効果を実現するために、既存の手段の中から選択をする。一方、エフェクチュエーションに基づくモデルでは、所与の手段からスタートし、予測をもとにしない戦略を用いて、新しい目的を作り出そうとする。このようなコーゼーションとエフェクチュエーションの違いを、現在、マーケティングの教科書で教えられているＳＴＰ（セグメンテーション、ターゲティング、ポジショニング）の観点から整理することができる。

コーゼーションに基づく教科書的なマーケティングプロセスでは、市場を定義するところからスタートする。事前に定義された市場に関する情報がマーケティング・リサーチを通じて収集され、市場はセグメントとして分割される。さらに、売り上げについて評価を行い、ターゲット・セグメントが設定される。最後に競合分析に基づいてターゲット・セグメントにおける製品のポジショニングが定義される。

一方、エフェクチュエーションのプロセスでは、目的ではなく、所与の手段の定義からスタートする。意思決定プロセスを、あらかじめ決定された目的ではなく、**所与の手段から**スタートさせる。手段とは、すなわち、手持ちのリソースである。サラスバシーの発見した共通のリソースは、ラッシュらの言うオペラント資源とオペランド資源という区分とは異なる軸を採用していた。

リソース

データから浮かび上がったのは三つの手段であった。第一の手段は「**彼ら（起業家）が誰なのか**（who they are）」、すなわち、起業家のアイデンティティや哲学を指す。第二の手段は、「**彼らが何を知っているのか**（what they knew）」、すなわち、起業家の以前の職務経験、すなわちスキルやナレッジを指す。第3の手段は、「**彼らが誰を知っているのか**（whom they knew）」、すなわち、起業家のもつ社会的ネットワーク、すなわちパートナーを指す。これら三つのカテゴリのうち、いずれか一つ以上を組み合わせることによって最初の顧客を選択していたことがわかった。

このようなエフェクチュエーションにおける三つのリソースと、S-Dロジックにおけるオペラント資源、オペランド資源を組み合わせた場合、利用可能なリソースは四種類へと区分できる。この区分をエフェクチュエーションにおけるリソースの分類と同様の方法でもって記述した場合、次のようにまとめられる。

who we are
who we know
what we know
what we have

who we are　すなわち、私たちは何者であるか？　とは、**自らの哲学、アイデンティティ**を指す。

who we know　すなわち、私たちは誰を知っているのか？　とは、**オペラント資源としてのパートナー**である。ここでいうパートナーとは、何らかの形でプロジェクトにコミットしてくれる企業、自治体、ターゲット顧客などを指す。

what we know　すなわち、パートナーを含む私たちは何を知っているのか？　とは、**オペラント資源としてのスキルやナレッジ**を指す。

what we have　すなわち、パートナーを含む私たちは何をもっているのか？　とは、**オペランド資源としてのリソース**を指す。

先に述べたように、これらのリソースは、最初の手段にすぎない。これらのリソースを所与の手段としてスタートし、新たにリソースの量を増加させ、濃度を向上させていくことで、目的が収斂され、新たな市場が紡ぎ出されるとサラスバシーは述べる。どのようにして新たなリソースの量を増加させ、濃度を向上させるかというその手段もまた、起業家のもつ共通の特徴としてまとめられている。それは、**パートナーシップ**である。ここでいうパートナーとは、プロジェクトに積極的に関与が可能な人材、会社、さらには顧客を指す。新たなパートナーを発見し、パートナーのもつリソースに応じて次の一手を考えるのである。

サラスバシーはそのプロセスを、ジグソーパズルと対比させ、**パッチワーク・キルト**と呼んでいる。ジグソーパズルの場合、最終的な完成図、すなわちゴールが見えている。手段としてのパーツはあらかじめ数が決まっており、プレイヤーはそれを組み合わせることでやがてゴールへと辿り着くことができる。しかしながら、パッチワーク・キルトの場合、開始した段階ではゴールは見えない。極めて自由度の高いプロセスであり、収集するキルトに応じて最終的なデザインは柔軟に変化する。キルト作家は手元の手段に応じて、有意味で美しいパタンを作り出すことができる。実際のビジネスにおいても、手段としてのパートナーをいかに揃えるかによって、最終的な事業のデザインは全く異なるものとなる。

エフェクチュエーションについて改めてまとめておくと、手持ちの手段としてのリソースから事業の初期値を決定する。また、このリソースの初期値からその値を拡大させるための方法として、パートナーシップを強調している。時間軸を伴う不可逆なプロセスにおいて、アクターであるパートナーを増加させることで、アクターのもつリソースが追加され、リソース統合に伴うリソースの量が増加し濃度が向上する反面、パートナーが制約条件として機能し、目的が収斂され、市場が自ずと紡ぎ出されるというのである。

なぜ目的が収束するかといえば、リソースが拡大し、リソースとしての選択可能な手段が増加するに従って、目的はより多くの制約を受けるためである。換言すれば、新たな製品がどのようなものになるかは、時間の経過とともにパートナーが欲するものがわかるに従って、次第に収斂されていくのである。新しい製品、つまり市場は、パートナーを含むリソースによって、自ずと紡ぎ出されるのである。

エフェクチュアル

エフェクチュエーションという名詞をここまで説明したような意味で用いる場合、**エフェクチュアル**という形容詞は、不確実性の下で予測に頼らず、結果を生み出すために、手持ちの手段を用いて、自ら行動し、環境へと働きかけようとする態度、マインドセットに従って行動する、という意味を帯びる。

S-Dロジックにエフェクチュエーションを導入した場合、次の課題が発生する。どのようにして、オペランド資源、さらにはオペラント資源やオペラント資源のオーナーとしてのアクター、つまりパートナーを発見するのか？　また、パートナーシップ以外でのサービス・エコシステムがもつリソース、特にオペラント資源の量の増加と濃度の向上をどのようにして実現するのか？　というものである。これらの課題を解決するためのアプローチとして、デザイン思想としての「人間中心デザイン」由来のツールやメソッドを活用できる。

すべてのアクターの体験を重視するフレームワーク——人間中心デザイン

新たなリソースを発見することで、リソースの量を増加させたり、濃度を向上させたい場合、**人間中心デザイン**と呼ばれるデザイン・フレームワークに含まれるツールやメソッドを活用することができる。HCI研究者であるドナルド・ノーマン（Don Norman）が提唱した**ユーザ中心デザイン**[*11]が、ユーザ体験を重視し、デザイン・プロセスを通じて、ユーザを巻き込みながらデザインを行うのに対して、人間中心デザインは、ユーザに加えて、顧客、従業員、サプライヤーなど、価値を提案する際に必要なシステムに関与するすべての人間の体験を重視する。[*12]サービス・エコシステムにおけるすべてのアクターの体験を適切にデザインしようとするという意味において、人間中心デザインは、S-Dロジックと親和性が高い。S-Dロジックが元来導入することのなかったツールやメソッドを人間中心デザインから借用することで、S-Dロジックを補完し、より魅力的かつ強力な価値を提案できるようになる。

フィールドワーク

アクターの発見方法として有効な方法の一つが**フィールドワーク**である。フィールドワークを通じて価値提案に利用可能な様々なリソースを発見することができる。収集すべきリソースの種類は、すでに述べたように、リソースの発見フェーズでは、価値提案プロセスに利用可能なオペランド資源やオペラント資源、さらにはそれぞれのリソースを保有するアクターの発見が主な目的となる。またリソースの拡大フェーズでは、構築したサービス・エコシステムをより強力にするようなオペランド資源やオペラント資源をもつアクターの発見が主な目的となる。

本来、フィールドワークには、広義と狭義で、それぞれ異なる調査対象が含まれる。広義のフィールドワークとは、書籍、論文などの文献調査、インターネット調査を含む調査手法を指す。一方、狭義のフィールドワークとは、現場で情報を採取する調査手法を指す。ここでは、広義のフィールドワークを含む三つのフィールドワーク手法を紹介する。

デスクトップ調査は広義のフィールドワークに分類され、書籍、論文、インターネット上の文献調査を指す。現場を対象としたフィールド調査と対比させ、主にデスク上で完結する調査を指す。デスクトップ調査は、調査対象に対するおおまかな情報を、迅速かつ大量に網羅しつつ収集することができるというメリットをもつ。しかしながら、これらは大量にコピーされた情報、かつ誰でもアクセスできる情報であることから、情報に関する希少性に乏しい。また、特にインターネット上のリソースについては、信頼性も十分ではない場合もある。あくまで次の調査の足がかりに利用することにとどめて、デザインに利用するためのリソースを採取するためには、デスクトップ調査以外の方法を採用することが望ましい。

観察は、狭義のフィールドワークに分類され、任意の場所あるいは特定の行為を確認できる現場を訪れ、そこで確認可能な現象を採取する調査を指す。観察を通じて得られるデータは視覚データであるため、テキスト、写真、ビデオなどを通じて、正確に記録する必要がある。観察の場合、あくまで現象を記録することが重要であり、観察される現象と観察者の解釈を明確に区別して記録する必要がある。

インタビューは、狭義のフィールドワークに分類される。専門家のもつ特定のスキルやナレッジを採取する、あるいは想定する顧客やユーザの関心や反応を採取する調査を指す。インタビューを通じて得られるデータは音声データであるため、音声、テキストなどを通じて、正確に記録する必要がある。インタビューの場合も同様に、インタビュイーが発言している内容を記録することが重要であり、インタビュアーの発言とインタビュイーの意見を明確に区別して記録する必要がある。なお、これらのインタビューは、こちらの用意したインタビュー場所や、インタビュイーの指定する場所において実施するだけではなく、現場観察中に当該現場にて実施するインタビューも含まれる。

フィールドワークを通じてのパートナーシップ以外のリソースの拡大方法として有効なアプローチが**プロトタイピング**と**テスト**である。

プロトタイピング

プロトタイピングを通じて、顧客は、サービス提供者の提案する価値を実際に体験できるようになる。一方、サービス提供者は、顧客に対して、自身の考える提供価値を体験可能な状態を紡ぎ出そうと試みることで、価値提案のためのスキルやナレッジ、すなわちオペラント資源がそもそも社内に存在するか否かを確認できる。存在する場合、プロトタイピングに併せてテストを実施し、顧客の反応という名の新たなナレッジ、すなわちオペラント資源を獲得することができ、リソースを拡大できる。一方、存在しない場合、必要なオペラント資源を獲得するために、新たなパートナーを発見するか、あるいは自らスキルとナレッジを学習するかの意思決定を行うこととなる。

実際にプロトタイプをデザインする際、具体的な顧客のイメージとして**ペルソナ**を共有しておくことで、より魅力的な顧客体験をデザインできるようになる。アラン・クーパーによれば、ペルソナとは、製品を使うことになる人々の原型を表すものを指し、ドキュメント一式でまとめられる。*13 ペルソナを定義することで、ペルソナごとの具体的な顧客体験をデザインできる。すなわち、どのような属性をもった顧客に対して、どのような体験を提供することで、どのような反応を示すかといったストーリーをデザインすることができる。

ドキュメント一式には、ペルソナの性別、職業、趣味など様々な属性データを記載するが、最も重要な点は、ペルソナの関心あるいはゴールである。例えば、お酒のデザインをする場合、顧客にとって、糖質やプリン体の制限に関心があるのか、効率よくパーティで盛り上がりたいのかなど、様々なゴールが存在する。翻って言えば、ゴール別にペルソナを設定していくというトップダウンのアプローチでペルソナをデザインするのである。

このゴールこそ、顧客がある製品を選択し、体験する大前提となる判断基準を構成するものである。例えば、一日の糖質をコントロールしたいという関心をもつ顧客に対して、糖質たっぷりのビールを提案しても、顧客はその製品の価値共創プロセスに参加してくれはしないだろう。あるいは上質な暮らしを生活のモットーとしている顧客に対して多くの添加物が含まれたお弁当を提案しても、やはりその顧客はその製品の価値共創プロセスに参加してくれないのだ。

しかしながら、企業が顧客のもつ価値判断基準となる顧客の関心やゴールを理解することができれば、その価値判断基準に基づいたデザインが可能となるのである。飲料一つとってみても、味、香り、見た目、ボトルの外観、背後にあるストーリーなど、様々なデザイン要素が存在している。ターゲットとなる顧客あるいはデザイン・プロセスにコミット可能な顧客のもつ関心やゴールをまずは同定することで、製品の顧客体験がその初期値から一歩前進し、ある方向へと向かって収斂され始めるのである。

実際にペルソナをデザインしたのち、コンセプトや顧客体験を検証するために、三つのプロトタイプをデザインする。

ファンクショナル・プロトタイプは、機能や実現性を検証するためのプロトタイプである。製品の主要な顧客体験を簡易的に実装する必要がある。例えばハードウェアの場合、センサやアクチュエータを含む電子回路を設計する必要がある。ウェブ・サービスやソフトウェアの場合、サーバサイドを含めて、主要なインタラクションを実装する必要がある。

デザイン・プロトタイプは、製品の外観を検証するためのプロトタイプである。例えばハードウェアであれば3Dモデルをデザインし、レーザー加工機や3Dプリンタを用いて出力する必要がある。また、ウェブ・サービスやソフトウェアの場合、ユーザインタフェースを実装する必要がある。

コンテクスチュアル・プロトタイプは、製品が利用される文脈を検証するためのプロトタイプである。文脈や顧客体験を可視化することによって、チームや社内での理解が高まるだけではなく、ウェブ上で公開すれば、見込み顧客に対するプロモーション・ビデオとして機能する。

コンテクスチュアル・プロトタイプは、S－Dロジックにおける**文脈価値**（Value in Context）を可視化するにあたって非常に有用なツールである。実際に顧客が製品を使用する段階で価値が生まれる、というのが**価値共創**（Value-Co-creation）の考え方であるが、文脈価値は、同じ製品であっても使用される文脈に応じて生じる価値が異なるというものである。

文脈価値は、フィールドワークを通じて発見する。例えば同じビールにしても、困難な仕事の終わりに達成感とともにチームで飲むビールや、春の昼下がりに友人とともに庭でBBQをしながら飲むビールは文脈上価値が高い。このような文脈価値が生じるコンテキストを、フィールドワークを通じて発見し、それを組み込むことで、より魅力的な顧客体験を提供することができるようになる。

サービス・エコシステム、ビジネスモデルについてもプロトタイピングが必要である。サービス・エコシステムの初期値を設計し、実際にビジネスを回してみたところで、最初の設計が適切に、期待どおりに機能するわけがないのは、コンセプトや顧客体験と同様である。ならば、コンセプトや顧客体験においてそうであったように、サービス・エコシステム、ビジネスモデルについてもリソースを拡大し、アップデートする必要があるためである。例えば運用に予想以上にコストがかさむ場合、思ったより顧客の反応が良くない場合、さらにはパートナーのパフォーマンスが上がらない場合など、様々な問題が発生するだろう。これらの問題をネガティブに捉えるのではなく、これらの機会を梯子にして、次なる打ち手を考え、サービス・エコシステム、ビジネスモデルのアップデートの機会として有効活用するのである。

テスト

プロトタイピングのイテレーションプロセスのみでもリソースを十分に拡大させることはできるが、顧客を巻き込んだテストを実施することで、より濃度の高いリソースを獲得することができる。

顧客は、テストを通じて企業の提案する価値を実際に体験することで、価値共創プロセスに参加し、企業にフィードバックを行う。一方、企業は、顧客からフィードバックを得ることで、提案しようとする価値に関するスキルやナレッジをアップデートすることができる。いずれのプロトタイプも、顧客を巻き込みながらテストする必要がある。顧客に実際のプロトタイプを体験してもらい、フィードバックを得ながら改善を施すのである。

コンセプトや顧客体験に関するテストを実施する場合、顧客とともにデザインしたファンクショナル・プロトタイプやデザイン・プロトタイプを利用する。実際に顧客にそれらを体験してもらい、フィードバックを得ることで、改善に活用する。

実際に顧客に体験してもらうといっても、ウェブやアプリなどのサービスと、ハードウェアとしてのプロダクトでは勝手が異なる。サービスの場合、ＡＢテストツールを使って、一定の顧客を選定し、テスト・ユーザとして新たな機能を配信し、ユーザの実際の使用の様子を調査したうえで、リリースの可否を判定することができる。一方、プロダクトの場合はそうはいかない。ウェブ・サービスやアプリで利用するようなＡＢテストツールが存在しないためだ。

しかしながら、企業は価値を提案し、顧客の体験によって価値が初めて共創されるという視点を忘れなければ、テストを実施することができる。例えばサンプル配布は価値提案の一つの方法である。新たな機能、製品を体験したことのない顧客に対して、実際にそれらを体験してもらうために、サンプルを作成し、配布する。展示会やイベントで実際にそれらを体験してもらうことも同様のアプローチである。例えばコンテクスチュアル・プロトタイプを用いて、顧客からの共感を得る、あるいは、サンプルを提供し、実際に体験してもらい、フィードバックを得るのである。

一方、コンセプトや顧客体験と異なり、サービス・エコシステムやビジネスモデルは、構築に時間を要する。しかしながら、テストを繰り返すことで、より安定した、効率的な、効果的なサービス・エコシステム、ビジネスモデルをデザインすることができる。特にビジネスモデルについては、実際の顧客の反応がすべてである。顧客が実際に体験し、それに対する対価として金銭を払う。対価を払うだけの価値がないと判断された場合、企業からの価値提案は失敗に終わるのである。

第3章　リソース・ドリブン・イノベーションを紡ぎ出すためのフレームワーク

本書冒頭で紹介したリソース・ドリブン・イノベーション（ＲＤＩ）の定義を、背景理論を踏まえ改めて定義すると、自社、パートナーの**リソース**を把握し、フィールドワークを通じて新たなリソースを発見し、これらのリソースを統合することで、新たな価値を伴う製品を顧客に提案し、**フィールドワーク**、**プロトタイピング**、**テスト**、**パートナーシップ**を通じて、リソースを拡大させることで、提案する価値をより魅力的なものへと洗練させ、新たな市場を紡ぎ出すイノベーションと言える。

このように定義されるＲＤＩを紡ぎ出すためのフレームワークは、三つのフェーズからなるデザイン・プロセス、四つのデザイン対象、四つのデザイン・ツールで構成されている。本章では、デザイン・プロセスの各フェーズについて解説しながら、四つのデザイン対象および四つのツールについて説明を行う。なお、本章では、フレームワークの概要を解説するのみにとどめており、本フレームワークを用いた具体的なデザイン・プロセスは、第II部第7－9章を参照されたい。

フェーズ1　リソースを発見する

ＲＤＩのデザイン・プロセスのフェーズ1は、リソースの発見である。さらにフェーズ1は三つのステップ（リソースの把握、リソースの発見、リソースの整理）に分かれている。これらのステップを通じて、新たな市場を紡ぎ出すためのプロジェクトの初期値の設定を行う。

ステップ1　リソースを把握する

最初に自社、および、現在のパートナーのもつリソースを把握するところから始める。第2章で紹介したように、四つのリソース（who we are, who we know, what we know, what we have）を把握する。

who we are　すなわち、私たちは何者であるか？　とは、**自らの哲学**、**アイデンティティ**を指す。自社やチームのメンバの哲学、アイデンティティを指す。まずは、これらを書き出すところから始める。ここで書き出した哲学、アイデンティティは、プロジェクトを進めるにあたっての制約条件として機能するだけではなく、デザインしようとする人工物のブランドを構成する条件として機能する。

who we know　すなわち、私たちは誰を知っているのか？　とは、**オペラント資源としてのパートナー**である。現在のパートナーを把握したのち、さらに、パートナーの保有するリソー

チーム・メンバ	アイデンティティ・哲学

表3・1　リソース整理テーブルa：アイデンティティ・哲学

パートナー	パートナー概要

表3・2　リソース整理テーブルb：パートナー

オペラント資源	アクター	オペラント資源の概要

表3・3　リソース整理テーブルc：オペラント資源

オペランド資源	アクター	オペランド資源の概要

表3・4　リソース整理テーブルd：オペランド資源

ス、すなわち、オペラント資源およびオペランド資源を整理しておく必要がある。

what we know すなわち、パートナーを含む私たちは何を知っているのか？ とは、**オペラント資源としてのスキルやナレッジ**を指す。各メンバのもつスキルやナレッジを書き出すところから始める。

what we have すなわち、パートナーを含む私たちは何をもっているのか？ とは、**オペランド資源としてのリソース**を指す。自社であれば自社の資産として、資源、工作機械、製品、さらには、不動産といったものが含まれるだろう。自治体であれば、歴史的建造物、自然遺跡なども含まれるだろう。さらに、自社であれ、スモールチームであれ、利用可能な予算を算出しておくことが重要である。

これらはあくまでリソースの初期設定の値である。哲学、アイデンティティについては、初期値を維持することで、自社およびチームのブランドを維持することにつながるが、それ以外のリソースについては、プロジェクトを進めるにつれて拡大させる必要がある。リソースを拡大することによって、提案しようとする価値の質も向上するだけではなく、プロジェクトのゴールも自ずと収斂されていくのである。

ステップ2　リソースを発見する

リソースを発見する際、四つのデザイン・ツールの一つである、フィールドワークを利用できる。第2章で紹介したように、三つのフィールドワーク手法（デスクトップ調査、観察、インタビュー）を用いる。これらの手法に基づいてフィールドワークを実施するわけであるが、リソースを発見するためのフィールドワークと言ったものの、発見したいリソースは様々であり、それに応じて目的も異なる。ここでは代表的なフィールドワークの目的と発見すべきリソースを紹介する。

第一の目的は、**調査課題の発見**である。ここでいう調査課題とは、数ある現象の中から特にフィールドワークにおいて調査対象として取り上げる課題を指す。本リソースの発見は、主にデスクトップ調査を通じて行われる。

第二の目的は、**デザイン機会の発見**である。ここでいうデザイン機会とは、人工物をデザインし、新たな価値を提案する可能性が及ぶ機会を指す。デザイン機会は、調査課題によって選定された対象を密に調査することで発見できる。本リソースの発見は、現場調査ならびにインタビューを通じて行われる。

第三の目的は、価値提案プロセスに利用可能な**オペランド資源の発見**である。企業、自治体、あるいはスモールチームであれ、デザイン機会に対してリソースを統合させ、価値提案を行う。このとき、統合可能なリソースは、リソースの把握の段階で発見した自社およびパートナーのもつオペラント資源およびオペランド資源に加えて、フィールドワークで発見する、デザイン機会に関連するオペランド資源も含まれる。本リソースの発見は、主に、デザイン機会を発見したのち、現場観察を通じて行われる。

第四の目的は、価値提案プロセスに利用可能な**オペラント資源の発見**である。新たなオペラント資源の発見は、デザイン機会を発見したのち、解くべき課題が明確である場合に求められる。新たなオペラント資源は、現在の自社のネットワークに存在しないリソースであるため、フィールドワークを通じて新たなパートナーを発見する必要がある。本リソースの発見は、現場観察、およびインタビューを通じて行われる。

ステップ3　リソースを整理する

ステップ2でリソースを新たに発見したことで、改めてリソースを整理しておく必要がある。ステップ1で把握したリソースと比較して、どのようにリソースが拡大されたか、改めてリソースを整理したうえで、リソースを統合し、新たな市場を紡ぎ出すための価値提案を行うコンセプトを構築する。

リソースを整理するにあたって、哲学、アイデンティティを除き、新たに発見したリソースについて、自社およびパートナーごとに、オペラント資源およびオペラント資源を区別したうえで、表にまとめていく（表3・5）。

まず、アイデンティティ・哲学を整理する。フィールドワークを経て、新たな哲学を獲得した場合、追加しておく必要がある。同様に、新たにパートナーを発見した場合も、追加しておく必要がある。続いて、アクターごとに発見したリソースを記入していく。例えば、現場調査やインタビュー調査を通じて発見した現場に関するナレッジは、自社のオペラント資源に含まれる。また、現場調査を通じて発見したオペランド資源は、当該オペランド資源を保有する

チーム・メンバ	アイデンティティ・哲学

パートナー	パートナー概要

オペラント資源	アクター	オペラント資源の概要

オペランド資源	アクター	オペランド資源の概要

表3・5　リソース整理テーブル

デザイン機会	アイディア

表3・6　アイディア整理テーブル

パートナーを追加したうえで、パートナーの保有するオペラント資源として記述する。

このようにリソースを整理することで、初期値の最後の要素（what we can do）が紡ぎ出される。what we can do、すなわち、パートナーを含む私たちは、何をできるのか？ とは、自社の哲学とアイデンティティを保ちつつ、自社とパートナーのオペラント資源、オペランド資源を制約条件として、**提案可能な新たな価値のアイディア群**である。これらのアイディアは、制約条件のないブレーンストーミングなどで出された自由なアイディアとは根本的に異なる。自社の哲学、アイデンティティを継承しつつ、手中にある利用可能なリソースを統合させて生み出されたアイディアであり、いわば論理的かつ必然的なアイディアと言える。可能な限りリストアップしたのち、フェーズ２へと移行する。

フェーズ2　リソースを統合する

デザイン・プロセスのフェーズ２は、リソースの統合である。フェーズ２では、フェーズ１で発見したリソースを統合し、四つのデザイン対象の初期値を設定することがゴールとなる。この四つのデザイン対象とは、コンセプト、顧客体験、サービス・エコシステム、ビジネスモデルである。これら四つは同時に検討することもできるが、コンセプトは顧客体験、顧客体験はサービス・エコシステム、サービス・エコシステムはビジネスモデルの前提となる要素を含むため、順にデザインするほうがより取り組みやすいだろう。

ステップ1　コンセプトを紡ぎ出す

新たな市場を紡ぎ出す、新たなカテゴリの製品のコンセプトを検討する場合、顧客の課題と企業からの価値提案という二つの視点から検討する。

第一の視点は、**顧客の課題（ペイン）**である。顧客が困っていること、不満に思っていることが課題の対象となる。コンセプトの初期設定の段階では、顧客の抽象度は高くても問題はない。コンセプトを洗練させる段階でリソースを拡大、すなわち実際の見込み顧客をパートナーとしてデザイン・プロセスに参加してもらい、彼らに合わせて、顧客のイメージは徐々に具体的な存在へと変化していく。

第二の視点は、**企業からの価値提案**である。前提として、価値は企業だけでは創造できないという考えに基づいている。企業だけで価値を創造できないならば一体どのように価値が創造されるかというと、顧客が提案された価値を受け取り、それを使用する、あるいは体験して初めて創造されるという考えに基づいている。この視点に基づけば、企業は価値を提案する存在にすぎず、顧客の存在、いや、顧客の実際の体験によって初めて価値が創造されるのである。すなわち、価値は共創されるのである。

企業が価値提案を行う際、新しいカテゴリに属する製品コンセプトをデザインすることが望ましい。なぜならば、新たなカテゴリをデザインすることによって、競争を回避できるためである。既存の顧客が存在する製品をデザインしてしまえば、先行企業との競争に陥ってしまう。

新規参入企業にとって競争は決して好ましいものではなく、回避しなければならない。それゆえに、新たに顧客を創造できるような新たなカテゴリに属する製品のコンセプトをデザインする必要がある。

新たな製品を新たな顧客に提案することは、「自殺の第四象限」と言われているほどに不確実性が高い試みである。しかしながら、そのようなときにこそ、ＲＤＩフレームワークは真価を発揮する。手持ちの手段から始め、様々なツールを通じて少しずつリソースを拡大させることで、不確実性を減少させていくことができるためである。具体的なリソースの拡大手法については、フェーズ３で扱う。

ステップ2　顧客体験を紡ぎ出す

新たな製品のコンセプトの初期値をデザインできたならば、コンセプトの精度を高め、製品に付随する顧客体験をデザインする必要がある。魅力的な顧客体験をデザインする際に利用できるツールが**ペルソナ**と**ストーリー**である。

実際にペルソナをデザインする際は、パラメータのある値をもつ架空の人物を設定するよりも、自分の交友関係の中から、実際に存在する人物を想定してみることで、より現実味のあるペルソナをデザインすることができる。なぜならば、架空の人物を設定してしまえば、デザイナにとって都合のいい人格ができあがり、現実には存在しない顧客を生み出してしまうためである。三〇代前半・独身男性・年収一〇〇〇万などといった属性は単なる記号にすぎない。微分された記号を組み合わせても、実際の人物は表現できず、その人物のためのデザインもどこか説得力に欠けたものに終始してしまう。

ストーリーをデザインする場合、多くのデザイン・メソッドでは、顧客側のストーリーを記述するだろう。しかし、本デザイン・プロセスでは、**企業と顧客の二つの視点**からストーリーを記述する。二つの視点からストーリーを記述することで、企業が価値を提案し、顧客がそれを体験（使用）し、価値が共創されるまでに求められる様々な要素をもれなく抽出することを狙いとしている。先んじて言えば、本ステップで紡ぎ出された様々な要素は、サービス・エコシステムのデザインに利用される。

企業側のストーリーをデザインするにあたって、まず、以下の三点を整理する。

a　価値提案に必要な既存リソース

b　価値提案に必要な追加リソース

c　価値提案に必要な制度

価値提案に必要なリソースとは、企業が価値を提案するにあたって求められるリソースのうち、すでに企業がもっているリソースである。Wanicの場合、コンセプト構築段階では、WANICツールキットを設計・製造するためのプロダクトデザイン・スキル、および、3Dプリンタなどの工作機械を保持していた。

価値提案に必要な追加リソースとは、企業が価値を提案するにあたって求められるリソースのうち、現在企業が持ち合わせていないリソースである。Wanicの場合、コンセプト構築段階では、酒を作るスキルもナレッジも持ち合わせていなかった。したがって、これらのスキルとナレッジを自ら獲得するか、あるいは、これらを提供可能なパートナーを発見する必要があった。また、ココヤシの実、酵母といったリソースも追加リソースとして求められた。さらに、実際にフレッシュWANICやWANICツールキットを製造する現地のパートナーが求められた。

価値提案に必要な制度とは、企業が価値を提案するにあたって必要なルール、社会的に構築された規範的なソリューションを指す。例えば、Wanicの場合、日本国内で酒を製造あるいは販売する場合、それぞれに免許が必要となる。しかしながら、コンセプト構築段階では東ティモールでの製造を念頭においていたため、調査の結果、製造免許および販売免許は必要でないことが判明した。

これら三つの観点から整理された要素を用いて、企業が価値を顧客に提案するストーリーをデザインする。

一方、顧客側のストーリーをデザインする際にも同様に、以下の三点を整理する。

d　価値共創に必要な既存リソース
e　価値共創に必要な追加リソース
f　価値共創に必要な制度

価値共創に必要なリソースとは、顧客が製品を体験するにあたって求められるリソースのうち、すでに顧客がもっているリソースである。

価値共創に必要な追加リソースとは、顧客が製品を体験するにあたって求められるリソースのうち、現在顧客がもっていないリソースである。

価値共創に必要な制度とは、価値を共創するにあたって必要なルール、社会的に構築された規範的なソリューションを指す。

これら三つの観点から整理された要素を用いて、顧客が製品を体験し、価値を共創するまでのストーリーをデザインする。

ステップ3　サービス・エコシステムを紡ぎ出す

新たなカテゴリの製品の顧客体験の初期値をデザインできたならば、顧客体験をデザインする際にリストアップした要素をもとに、顧客体験を提供するためのサービス・エコシステムをデザインする。サービス・エコシステムは、ミクロ、メソ、マクロの三つのレベルで検討する。

a　ミクロ・システム

新たな価値を提供する企業と、それに対して対価を支払う顧客を中心としたシステムをデザインすることを目的としている。

図３・１は、フレッシュＷＡＮＩＣのサービス・エコシステムである。フレッシュＷＡＮＩＣの体験者である、先進国出身の顧客をサービス受益者として考えた場合、サービス提供者は、レストラン、ホテル、バーが該当する。Wanic Japanは、ＷＡＮＩＣツールキットメーカーに対して、ＷＡＮＩＣツールキットの設計図を提供する。フレッシュＷＡＮＩＣメーカーに対して、レシピを提供する。また、酵母を販売し、販売代金を得る。ＷＡＮＩＣツールキットメーカーは、フレッシュＷＡＮＩＣメーカーに対して、ＷＡＮＩＣツールキットを販売し、販売代金を得る。フレッシュＷＡＮＩＣメーカーは、ココヤシ販売業者からココヤシの実を購入し、また、ＷＡＮＩＣツールキットメーカーからＷＡＮＩＣツールキットを購入し、レストラン、ホテル、バーに対して、フレッシュＷＡＮＩＣを販売し、代金を得る。レストラン、ホテル、バーと、先進国出身の顧客の間では、レストラン、ホテル、バーが、フレッシュＷＡＮＩＣを販売し、顧客がこれを体験し、対価となる貨幣を得る。

ｂ　メソ・システム

ミクロ・システムの上位レイヤーに存在するメソ・システムをデザインする。メソ・システムのデザインを通じて、下位のレイヤーにあたるミクロ・システムに対して影響を及ぼす要素を同定することを目的としている。

フレッシュＷＡＮＩＣを中心とするＷＡＮＩＣは、ココナッツ産業やクラフト醸造酒産業といったメソ・システムにつながる。このようなメソ・システムは、製造免許、販売免許といっ

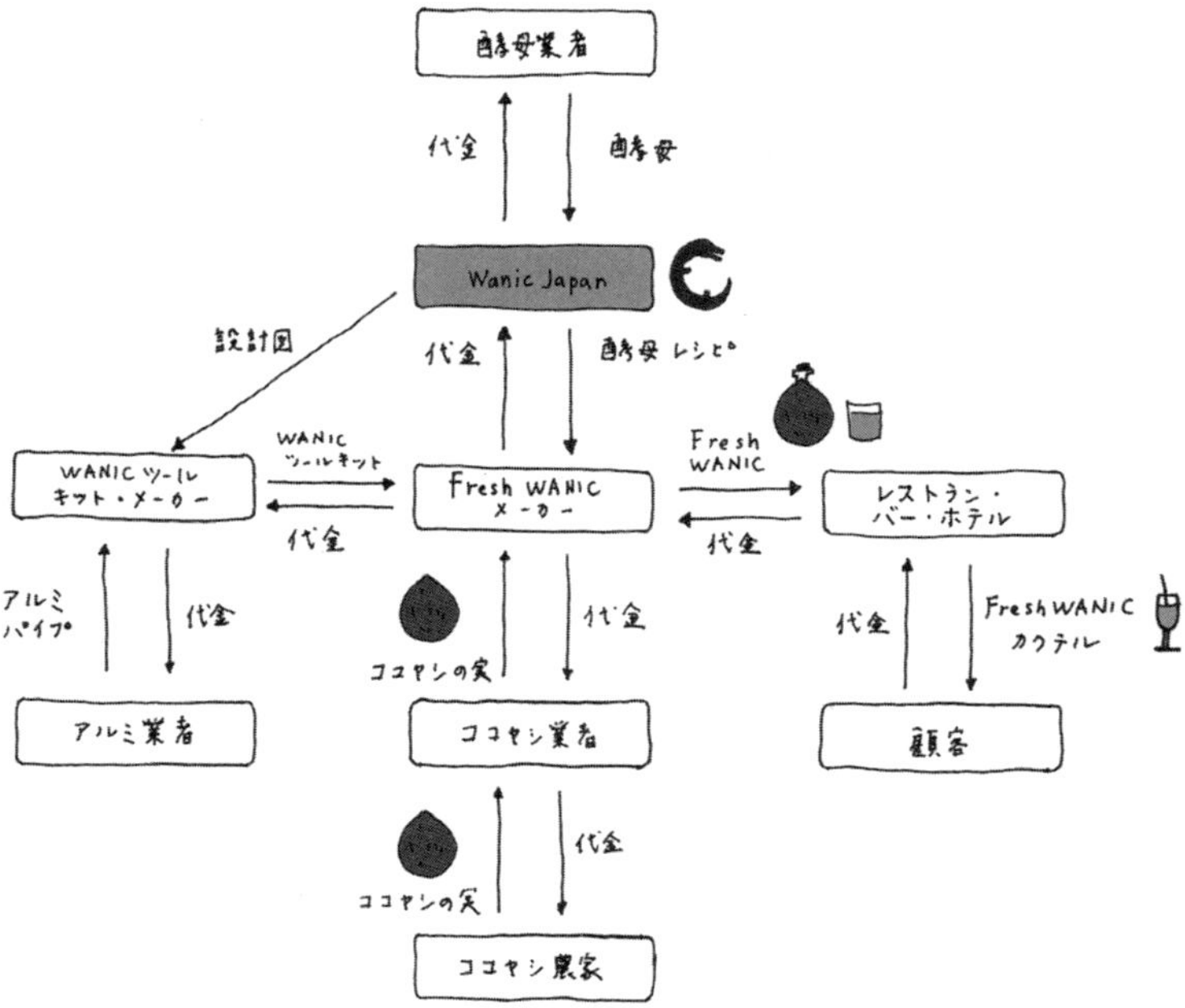

図3・1　フレッシュWANICのサービス・エコシステム（ミクロ・レベル）の初期値

た制度としてのメソ・システムとも関連している。

c　マクロ・システム

メソ・システムの上位レイヤーに存在するマクロ・システムをデザインする。先のステップと同様に、マクロ・システムのデザインを通じて、下位のレイヤーにあたるメソ・システムに対して影響を及ぼす要素を同定することを目的としている。

マクロ・システムを新たに紡ぎ出そうするとする場合、新たな製品によって紡ぎ出したい文化や社会をデザインすることとなる。これらの要素は、自社ならびにチームの哲学、アイデンティティと深く結びついたものとなる。あるいは、既存のマクロ・システムが自社ならびにチームの哲学、アイデンティティに影響を及ぼす場合もありうる。

Wanicに関連している既存のマクロ・システムとして、複数の醸造酒産業によって紡ぎ出された酒文化が存在する。また、醸造酒と密接に結びついている発酵文化もWanicに影響を及ぼしうるマクロ・システムである。

また、Wanicがデザインしようとしたマクロ・システムとして、経済的自由を獲得できる社会がある。現状では産業に乏しく、就労機会に乏しく、現金収入が乏しいがために、経済的な自由が損なわれている人々が存在する。すなわち、経済的困窮を理由に、高い水準の教育を享受できず、また、電気や水への十分なアクセスを得ることができない人々である。新たな就労機会を提供し、現金収入を向上させ、経済的自由を獲得可能な社会を、Wanicを通じてデザインしようとしたのである。

ステップ4　ビジネスモデルを紡ぎ出す

新たなカテゴリの製品を提案するためのサービス・エコシステムの初期値をデザインできたならば、本フェーズの最後のステップである、ビジネスモデルをデザインする。

ビジネスモデルをデザインするにあたって、まず、その定義を共有しておく必要がある。クリステンセンによれば、ビジネスモデルとは、四つの要素からなる相互依存的な仕組みである。[*14] 四つの要素とは、顧客に対する**提供価値**（Value Proposition）、価値を提供するために必要となる、人、技術、製品、施設などの**リソース**、そして、価値提供のためにリソースをどのように組み合わせるかを定める**プロセス**、さらに、価値の提供に必要なリソースとプロセスのコストを負担し、利益を出すのに十分な提供価格を定義する**収益モデル**、という構造を指す。

このようなビジネスモデルの四つの要素のうち、サービス・エコシステムをデザインした段階で、未確定な要素を確定させる。すでに提供価値については、顧客体験デザインを通じてデザインした。また、リソースについては、フェーズ1を通じて整理した。ここでは、残り二つの要素、プロセスおよび収益モデルを確定させる。

a　コスト

サービス・エコシステムを踏まえ、コストを産出することで、ビジネスモデルのプロセスを確定することができる。算出すべきコストには、パートナーとともに製品を実装するコストに加えて、**ZMOT、FMOT、SMOT**における顧客とのリレーションシップ構築費用も含まれる。

ＺＭＯＴとは、Zero Moment of Truthの略で、二〇一一年にGoogleによって提唱された概念[*15]であり、顧客による購入前の調査において、製品を選択する瞬間が現れるという理論である。購入前調査は従来から行われてきたが、それは車、住宅などの高額商品に限定されていた。現在、スマートフォンおよび検索カルチャーの普及に伴い、購入前調査はより身近に、より頻繁に行われている。Googleによれば、八八％の顧客が購入前調査を行っているという。

ＺＭＯＴに訴求する手段として、費用をかけて利用するメディアとしてのペイド・メディアや、顧客やユーザからの評判や信用などを得るメディアとしてのアーンド・メディアが挙げられる。ペイド・メディアは、検索エンジンなどに掲載される、クリック数に応じてコストが発生するＰＰＣ（Pay Per Click）広告、ウェブページの一部として埋め込まれて表示されるディスプレイ広告、さらにはテレビ広告、新聞広告、雑誌広告などが挙げられる。一方、アーンド・メディアとしては、各種の比較サイトや口コミサイトに加えて、製品を紹介するブログやTwitterやFacebookなどのソーシャル・メディアが挙げられる。

ＦＭＯＴとは、First Moment of Truthの略語で、Ｐ＆Ｇ社によって二〇〇四年に提案された概念である。[*16]Ｐ＆Ｇ社の調査の結果、顧客は店頭で製品が並んだ陳列棚を見て、最初の三−

七秒で判断し、どの製品を購入するか決定していることが多いことがわかった。この、製品を選択する瞬間がＦＭＯＴである。ＦＭＯＴに対するアプローチとしては、製品そのものの色や形といった製品言語、製品のパッケージデザイン、陳列棚におけるディスプレイ、店員の説明や接客、ポップアップ広告などを含む店頭プロモーションなどが含まれる。

そして、実際に製品を購入したのち、製品を使用し体験する瞬間は、ＳＭＯＴ、すなわちSecond Moment of Truthと呼ばれている。ＳＭＯＴに対するアプローチとしては、コンセプトを構築した後、魅力的な顧客体験をデザインすることを目的とした、ターゲット顧客、シナリオ、デザイン・プロトタイプ、ワーキング・プロトタイプ、ビデオ・プロトタイプなどを含む様々なプロトタイプが含まれる。

b　収益モデル

プロセスが確定すれば、収益モデルを確定させることで、ビジネスモデルをデザインするための準備は整う。収益モデルを通じて、製品がリリースされ、どの程度の利益を生み出すことが可能であるかを予測できる。

コストおよび収益モデルのデザインが終了した時点で、ビジネスモデルの四つの要素が出揃い、ビジネスモデルをデザインするための前提条件は揃ったと言える。マネジメント層に対して最終的な事業化の意思決定をサポートするために、ビジネスモデルに加えて、市場規模と事業計画を合わせて提示する。

c　市場規模

新たなカテゴリの製品であるからといって、市場規模を算出することが困難であるかと言えば、そうではない。あくまで試算にすぎないといっても、事業化の意思決定をマネジメントが行うにあたって、説得力のあるデータを示しながら、事業そのものの規模および成長性を確認しておく必要がある。

d　事業計画

コストおよび収益モデルを踏まえ、複数年度にわたる事業計画をデザインする。特に、最初の一－二年は資金がショートしやすいため、月単位での計画が必要である。場合によっては、ベストあるいはワーストシナリオを踏まえた複数パタンを計画しておく。成長スピード別に損益分岐点を把握できるため、初期コストをどの程度の時間をかけて回収が可能であるのか、追加投資が必要であるのか把握できる。さらに、銀行であれベンチャーキャピタルであれ、プロジェクトの実施にあたって投資を検討している場合、類似事例をエビデンスとして、仮説の確からしさを可能な限り向上させる必要がある。しかしながら、あくまでこれらは作成時点の計画にすぎず、事業開始後に追加される新たなリソースを踏まえ、柔軟に計画を変更する必要があることを留意しておく必要がある。

フェーズ2では、フェーズ1で発見したリソースを統合し、自社ないしチームの哲学、アイデンティティを制約条件としつつ、新たなカテゴリの製品コンセプト、魅力的な顧客体験、サービス・エコシステム、ビジネスモデルの初期値を紡ぎ出してきた。これらはあくまで四つのデザイン対象の**初期値**であり、最初の手段にすぎない。ゴールは新たな市場の創出であり、このゴールに向かって、リソースを拡大させ、手段を変容させていく必要がある。次節では、リソースの拡大に利用可能な四つのツールを紹介する。

フェーズ3　リソースを拡大する

デザイン・プロセスの最後のフェーズは、リソースの拡大である。リソースの拡大フェーズは、リソースを統合し、新たな製品の初期値を設定したのち、プロジェクトが終了する、すなわち製品を開発中止するまで持続するフェーズである。その途中には、製品のリリースが存在する。製品をリリースしたのちもリソースの量を増加させ、濃度を向上させることで、製品価値をアップデートし続けることができる。

リソースの拡大フェーズで利用可能なデザイン・ツールのうち、最も有効活用可能なツールは、パートナーシップ、フィールドワーク、プロトタイピング、テストの四つである。これらは互いに個別に利用することもあれば同時に利用する場合もある。例えば、フィールドワーク先で、パートナーである顧客に対してプロトタイプを提示し、テストを行い、フィードバックを得ることで、リソースを拡大するといったケースは頻繁に発生する。

ツール1　パートナーシップ

第一のツールは、パートナーシップである。パートナーシップを通じて、企業はリソースを拡大させることができると同時に、パートナーとの関係性を制約条件として利用し、製品の方向性を収斂させることができる。パートナーの存在なしの場合、どちらの方向に向かって進むべきか不明瞭であり、いずれの方向にも不確実性は変化しない、等方性の状態である。しかしながら、パートナーの存在によって、ある方向における不確実性に偏りが生じる。ここでは四種類のパートナー（顧客、技術パートナー、デザイン・パートナー、チャネル・パートナー）を重点的に獲得する。

フェーズ1のリソースの把握の段階で、自社およびパートナーのリソースの初期値を設定し、そこからリソースの統合の段階で、新たな製品の初期値の設定を行ったわけであるが、デザイン・プロセスにより**顧客**を巻き込むことで、リソースを拡大させることができる。

より取り組みやすいアプローチは、既存の顧客に対して、新たな製品を売り込む場合である。まず、自社およびパートナーで構成されるネットワーク内の既存の顧客にデザイン・プロセスに参加していただく。例えば、ヒアリングを行い、コンセプトや顧客体験の軌道修正をしていく。

より挑戦的なアプローチは、新たな顧客に対して、新たな製品を売り込む場合である。自社およびパートナーで構成されるネットワークの外で見込み顧客を発見し、デザイン・プロセスに参加していただく。そのうえで、顧客とともにコンセプトや顧客体験の軌道修正をしていく。いずれも顧客をプロセスに巻き込む必要がある。

サービス・エコシステムの初期値をデザインした段階で、自社やパートナーのみで見込み顧客に対して価値を提供することが難しい場合、新たにパートナーを発見する必要がある。例えば、自社やパートナーがもっていないスキルやナレッジをもっているアクターが必要な場合、パートナーシップを締結する必要がある。具体的には、技術パートナー、デザイン・パートナーが対象となる。

技術パートナーとは、製品をプロトタイプからリリース版へと移行させるために必要な技術を保有するパートナーを指す。例えば、自社の技術では実現できなかった機能や性能を他社が保持している場合、あるいはコストダウンを実現可能な技術を他社が保持している場合、これらの企業とパートナーシップを締結することで、製品の開発期間を短縮したり、製品そのもののクオリティを向上させることができる。

デザイン・パートナーは、製品のリリース版の実装が完了したのち、実際に製品をリリースする際に必要なパートナーを指す。具体的には、製品の外装、パッケージ、ロゴなどの製品言語、インタラクション、ユーザ・エクスペリエンス（UX）などの製品体験、さらには、製品紹介のためのウェブサイトやアプリなどのコミュニケーションを担当するパートナーを指す。

コンセプト、顧客体験は見込み顧客とのパートナーシップ、また、サービス・エコシステムは、必要なスキルやナレッジをもつアクターとのパートナーシップに基づいて、リソースの拡大が可能であるが、ビジネスモデルの場合は、そのチャネルに依存する。なぜならば、チャネルによって製品の販売戦略が大きく変化するためである。したがって、チャネル・パートナーもリソースの拡大の対象となる。

チャネル・パートナーは、製品をリリースしたのち、それらを顧客に届けるために必要なパートナーを指す。ターゲット顧客にとって魅力的な製品をデザインできたとしても、それらを適切に顧客に届けることなくしては、十分な売り上げを期待できないためである。

以上のようなパートナーの拡大は、自社およびパートナーが自発的に捜索し、実現する場合もあれば、偶発的、突発的にパートナー候補が出現する場合もある。いずれの場合も、これらの機会を事業を漸進させる梯子として捉え、有効に活用することが重要である。

ツール2　フィールドワーク

第二のツールは、フィールドワークである。フィールドワークを通じて、企業は価値提案に利用可能なリソースを発見することができる。フィールドワークにおいて利用可能な手法と収集すべきリソースの種類は、本章第一節ですでに述べたが、このうちフェーズ3では特に、価値提案プロセスに利用可能なオペランド資源およびオペラント資源の発見が主な目的となる。

コンセプト・顧客体験に関するリソースを拡大させるためには、顧客や専門家に対して、フィールドワークを実施する必要がある。顧客が実際に新たな製品を体験し、その体験のプロセスあるいは結果を自社にフィードバックすることで、自社のナレッジが拡大する。また、専門家も同様に、専門家が実際に新たな製品を体験し、その製品に関するレビューを通じて、自社のナレッジが拡大する。これらの新たに獲得したナレッジに基づいて、コンセプトおよび顧客体験を軌道修正するのである。

サービス・エコシステムに関するリソースを拡大させるためには、より魅力的な価値提案に求められるリソースの保有者であるアクターを捜索するために、フィールドワークを実施する必要がある。フェーズ2でデザインしたサービス・エコシステムは、あくまで初期値である。新たなパートナーとしてのアクターの発見によって、この初期値は大きく変動していく。

ツール3　プロトタイピング

第三のツールは、プロトタイピングである。プロトタイピングを通じて、顧客は企業の提案する価値を実際に体験できるようになる。一方、企業は顧客に対して、企業の考える提供価値を体験可能な状態を紡ぎ出そうと試みることで、価値提案のためのスキルやナレッジ、すなわちオペラント資源がそもそも社内に存在しているのか検証し、存在している場合、プロトタイピングを通じてそれらをアップデートすることができる。なお、プロトタイピングは第四のツールであるテストと密接に関連しており、テストの前提条件となる。

第2章で紹介したように、プロトタイピングの対象は多岐にわたる。コンセプト、顧客体験、サービス・エコシステム、ビジネスモデルの検証の目的として、三つのプロトタイプ（ファンクショナル・プロトタイプ、デザイン・プロトタイプ、コンテクスチュアル・プロトタイプ）をデザインする。

コンセプト、顧客体験、サービス・エコシステム、ビジネスモデルに加えて、製品を顧客に伝達するためのメディアもまた、プロトタイピングの対象となる。新たな製品を顧客に伝達するためのメディアをデザインする場合、三つのメディアをデザインする。**ストーリーを伝達するためのメディア**は、想定顧客が新たな製品を視覚的に認知しない、体験しない段階に対するメディアである。**顧客の店頭体験のためのメディア**は、想定顧客が新たな製品を店頭で視覚的に認知する最初の三ー七秒の段階に対するメディアである。**顧客との継続的な関係性を構築するためのメディア**は、製品を実際に購入した顧客と組織が継続的に利益をもたらす関係を構築するためのメディアである。

これら六つのプロトタイプは、単にデザインするだけではリソースを拡大するという目的に対する効果が不十分であるため、次のツールであるテストと必ず組み合わせる必要がある。テストを通じてプロトタイプに実装した仮説を検証し、新たなナレッジを獲得し、それに基づいてさらなるプロトタイプを実装するのである。

ＲＤＩを紡ぎ出すための新たな製品のデザインというプロジェクトは非常に不確実性の高い状況にある。このような状況においては、あらかじめ目標を定めることはできない。しかしながら、目標を達成するためのリソースとして不確実性を活用することができる。不確実性が高く目標を定めることができないからこそ、現在使えるリソースをもとにコンセプトを構築し、このコンセプトに基づいたプロトタイプをデザインする。これを想定顧客に提示し、その反応を得ることで、その反応を新たなリソースとして活用できる。したがって、プロトタイピングを繰り返すことで、リソースは拡大し、結果として不確実性の存在そのものがリソースとして機能するのである。

ツール4　テスト

第四のツールは、テストである。顧客はテストを通じて企業の提案する価値を実際に体験することで価値共創プロセスに参加し、企業にフィードバックを行う。一方、企業は、顧客からフィードバックを得ることで、提案しようとする価値に関するスキルやナレッジをアップデートすることができる。

コンセプトおよび顧客体験における仮説をテストするために、実際の顧客、想定ユーザあるいは専門家に対して、ファンクショナル、デザイン、コンテクスチュアルの三つのプロトタイプを提示し、フィードバックを得る。このフィードバックを顧客体験の改善のリソースとして活用することを目的としている。

プロトタイピングを通じて、ZMOT、FMOT、そしてSMOTを考慮したうえでデザインされた新たな製品のプロトタイプは、不確実性の高い状況に対して、社内外のリソースを踏まえてデザインされた最初の確たる存在である。これを想定顧客に提示することで、顧客からの反応を採取し、製品の改善に役立てることで、実現手段としてのコンセプトの洗練が期待できるだけではなく、顧客が製品に対して抱くブランド・イメージの精緻化にも貢献できる（図3・2、3・3）。

新たな製品をデザインする前に行われる市場調査やユーザ調査は、まだ存在しないものを対象とした調査であるから、有効なデータをそもそも獲得できないという点で、実施する意味はないと言ってよい。

しかしながら、実際に新たな製品のプロトタイプをデザインしたあとでは、話は異なる。想定顧客の反応に合わせて、それらを改善するためのデータを取得できるからだ。データに基づいてプロトタイプをデザインしたとしても、それはあくまでチームによって導き出された仮説にすぎない。コンセプトに形を与え、それを実際に想定顧客が体験可能な状態にすることで、チームが想定していなかった課題を発見できる。このプロセスは、顧客を理解するプロセスにおいてチームが解釈した顧客、そしてその解釈に基づいてデザインした製品と、さらに実際の顧客の三者間に存在するズレを修復するフィードバック・プロセスにほかならず、イノベーション創出のために不可欠なプロセスである。

サービス・エコシステムとビジネスモデルにおける仮説をテストするために、実際に新たな製品を顧客に届け、顧客が体験するまでの一連のプロセスを実装し、そこで起きている現象を分析し、フィードバックを得る。例えば、特定のスキルやナレッジが不足していたり、極端にコストがかかりすぎており、効率化が必要なプロセスが明らかになるかもしれない。このフィードバックをサービス・エコシステムとビジネスモデルの改善のリソースとして活用することを目的としている。

新たな製品の魅力を顧客に伝達するための三つのメディアにおける仮説をテストするために、

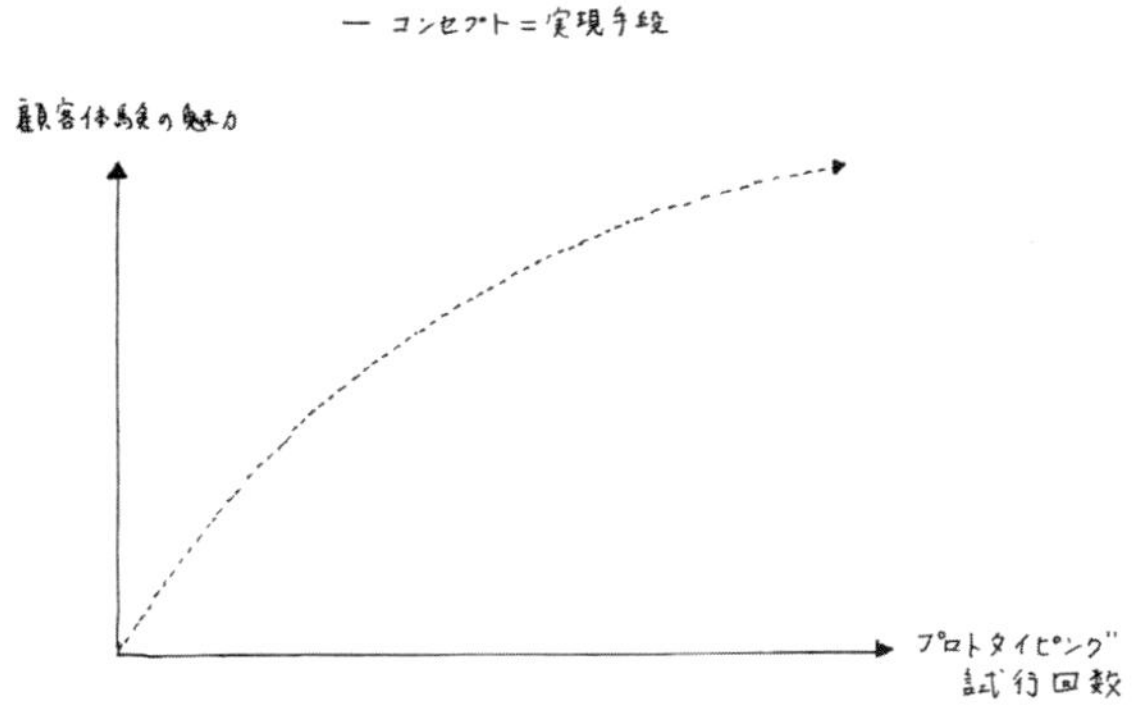

図3・2　プロトタイピングの試行回数と顧客体験の魅力の相関

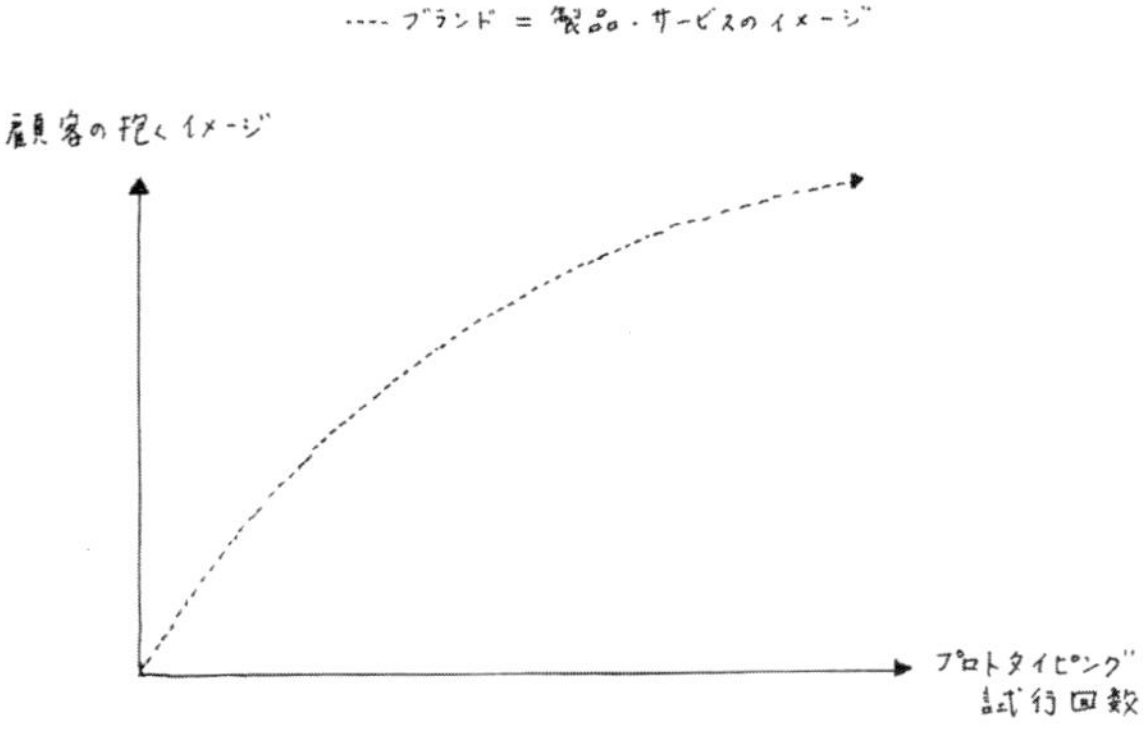

図3・3　プロトタイピングの試行回数とブランド・イメージの精緻化の相関

実際のメディアを利用するユーザの行動を分析し、フィードバックを得る。例えば、ウェブのPVが上がらない、製品を販売しているスペースで販売しようとする製品が顧客に全く訴求しない、あるいはソーシャル・メディアにおけるエンゲージメントが向上しないという問題が発生するかもしれない。このフィードバックを各メディアの改善のリソースとして活用することを目的としている。

以上四つのツールを適宜組み合わせ、自社のリソースを拡大することで、新たな製品のコンセプト、顧客体験、サービス・エコシステム、ビジネスモデルについて、その初期値から大きく質の面で改善させることができる。このような軌道修正のプロセスにおいて最も重要なことは、自社あるいはチームの哲学、アイデンティティについては、その初期値を保つことである。フェーズ1のリソースの把握の段階、すなわち、who we areで把握した自社およびチームの哲学、アイデンティティは、自社のブランドの根幹を成すものである。哲学やアイデンティティを度々変えてしまっては、顧客からの信頼を得ることはできない。製品カテゴリのピボットはパートナーに合わせて柔軟に行うべきであるが、製品の深淵にある哲学やアイデンティティは最後の砦であり、容易にピボットさせてはならないのである。

第4章　地域のリソースに着目し、イノベーションを紡ぎ出す

本章では、地方ならではの、地方でしかできないイノベーションを創出するために、地方における**ビジネス**、**行政**、**教育**における枠組みについて議論し、地方における新しいイノベーションの世紀についての一つのビジョンを共有したい。

ナマコの眼

現在のようにロジスティクスが発展する以前の一六世紀に、一つの商品がアジア・オセアニアにわたって幅広く普及し、ヨーロッパ市場、アメリカ市場とは異なるグローバルな市場を形成していた。その商品とはナマコである。人類学者・鶴見良行氏による『ナマコの眼』*17は、いわばナマコを巡る文化史である。海底で一五メートルしか動かないと言われるナマコとヒトとの関係性が、東北アジア、中国、東南アジアから南太平洋までにわたって濃厚に記載されている。ナマコという一つの商品に着目し、生産、流通、消費という流れを歴史的かつ俯瞰的に説明してみせることで、ヨーロッパ市場、アメリカ市場とは異なるグローバルな市場の存在を

示したのがこの本である。

ナマコは視覚器官をもたない。ゆえに、ナマコの眼とは、比喩にほかならない。それは中心に対する周辺の象徴である。中国は古くからアジアで最大の市場であった。鶴見氏は、この本において、アジアの中心としての中国に対する周辺に読者の眼を向けさせた。ナマコの眼を通じて、ミクロネシア、オーストラリア、東インド諸島の国、地域で生きる人々の生活にスポットライトを当てたのである。このような中央とその周辺という関係性は、ヨーロッパ的植民地主義とは異なるものであった。それを鶴見氏は「太陽と星くず」と呼んだ。太陽もまた、星屑からの恩恵を受けているように、中国とアジア太平洋地域の国々も植民地主義的な一方的な搾取関係にはないことを示したのである。

中心と周辺の関係を変える

このような周辺への目線、そして、中心と周辺との一方的ではない関係性こそ、私がリソース・ドリブン・イノベーション（ＲＤＩ）において求めるものである。ＲＤＩでは、途上国と先進国の関係においては、途上国から先進国へとイノベーションを展開する。また、地方と中央の関係においては、地方から東京や世界の大都市へとイノベーションを展開する。いずれにおいても、ＲＤＩを通じて、一方的な関係ではない、互いが中心であり周辺である相互補完的な関係の創出を狙いとしている。

従来、途上国は、搾取の対象であった。古くは植民地貿易に始まり、「プランテーション」

「フェアトレード」と名前を変えつつも、現在までその関係性は継続している。ＲＤＩにおいて実現しようとするのは、途上国や地方といった周辺の人々が地域のリソースを用いて、自らの手でイノベーションを実現するというモデルである。このようなモデルを実現するためには、途上国あるいは地方のアクターを総動員したサービス・エコシステムの構築が不可欠である。

日本の地方は、東アジア、さらにはグローバルにおいて確固たる地位を築くことができるポテンシャルを保持している。なぜならば、地方は、東京にはない独自かつ歴史的なリソースをもつためである。これらのリソースを活用することで、様々なイノベーションを実現できる可能性を秘めている。しかしながら、現状では残念ながらこれらのリソースを活かしきれておらず、場合によっては大企業の植民地化している地方も存在する。このような現状を打破するために、東京のコピー、グローバル企業の下請けのみに従事することなく、地方ならではの独自のサービス・エコシステムを構築する必要がある。

このような視点に立つと、ＲＤＩは、地方においてこそその真価を発揮すると言える。なぜならば、ＲＤＩは、地域ごとに存在する豊富なリソースを最大限に活用することを前提とするためである。日本の地方には、独自の農業、漁業、林業、文化、伝統工芸、製造技術など、様々なリソースが存在している。これらのリソースを出発点として、最先端のオペラント資源をもった人材が舵をとり、リソースを統合し、新たな価値を伴う製品を提案するのである。

エストニアの電子政府

バルト三国のエストニアは、人口わずか一三〇万人、日本のわずか一〇〇分の一の規模でありながら、ITに特化したサービス・エコシステムを構築し、世界でも有数の電子立国として知られている。例えば、インターネット投票、電子行政サービスをはじめとする電子政府サービス、電子保健情報システム、電子画像管理システム、電子予約システム、電子処方箋システムからなる電子医療サービスなどが導入されている。また、スタートアップ支援も充実しており、人口に対するスタートアップの割合は、アメリカ、シンガポールに次ぐ世界第三位であり[*18]、群を抜いている。エストニアに比して、例えば京都市の人口は一四〇万である。人口がほぼ同一であり、「日本のエストニア」というように、独自のサービス・エコシステムを構築し、イノベーションを創出する可能性は十分にあるはずだ。

ビジネス・行政・教育

イノベーションに溢れた地方の未来を思い描くにあたって、まずは、ビジネス、行政、教育の三つの領域における主要アクターのビジョンを検討してみたい。

まず、ビジネスの主要アクターは、**中小企業**である。中小企業は、様々なリソースに溢れる地方において、イノベーションを遂行していく中心的存在となりうる。なぜならば、イノベーションを遂行しやすい組織構造と、歴史に裏打ちされた独自のリソースを社内にもつためである。中小企業が中心となって、次々とイノベーションを実現することによって、その地域ならではの魅力的な社会を創造するのである。ビジネスのもう一つの主要アクターは、**地方銀行**である。地方銀行は、中小企業がイノベーションを推進しやすいような財政面での支援を行うとともに、その地域ならではの特色溢れる投資対象企業リストをデザインする。

次に、行政の主要アクターは**自治体**である。自治体は、地域ブランディングを行うとともに、中小企業がイノベーションを推進しやすいような法律面での支援を行う。自治体は二〇世紀後半に進んだ地方の均質化を教訓として、各地域のブランドをデザインする必要がある。またブランディング戦略を展開するために、中小企業と協力しつつプロジェクトを推進する必要がある。

最後に、地方における教育の主要アクターは**大学**である。自治体が地域のブランドのグランド・デザインを担当し、企業のイノベーションに係るサポートを行う存在であるならば、教育機関は、企業および地方を中長期的に内側からサポートする存在である。特に、地方における大学は、専門職業人材育成機関として、様々な人々を対象として、様々なスペシャリストを育成し、オペラント資源の増大に寄与する。例えば、高校を卒業して即座に進学する者に加え、キャリアアップのために大学で学び直す者、企業に勤めながら社会人大学院生として学ぶ者など、広く門戸を開き、生涯学習機関としての機能をもたせる。

これらのアクターが渾然一体となったサービス・エコシステムを構築し、互いのインタラクションを通じて、その地域ならではのイノベーションを推進していくことで、独自性の溢れる、二一世紀の豊かな地方が紡ぎ出されるのである。

リソース・ドリブン・イノベーションを推進する——中小企業

地方においてＲＤＩを中心となって推進するアクターは、**中小企業**である。中小企業は、イノベーションを遂行しやすい組織構造をもつ。例えば、役員やマネジメント層のスピーディな意思決定を通じて、全社が一丸となってイノベーション・プロジェクトに邁進することができる。また、イノベーション・チームが生み出したコンセプトを形にし、実際に市場に投入するまでの意思決定のプロセスを円滑に実行できる。

一方、大企業の場合、事情は異なる。組織構造の観点から見た場合、事業部ごとの駆け引きや担当役員間の政治、既存の事業部の管轄問題など、イノベーションを阻害する要因は数多い。さらに、企業が過去に自ら生み出したイノベーションを継続的に展開するために、翻って自社のイノベーションを阻害する、いわゆる「イノベータのジレンマ」の問題も存在する。これらの厄介な問題は、アメリカやヨーロッパの企業に見られるような、ＣＥＯの強力なリーダーシップが機能する会社でない限り解決は難しいように映る。さらにそのような企業であっても、ＣＥＯがオーナーでない限り、ますます実行は困難だろう。

現在の多くの大企業と比較して、地方の中小企業は、自ら主体性をもってイノベーションを遂行していく可能性に満ち溢れた存在であるが、多くの地方の中小企業は、大企業の下請けによって売り上げを確保していることも事実である。安定的な下請けを継続することは、現在の社員を養うために重要な仕事である。しかしながら、ＡＩの飛躍的発展、ＡＲ／ＭＲによる情報空間と現実空間の境界の融合、ＩｏＴを通じた日常生活へのネットワークの浸透など、様々な分野で先進的な技術が事業化されつつある現在こそ、新たな事業を紡ぎ出す最大の好機である。このような好機を活かして、イノベーション・チームを社内に結成し、新たな製品をデザインし、自社の事業を中心とした独自のサービス・エコシステムを紡ぎ出し、持続的な安定を自ら勝ち取るべきである。

地方に存在する多くの中小企業は、その歴史も古く、歴史に裏打ちされた独自のリソースを社内にもっている。具体的には、オペランド資源としてのコアとなる製品や原材料、さらには、オペラント資源としてのこれらの製品に付随するスキルとナレッジをすでにもっている。これらをリソースとして捉え、新たなスキルやナレッジを掛け合わせ、イノベーションを創出する新たな製品をデザインするのである。そして、新たな製品を東京、さらには海外、特にアジアへと展開することで、独自のサービス・エコシステムを確立するべきである。

社内のオペラント資源が不足している場合、東京の有名デザイン・コンサルティング・ファームに、仕事を依頼することもあるだろう。そのような場合、自社の製品のブランディング、ウェブやパッケージのみをリデザインすることにとどまってしまっては、その効果は限定的だ。確かに一時的にはメディア等を通じて話題になるだろう。しかしながら、世の中は情報に溢れている。やがて似たような事例がリリースされ、話題の中心はうつりゆき、何事もなかったかのように忘れ去られてしまう。

このような会社にプロジェクトを依頼する場合は、オペラント資源としてのスキルやナレッジを社員に学ばせる機会として活用すれば、持続的な効果が期待できるだろう。彼らとともにイノベーション・チームを社内に組織させ、コラボレーションの機会として活用するのである。自社やチームのオペラント資源を拡大させ、イノベーションを持続的に創出することを目指すのである。

求められるのはイノベーションであり、サービス・エコシステムのデザインである。企業が製品をリリースするまでに必要なアクターだけではなく、製品の価値を判断する顧客、顧客が価値を共創するまでに求められるサービスを提供する様々なアクターで構成されるサービス・エコシステムをデザインする必要がある。サービス・エコシステムをいち早くデザインしてしまえば、大企業はもはやそれを潰すことは困難となる。彼らにとっての選択肢は、協調するか、買収するかのいずれかしか残されていない。

人材育成

社内にRDIを推進する人材を確保するための最短の方法は、人材育成である。第II部において紹介する人材育成カリキュラムに基づいて、事業会社の現在の状況に合わせてイノベーション・プロジェクトを実施するなかで、RDIのフレームワークを学習する。ある程度、資金と期間に余裕がある場合、三－四のチームを組織させ、一年間かけて新たな事業のプロトタイプを開発させる。例えば、六カ月間で一〇回のワークショップを実施し、フェーズ1、2を完了させる。続いて、残りの六カ月でフェーズ3を実施し、事業のアップデートを実施する。

このような人材育成を社内で実施するには負担が大きい場合、大学とコラボレーションをするといったアプローチも考えられる。企業は、大学の実施するPBL（プロジェクト・ベースド・ラーニング）にクライアントとして参画し、学生に課題を提示するとともに、そのプロジェクトに社員を送り込むのである。社員は、そのプロジェクトを通じて、RDIのフレームワークを学生とともに学習する。

PBLが学習を重視したアプローチであったのに対して、他の中小企業とともに、共同でプロジェクトを実施するという、オープン・イノベーションとしてのアプローチも考えられる。この場合、フレームワークの学習に加えて、実際のアウトプットの質も期待できるという点が、大学とのPBLとの相違点である。また、コストの低減に加えて、利用可能なリソースの倍増というメリットも存在する。

その理想にもかかわらず、オープン・イノベーションの普及が進まない理由は、コラボレーションのタイミングによるところが多い。例えば、コンセプトデザインの段階から、オープン・イノベーションを導入しようとすると、知財の配分割合においての議論が複雑となる。しかしながら、製品プロトタイプが完成し、サービス・エコシステムをデザインしたのち、サービス・エコシステム内の価値創造プロセスにおける一アクターとしての役割を任せる、すなわち、共同生産としてのオープン・イノベーションの場合、このような知財トラブルが生じる可能性は低い。

地方銀行の役割

このような地方における中小企業のＲＤＩを推進する活動をサポートする役割を財務的に担うのが、**地方銀行**である。地方銀行は、単一の企業に資金を融資する以上に、投資額に対するリターンを考慮しながら、適切な**イノベーション・ポートフォリオ**をデザインする必要がある。ハリー・Ｍ・マーコヴィッツが一九五九年に発表した『ポートフォリオ選択論』[*19]によって始まる現代ポートフォリオ理論は、証券の個別銘柄のリターンとリスクが、リターンの平均値や、その標準偏差といった統計量によって説明できるとする理論である。また、ポートフォリオの銘柄を増加させるほど、リスクは低減するとされている。このような理論を組織におけるイノベーションへの投資に当てはめたものが、イノベーション・ポートフォリオである。

地方銀行がイノベーション・ポートフォリオをデザインする場合、ＲＤＩの特性から、中長期的な投資が求められる。なぜならば、反復的なプロセスを通じて、企業そのものがもつリソースを拡大させ、イノベーション確率を向上させるためには、ある程度の時間が求められるためである。しかしながら、一度拡大したオペラント資源としてのスキルやナレッジは、不可逆であるがゆえに、時間の経過とともに、イノベーション確率は高まる。したがって、このようなプロセスに則る企業が増えれば増えるほど、地方全体のイノベーション確率は向上するため、中長期的に見れば、地方銀行にとっての利益は最大化する。

地方銀行は、中小企業に加えて、大学発ベンチャーの財務的な支援を行う。なぜならば、大学発ベンチャーは、RDIの重要なポートフォリオ構成要素となりうるためである。具体的な支援策については、経済産業省の大学発ベンチャーに対するVC支援の分析レポートから検討できる。

経済産業省の大学発ベンチャーの成長要因に対するVC支援の寄与状況分析[*20]によれば、ベンチャー・キャピタルが積極的に支援することで、大学発ベンチャーの実施率向上が期待できる戦略・施策として、「メイン市場を開拓するために外部機関から販路開拓の支援を受ける」「主力事業の最終的な出口戦略を策定する」「業界の経験者を社外から調達、またはアドバイザーとして体制に加える」といった点が指摘されている。

また、ベンチャー・キャピタルのハンズオン支援を強化・改善することにより、大学発ベンチャーの実施率向上が望まれる戦略・施策として、「顧客・市場のニーズと製品を合致させるために、市場調査を実施し、事業に反映させる」「市場の競争環境を認識するために競合調査等を実施し、製品を差別化する」「外部の機関や個人のアドバイスを受けて、マーケティングプランを策定する」といった点が指摘されている。

このようなベンチャー・キャピタルに求められる支援機能を、ベンチャー・キャピタルに代わって、地方銀行が中心となって提供することで、地方における大学発ベンチャーの成長が大きく期待できる。

地方銀行が、イノベーション・ポートフォリオを構築するためには、新規事業やスタートアップ企業に対する投資判断に長けた人材を雇用する必要がある。一般に、ポートフォリオを構成するのは、ファンド・マネージャーの役割である。ファンド・マネージャーは、機関投資家、とりわけ投資信託会社、投資顧問会社に所属し、スキルとナレッジに基づいてポートフォリオの構成銘柄をコントロールし、資産の運用を行う。しかしながら、新規事業やスタートアップ企業に対する投資判断については、ファンド・マネージャー以上に、エンジェル投資家やベンチャー・キャピタリストが得意としていると言ってよいだろう。通常の事業会社および大学発ベンチャーを対象として、イノベーション・ポートフォリオを構成し、リスクとリターンをコントロールするためには、このような人材を確保する必要がある。

地域ブランドのグランド・デザインを担う――自治体

地方においてＲＤＩを中心となって推進するアクターである中小企業をサポートする存在が**自治体**である。自治体は、二つのアプローチを通じて中小企業をサポートすることで、地域のイノベーションを直接的ないし間接的に推進する。

地域のブランディング戦略

第一のアプローチは、地域のブランディング戦略のデザインである。

これまで多くの地方は、各地域ならではの自然、文化、食を通じて、ブランディングを図ってきた。ここにビジネスを加えることで、中小企業とともに、地域ブランドを共創するのである。地域ブランドを自治体が主体となってデザインし、このグランド・デザインに従って、中小企業が次々とイノベーションを起こす。そして、自治体は、中小企業のイノベーション戦略を、のちほど紹介する第二のアプローチでもって間接的にもサポートする。

自治体が主体となって地域ブランドをデザインするといっても、存在するリソースを考慮せずにブランドをデザインしようとすれば、その試みは破綻してしまう。すでに存在する自然、文化、食のリソースに加えて、地方で活動してきた中小企業のもつ製品や事業をリソースとして捉え、これらを出発点として、新たなスキルやナレッジといったリソースを掛け合わせ、リソースを統合することで紡ぎ出すことが可能なブランドをデザインするのである。

例えば、千葉市はドローン配送を地域ブランディングに活用している。千葉県はamazonの配送センターをはじめとして多くの物流拠点を保有している。千葉市はこれをリソースとして捉え、イオン、NTTドコモ、佐川急便、NEC、三井不動産、ウェザーニュースなどの企業と協業を行っている。具体的には、国の実現目標である「三年以内にドローン宅配」の実現を目指し、ドローンによる宅配便の配送、侵入者に対するセキュリティ、さらには、医療品医薬品の宅配という三つの分野におけるイノベーションを推進しようとしている。千葉市の事例はすでに動き始めた例であるが、今後起こりそうないくつかブランディング事例をいくつか検討してみたい。

●自動車産業で知られるA市が、新たに打ち出した地域ブランディング戦略は、自動運転サービスである。地方の少子高齢化は、将来の税収の低下を意味し、公共サービスの縮小は不可避である。例えば、路線バス一つとってみても、利用者が減少してしまえば、維持も困難である。しかしながら、自家用車の運転が困難な高齢の住民からのニーズは確かに存在する。これら二つの矛盾する状態を解決するために、A市は既存のリソースを踏まえ、自動運転サービスの推進をブランディング戦略に据えた。まず、主要道路とスーパーや病院を結ぶライフラインを中心としてサービスを導入し、やがて、名所旧跡などを巡回する有料サービス、さらには、小中学生向けの通学サービスも合わせて展開する計画である。

●工場用ロボット産業で知られるB市のブランディング戦略は、先端的ロボット医療である。地方や過疎の地域であるほど、医師の負担は大きくなる。人口に対する医師の数の問題から、専門以外の領域にまで踏み込んだ判断が求められるためである。このような課題に対して、B市は既存のリソースを踏まえ、先端的ロボット医療を推進することとした。例えば、IBMの開発したコグニティブ・コンピューティング・システムWatsonは医師が見抜くことができなかった特殊な白血病患者の病名を一〇分で見抜いたとの報告がある。*21 また、医師の処方箋をもとに、ロボットが薬を取り揃え、ドローンで発送するようなシステムを検討している。実際にカリフォルニア大学サンフランシスコ医療センター（UCSF）では、薬を仕分けるロボットPillpickがすでに導入されている。*22 医師に加えて、薬の配送サービスを活用することで、さらなる医療サービスを充実させることができるだろう。

●半導体産業で知られるC市のブランディング戦略は、IoT農業である。地方を訪れると、数多くの耕作放棄地を見ることができる。このような田畑こそリソースにほかならない。このような課題に対して、C市はリソースを踏まえ、最先端のIT技術を用いて、農作物を育成するIoT農業をブランディング戦略として推進することとした。例えば、田畑の状態をスマートセンサと分散ネットワークで管理する。必要なときにネットワーク経由で用水路や放水機をコントロールし、水分量を制御したり、土の状態に応じて、農薬や栄養剤をドローンで散布することもできる。食物を育てるためのすべての工程はパラメータ化され、徹底した数値管理でもって、効率よく、安全で美味しい食物を育てる。さらに人工知能にそのプロセスを学習させることで、ヒトがこれまで考えつかなかったパタンで、新しい風味をもった食物も収穫できるだろう。

観光体験のデザイン

これらの例は、ビジネスに着目した地域ブランディング戦略であったが、文化、自然、食に着目したブランディング戦略も当然ながらデザインできる。新たなスキルやナレッジを掛け合わせ、魅力的な観光体験そのものをデザインするのである。現在の多くの地方において、その地域における文化、自然、食を十分に堪能できるような観光体験があるとは言い難い。このような状況を打開し、国内外からの旅行者を十分に惹きつけるためには、その地域ならではの現在のリソースを十分に把握し、それらを最大限に活用し、魅力的な顧客体験を提案する必要がある。

●奈良時代から現在までの数多くの歴史遺産で知られるD市のブランディング戦略は、魅力的な観光体験である。観光体験においてはコミュニケーション人材が求められる。ここでいうコミュニケーション人材とは、様々な言語が操れる人材に加えて、その土地の歴史、文化、自然遺跡などについて十分に説明できる人材である。自治体は、大学などの高等教育機関と協力することで、これらの人材を育成する計画を立てている。例えば、大学に専門科目を設け、大学生だけではなく、社会人、定年退職者も学習できるような環境を用意するというアプローチである。

観光体験においては、食の体験も不可欠である。旅行者が求めるものは、地のものである。東京出身者が福岡に旅行に訪れ、北海道産の魚を欲しがるわけではない。福岡に来たならば、福岡周辺の食材を中心にした土着料理を存分に楽しみたいと思うのは自明であろう。地産地消を推進するために、自治体は、スキルやナレッジをもつ人材や企業とパートナーシップを構築し、地産地消のメニューを推進するレストランを新たにデザインしたり、ソーシャル・メディアやアプリケーションを通じて、積極的に既存のレストランに関するプロモーションを実施する。例えば、自治体の運営する観光アプリケーションにおいて、観光客向けにこのようなコンセプトのレストランを積極的に露出させる。補助金という弾を撃たなくとも、自治体は彼らをサポートすることができるだろう。

間接的なサポート

第一のアプローチ（ブランディング）が直接的なサポートであったのに対して、第二のアプローチは、間接的なサポートである。具体的には、自治体は、イノベーションを推進しようとする中小企業に対する**減税**、**法規制の緩和**、**セーフティネットの整備**を通じて支援することができる。例えば、イノベーション減税は、企業が新たな製品に関する投資を行った場合、この事業に係る法人税を一定期間免除するというものである。すでに大阪市は、国際戦略特区として、新エネルギーやライフサイエンスに関する事業を営む企業や研究開発機関を対象として、地方税の特例制度を開始している*[23]。

規制緩和については、公共性の高低に応じて、異なるアプローチをとる。規制緩和の前提となる考えとして、市場における競争重視という思想がある。特に、公共性の低い領域については、市場競争を重視し、競争が円滑に行われるようなルールづくりを行う必要がある。また、それを妨げるような企業の行動は禁止されなければならない。具体的には、企業などによる談合や、カルテル、消費者を欺くような行為に対しては、ペナルティを整備する必要がある。

例えば、日本における一部の免許制度は販売カルテル化している。すでに廃止された事例であるが、酒の販売免許には、距離による新規出店制限が存在していた。距離制限によって自由な競争が妨げられることは、既存企業に既得権益をもたらし、消費者にとっては不利益をもたらす。適正な競争下において消費者に選ばれない販売業者に生存権はない。企業は、消費者に選ばれるようにするために企業努力を行う必要がある。

セーフティネットの提供

このようなイノベーション政策を進める一方、自治体は、挑戦に失敗した人々に対するセーフティネットを提供する必要がある。セーフティネットの存在は、挑戦に対する保険として機能するだけではなく、保険があるからこそあえて挑戦するというように、間接的にイノベーションの促進に寄与する。

挑戦に失敗した場合、最も不安であるのが生活の困窮である。事業に失敗し、生活費が失われたという場合、自治体は貧困救済プログラムに従って、これらの人々を救済する必要がある。ここでいう貧困救済プログラムとは、現在の生活保護に近い制度であるが、貧困救済のみを目的としたプログラムという点で異なる。特定の職業、年齢層、賃金層、労働団体、産業に属する人を助けるプログラムはすべて廃止すべきであるという思想に基づいている。具体的には、現在の農業支援プログラム、価格支持制度、各種免許制度、最低賃金法などがこの対象となる。

企業と自治体を中長期的にサポートする――大学

ラーニング・エコノミー

地方においてＲＤＩを中心となって推進する中小企業、中小企業をサポートするだけではなく、地域ブランディングを推進する自治体、これら両者を中長期的にサポートする存在が大学である。二一世紀の地方における大学の役割を考える際に前提となる視座が**ラーニング・エコノミー**という概念である。

二〇世紀後半は「知識経済（ナレッジ・ベースド・エコノミー）」の時代であった。知識経済とは、その名の示すとおり、知識を基盤とした経済であり、ピーター・ドラッカーの著書『断絶の時代』[*24]によって広められた概念と言われる。知識経済では、利益を創出するために知識を使用するという視点に立つため、企業においては、いかにして知識を創造し、活用するかが成功の鍵を担っていた。また、教育においても、知識の習得が重視されていた。

しかしながら、二一世紀を迎え、知識経済の概念は、すでに実情に合わなくなりつつある。一度獲得した知識であっても、急速なスピードで廃れてしまう。したがって、企業は組織としていかにオペラント資源としての新たなスキルやナレッジを獲得することができるか、さらに言えば、急速に学習する能力、および、変化のスピードを加速させることができるか否かが鍵となりつつある。このような経済を「ラーニング・エコノミー」と呼ぶ。

ラーニング・エコノミーへの移行は、個人と同様、企業にとっても変化をもたらす。まず、個人にとっては、スキルやナレッジをアップグレードしたり、ライフサイクルにわたって、新たなスキルやナレッジへアクセスできることが求められる。一方、企業にとっては、急速に変化する環境において、多くの部局やレイヤーが存在するヒエラルキー型の組織を運営していくことは困難である。なぜならば、意思決定に多大なるコストを付与する組織構造は、急速な変化に対応できないためである。したがって、ラーニング・エコノミーという視座は、大企業よりも中小企業がよりイノベーションに適しているとの主張をサポートする、さらなる要因となりうる。

デンマーク・モデル

ラーニング・エコノミーの時代の一つのモデルとなるのが、**デンマーク・モデル**である。デンマーク・モデルは三つの特徴をもつ。第一に、正社員の過剰な雇用保護が緩和されており、経営者は比較的容易に従業員を解雇できる。しかしながら、労働市場が柔軟であるため、失業者は比較的容易に次の職場を見つけることができる。仮に見つけられなくとも、第二の特徴である手厚い失業保険制度によって、教育を受け、次の職を探すことができる。このような職業訓練と教育投資からなる積極的労働市場政策が第三の特徴である。

このようなデンマーク・モデルを支えているのが中小企業である。デンマークの企業の多くは中小企業であり、就業者の半数以上は従業員五〇人以下の企業に属している。中小企業であるがゆえに、大企業と異なり、余剰人員を抱える余裕がなく、マクロ環境に応じて従業員を解雇する。また、デンマークでは、工業・商業高校の職業訓練過程、職業教育学校、大学ごとに職種別の職業訓練が行われる。転職する場合は、職種を変更する必要があり、再度教育を受ける必要がある。そのため、生涯学習が可能な教育機関が求められる。

二〇一〇年時点で、デンマークは人口五五四万人、主な産業として、農作物・食品産業、デザイン・家具、製薬・バイオ、環境関連技術、ＩＴ、福祉機器の分野で国際競争力を有している。[*25] 雇用に関しては、二〇〇七年時点で失業率三・二％、二〇〇六年時点において雇用率七七・四％、女性雇用率七三・四％、高齢者雇用率六〇・七％という数字である。[*26] また、幸福度ランキングや、幸福度調査においても常に上位を占めている。[*27] このようなデンマーク・モデルをもとに、ラーニング・エコノミーの時代において、地方における大学の地域への貢献、また、企業との関係性について検討してみたい。

ラーニング・エコノミーの時代において、地方大学はよりいっそう職業訓練の場としての性格を強化することで、地域と企業に対する貢献が可能となるだろう。第II部で紹介する人材育成カリキュラムは、ラーニング・エコノミーの時代における座学と実務を兼務した実践型のコースとして構成されている。これを大学生だけではなく、社会人に提供することで、地域発のイノベーションに貢献できるだけではなく、ライフサイクルに沿った生涯学習にも貢献できる。

ＰＢＬ（プロジェクト・ベースド・ラーニング）

また、ＰＢＬの形式で、大学と企業が共同でプロジェクトを実施することで、より実践的な形での学習が可能となる。クライアントである企業・自治体とともに、企業・自治体の課題を抽出し、学生が中心になって課題解決に取り組む。このようなＰＢＬは、学生、企業や自治体にとって次のようなメリットが存在する。

学生は、実際の企業や自治体のもつ課題に取り組むことで、自らのスキルとナレッジを用いて実社会の課題に取り組む機会を得ることができる。大学の課題と異なり、社会における課題に正解はない。実際の課題に対して真摯に取り組み、最も精度の高い答えを出すために、地道ではあるが、深く思考する訓練の機会を得られる。また、このような機会を通じて、うわべだけの企業調査や短期間での面接では到達できないレベルまで企業や自治体を理解することができる。PBLを実施した企業や自治体そのものに就職する場合、あるいは、関連する業界に就職する場合、ここでの経験は他と比較しようのないほど効果的だろう。

企業や自治体にとっても同様に、通常の就職面接やインターンでは踏み込めない領域まで学生を理解することができる。面接の場合は数回、日本企業の一般的なインターンでは長い場合でも一カ月といった期間が一般的である。半年から一年をかけて実施するPBLの場合、実際の課題に取り組むなかで、企業や自治体の担当者も学生も、本音をぶつけあいながらプロジェクトを実施することとなる。このようなプロセスを通じて、より深いレベルでの学生の理解が可能となる。また企業や自治体は、イノベータ人材として育成された学生とともにプロジェクトを実施することで、直接課題解決にその能力を利用できるだけではなく、組織内にイノベータ人材の重要性について周知させることも可能となる。今後の採用計画や、組織内のイノベーション関連プロジェクトの立案にも一定の影響をもたらすだろう。

コースやＰＢＬを通じて地域や企業に貢献することは、大学のもつ重要な役割の一つであるが、研究機関として新たなナレッジやスキルを生み出すことも、大学のもう一つの重要な役割である。大学は、様々な研究に取り組み、企業が経済的なイノベーションを実現するための種を生み出すことを、一つのゴールとしてもつ。このようなゴールを実現するために大学に必要なアプローチについても検討してみたい。

研究機関として

大学の研究者は、自らの知識や技術に圧倒的な自信をもっているが、これらをそのまま市場に投入して成功することは非常に稀である。その意味では、先に触れた経済産業省の大学発ベンチャーの成長要因に対するＶＣ支援の寄与分析情報で指摘されているように、「業界の経験者を社外から調達、またはアドバイザーとして体制に加える」という、従来大学に不足しているリソースを外部から調達する施策こそが、最も有効な施策であると考えられる。上場や売却など何らかのイグジットを現場レベルで体験した人材がアドバイザーとしてプロジェクトに参加することで、プロジェクトの成功の確率は大きく高まるだろう。また、このような人材を獲得することで、「主力事業の最終的な出口戦略を策定する」ことも期待できる。

本書で提案したようなイノベーション理論を実践可能なイノベータ人材がこのような大学発ベンチャーに参加することも望ましい。なぜならば、このような人材は、大学発のリソースに対して、新たな製品言語や製品体験など、製品の意味に関する急進的変化を伴う、新たなカテゴリの製品をデザインすることが可能であるためだ。多くの研究者は、先端的な技術をもちつつも、顧客の製品体験のデザインについては不得手であることが多い。したがって、第II部で紹介する人材育成カリキュラムで説明したような人材こそ、このような企業にフィットする人材であると言える。

大学における研究開発は先端的であってこそ存在意義がある。大学が企業では実現できない研究を実施しなければ、その存在意義は半分失われてしまう。その意味で、大学発ベンチャーは、必然的に新たなカテゴリの製品を紡ぎ出す存在なのである。新たな製品に対する市場調査は無意味であるだけではなく、競合も存在しないがゆえに、競争戦略も無意味である。必要なものは先端的なオペラント資源に対する意味づけであり、大学発ベンチャーこそ、技術における急進的変化と意味における急進的変化のいずれも伴うRDIを紡ぎ出すことのできる存在であろう。それゆえにこそ、新たな製品を顧客に届け、価値を共創するためのサービス・エコシステムをデザインできるイノベータ人材が大学発ベンチャーに求められるのである。

part two.

第Ⅱ部 リソース・ドリブン・イノベーションを紡ぎ出すマネジメント手法

第5章　組織デザインのための3つの柱

リソース・ドリブン・イノベーション（ＲＤＩ）を継続的に紡ぎ出すための組織マネジメントのゴールは、イノベーションを遂行する**組織文化**および**組織体制**のデザインである。優れた個人やチームが在籍し、新たな製品をデザインできたとしても、組織構造の問題から世に出ることがなく消えてしまうケースは決して稀ではない。イノベーション・プロジェクトによくある話題として、新しい製品のコンセプトをデザインすることはできたが、実際にプロトタイプを作りながらも、製品化のゴーサインが出ない、あるいはその不確実性からイノベーション・プロジェクトそのものの立ち上げを躊躇されている、という話を頻繁に耳にする。したがって、イノベーションを遂行するという目的に適した組織そのものをデザインすることから始める必要がある。

組織デザインは、三つの柱で構成されている。三つの柱はパラレルで進行し、互いが絡み合いあいつつ、組織全体のリソースが拡大することとなる。

柱1　イノベーション文化を醸成する
柱2　イノベーション・プロジェクトへの投資と評価を行う
柱3　イノベーション・プロジェクトを遂行可能な組織構造をデザインする

柱1は、**イノベーション文化の醸成**である。イノベーション文化醸成プログラムを導入し、社内におけるイノベーションに対する理解の浸透、ＲＤＩに特有のスキルやナレッジの伝達を目的としている。

柱2は、**イノベーションへの投資と評価**である。チームに対して予算を含む経営資源を適切に配分し、社内におけるイノベーションを支援することを目的としている。

柱3は、イノベーション・プロジェクトを遂行可能とするための**組織構造のデザイン**である。既存事業から切り離された、イノベーション実現のための活動を専門とする独立した組織をデザインし、イノベーションを事業として遂行することを目的としている。

本章では、これら三つの柱について解説をしていく。その際、背後にある理論、ケーススタディも併せて紹介する。

柱1　イノベーション文化を醸成する

イノベーションを継続的に紡ぎ出すための組織をデザインするために、まずは社内にイノベーション文化を育成する必要がある。経営陣であれ、一社員であれ、イノベーションの必要性を十分に理解していても、そのマインドセットを社内全体に浸透させるためには時間と労力を必要とする。イノベーション文化が熟成し、社全体の文化としてイノベーションが根づかせる一方、**イノベータ人材**を育成することで、社が一丸となって、イノベーションへと邁進できるだろう。

ここでいうイノベータ人材は、社内外のリソースを発見し、顧客の課題に対して、発見したリソースを統合しつつ、新たな価値を提供するコンセプトを構築し、構築したコンセプトに基づいて、魅力的な顧客体験をデザインし、価値創造に必要な様々なアクターによって構成されるサービス・エコシステムをデザインするだけではなく、サービス・エコシステム上で動作するビジネスモデルを構築できる人材である。つまり、0から1、着想から顧客創造までの一貫したプロセスをカバーできる人材がイノベータ人材である。昨今の社会において、このようなイノベータ人材が求められていることは、アメリカの経営大学院やコンサルティング・ファームの動向からも読み取ることができる。

ケロッグ・スクールのMMM

アメリカ・イリノイ州にキャンパスを構えるノースウェスタン大学の名門経営大学院ケロッグ・スクールには、MMMと呼ばれるダブルディグリープログラムが存在する。ダブルディグリープログラムとは、一定期間内に複数分野の学問を学ぶことで、複数の学位を取得可能な制度を指す。MMMのダブルディグリープログラムのうち一方の学位は、本来ケロッグがビジネススクールであることを考えれば、MBAであることは容易に推定できるだろう。しかしながら、他方の学位が、デザイン・イノベーションであることは想像し難いかもしれない。この学位は、エンジニアリングを扱う同大学のマコーミック・スクールに属するSegal Design Instituteによって提供されている。

MMMでは、イノベーションのエキスパートを養成することを目的として、デザイン・イノベーション・コース、ビジネス・コース、ビジネス&デザイン・イノベーション・コースの三つのコースを設置し、様々なクラスが提供されている。ビジネス・コースでは、伝統的なMBAの取得に必要な、ビジネス分析、マーケティング・マネジメント、会計といったクラスが提供されている。デザイン・イノベーション・コースでは、デザイナに求められるスキル、ナレッジ、マインドセットの取得に必要な、コミュニケーション・デザイン、デザイン・リサーチ、プログラミングといったクラスが提供されている。最後に、ビジネス&デザイン・イノベーション・コースでは、両者の複合領域として、サービス・デザイン、プログラム・マネジメント、イノベーション・マネジメントといったクラスが提供されるだけではなく、チームを組織し、実際の企業の課題を解決するインテグレーション・プロジェクトと呼ばれるクラスが提供されている。

なぜコンサルはデザイン会社を買収するのか

このようなビジネスにデザイン思考を持ち込み、デザイン固有のスキルとナレッジを経営戦略に活かし、イノベーションを実現させるという職能に対する期待は、アカデミックな領域にとどまらず、実社会においても顕著に表われ始めている。例えば、二〇一五年五月、世界最大手のコンサルティング・ファーム、マッキンゼーは、アメリカの老舗デザイン・ファームLUNARを買収したと発表した。また、同じくコンサルティング・ファームのアクセンチュアは、ロンドンに本社を置くデザイン・ファームFjordを買収した。コンサルティング・ファームだけではなく、銀行や広告代理店がデザイン・ファームを買収したケースも記憶に新しい。

コンサルティング・ファームがデザイン・ファームを買収するケースを想像してみると、イノベータ人材の重要性を別の側面から理解できる。このようなケースにおいては、コンサルティング・ファームは、デザインをバックグラウンドとする人材を獲得できる。この場合、社内チームとしてのコラボレーションが前提となるが、互いに共通のスキルやナレッジをもたないがゆえに、相手の言語や思考パタンを理解できない。確かに物理的な距離は縮まり、コストの圧縮も可能だろう。しかしながら、単なるコラボレーションにとどまっていては、成果物のクオリティには大きな変化は望めない。コラボレーション以上に、コンサルタント自身がイノベータ人材としてのスキルとナレッジを獲得してはじめて、より高精度でイノベーションを実現できるのである。

知識と行動の問題

イノベータ人材を育成するためのプログラムは、RDIに必要なスキルやナレッジを単なる情報として提供するのではなく、実践の中で活用できるように育成する必要がある。なぜならば、実践で利用することができなければ、学ぶ意味が失われるためである。このようなイノベータ人材育成プログラムを検討するにあたって参考となるのが、**知識と行動の問題**である。「知識と行動の問題」とは、スタンフォード大学ビジネススクール教授のジェフリー・フェファーと同大学エンジニアリングスクール教授のロバート・サットンが名づけた現象であり、「すべきことはわかっているにもかかわらず、実行できない問題」を指す。[*28] 彼らがこの問題に注目した際、アメリカではビジネス書が大量に出版され、教育や研修の多くの機会が提供されていた。例えば、一九九六年には一七〇〇冊以上のビジネス書が出版され、年々その数は増加していた。また、企業は、研修、特にマネジメント研修に毎年六〇〇億ドル以上もつぎ込んでいた。しかしながら、企業がこれほどまでに教育や研修のための多大なるコストを投じてきたものの、実際に効果をもたらしていなかったのである。

昨今、企業の間で関心が集まっているナレッジ・マネジメントはこの知識と行動の問題を解決できるかと思われていた。しかしながら、フェファーとサットンによれば、現状のナレッジ・マネジメントはいくつかの問題を抱えているという。例えば知識を在庫品のように、数量的・具体的なものとして扱う。これにより、モノとしての知識と、知識を使う現場が切り離されてしまう。また、知識の収集・蓄積システムづくりに関わる人々が、現場を理解していないという問題もある。さらには具体的な活動にのみ注目し、根底にある哲学を無視しがちとも指摘している。

フェファーとサットンは、知識と行動の問題に対して、驚くほどシンプルな答えを提案する。その答えとは、**実際の仕事を通して、新しい知識を獲得する**というものである。例えば、外科医や米軍、航空機のパイロットなどは、教室での座学も受講する一方、即座に得た知識を行動に移す訓練が行われる。これらの職業人は、行動することで知識を学び、知識を使って行動してはじめて実力が認められるのである。戦略的デザイン思考家を育成する場合、これらの職業人と同様に、もはや知識を提供するだけでは不十分である。単なる知識の伝達ではなく、行動を通じて、新しい知識を獲得させる手法が不可欠なのである。

イノベーション文化醸成のプログラム

社内においてイノベーション文化を醸成させるための具体的なプログラムには、**講演会**、**ワークショップ**、**イノベーション・プロジェクト**の三つのレベルが存在し、順に実践度が上昇する。ワークショップ、イノベーション・プロジェクトは、いずれも単なる知識の伝達ではなく、「知識と行動の問題」に対するフェファーとサットンの提案に基づいて、行動を通じて新しいスキルとナレッジを獲得させる手法である。時間、予算、学習効果といった複数のパラメータを勘案しながら、組織の状態に応じて、最適な手法を選択して実施する。

レベル1は、講演会である。定期的に組織外部の研究者、デザイナ、アントレプレナーなど、イノベーションを自ら実行している人々を招き、実践者のナレッジを共有するための社内講演会を実施する。最初から社内にイノベーション・チームを構成することは、社内でイノベーションに関する文化が醸成されていない段階では困難だろう。役員の発案にてトップ・ダウンで展開する場合はまだしも、若手社員の発案をボトム・アップで展開するためには、まず講演会やシンポジウムを通じて、他の社員や役員に関心をもたせ、文化を醸成する必要がある。

レベル2は、ワークショップである。社内の各セクションから分野横断的にメンバを集め、RDIを紡ぎ出すためのプロジェクトにおいて、求められる個別のツールやメソッドを習得することを目的としたワークショップを実施する。役員や社員の中でイノベーションに関する理解が向上し、コミュニティが形成され、文化が醸成されてきた段階で、レベル3のイノベーション・プロジェクトを実施できれば、イノベーション・プロジェクトの成功の確率も高まるだろう。

ワークショップは、社内に十分な文化が醸成されていない段階でレベル3のイノベーション・プロジェクトを提供するよりも、まず個別のステップに関するツールやメソッドのみをワークショップとして提供することで、社内に徐々に文化を醸成していこうという狙いである。週一回のペースで実施し、数回で一つのツールやメソッドの学習を完結させる。ワークショップは大学の演習クラスに近しく、スキルやナレッジの習得には向いているものの、課題解決レベルは低い形式と言える。

ワークショップは、単に学習の機会以上に、全社横断のコミュニティを形成する場として機能する。ワークショップを通じて、社員どうしさらにはマネジメント層どうしのコミュニケーションが促されるためである。さらに、ワークショップに参加した役員や社員は、アンバサダーとして新たな手法を社内に広めるための役割を担うことが期待される。

ワークショップを実施する場合、役員であれ社員であれ、社内の実質的な有力者に参加してもらうことが不可欠である。社内の有力者が新たな手法に対する理解を示し、社内で喧伝してくれるか否かで、その浸透スピードは大きく変わるためである。社内で一目置かれる存在の一言は予想以上に重く、その意見が社員だけではなくマネジメント層の意思決定に強い影響を及ぼすことは、多くの組織人にとって経験的に理解できる論理だろう。

ここまで挙げた二つの手法は、あくまで人材研修の一環であり、実際の仕事ではない。実際の仕事の中で、これらのステップに関するスキルやナレッジを学習する形式が、レベル3のイノベーション・プロジェクトである。イノベーション・プロジェクトの場合、研修提供者が課題を設定するのではなく、会社のマネジメント層あるいはイノベーション・プロジェクトの参加者が設定する。イノベーション・プロジェクトは実際の業務の中で行われるため、時間上の制約が存在する。したがってスキルやナレッジの学習度はほどほどであるが、課題解決レベルは高い形式と言える。

イノベーション・プロジェクトの3つのフェーズ

イノベーション・プロジェクトでは、RDIのデザイン・プロセスに合わせ、三つのフェーズを扱う。

フェーズ1は、リソースの発見に該当し、六ステップで構成される。第一クォーター、約二カ月かけて、リソースを発見し、整理する。

フェーズ2は、リソースの統合に該当し、五ステップで構成される。こちらは第二クォーター、約二カ月かけてリソースを統合し、コンセプト、顧客体験、サービス・エコシステム、ビジネスモデルのプロトタイプをデザインする。

フェーズ3は、リソースの拡大に該当し、四つのツールを用いて実施する。こちらは第三、四クォーター、約五カ月かけてリソースを拡大し、四つのプロトタイプの精度を向上させる。フェーズごとの詳細は、第7、8、9章で紹介する。

イノベーション・プロジェクトを実施する際には、あらかじめ評価指標を作成しておくことが不可欠である。この指標は、各社の文化を反映させたものであってしかるべきであるが、成果とプロセスのいずれも対象としてデザインすることが望ましい。評価指標を設定したうえで、イノベーション・プロジェクトの前後、あるいは一サイクル目と二サイクル目というように、プロジェクトの実施を通じて、評価指標の価がどのように変化するかを検証する。適切に検証を設計することで、その結果を社内におけるイノベーション・プロジェクトの推進にあたっての説得材料として活用できるだろう。

イノベータ人材の自家養成

組織マネジメントの初期フェーズでは、イノベータ人材育成プログラムを外部のイノベーション・コンサルタントに依頼することもできる。ファシリテータとアシスタントを招き、数日間から数カ月かけて研修を実施するというものである。社内にノウハウがない状態で、手探りで参考書を片手に始めるよりも、プロのコンサルタントからノウハウを学ぶほうが効率的だろう。

しかしながら、最終的にはイノベータ人材育成プログラムを担当できる人材を社内に育成する必要がある。あくまで外部の専門家は社外ネットワーク内のアドバイザリー的な位置にとどめ、社内にイノベータ人材育成組織を構築し、その組織を通じて社内で養成されたイノベータ人材が中心になって、社内のイノベーション・プロジェクトを推進するのである。イノベータ人材を自家養成できてこそ、組織としての持続的な優位性が確立できるためだ。

例えば、P＆G社はフューチャーワークス事業部という組織をもつ。フューチャーワークス事業部は、同社の新たな成長の基盤の識別・推進・育成に専念するための独立したチームである。また、アメリカの農薬業界の巨大企業であるシンジェンタは、ラーニング・アンド・デベロップ・ユニットという組織をもつ。ラーニング・アンド・デベロップ・ユニットは、同社の経営陣やマネージャーのイノベーションやリーダーシップに関する資質の育成を担っている。*29

これらの企業のように、社内にイノベータ人材育成を担う組織を構築することができれば、イノベーションの持続的な推進を期待できるだろう。

柱2　イノベーション・プロジェクトへの投資と評価を行う

社内起業ファンド

イノベーション文化が醸成され、ＲＤＩを紡ぎ出すためのイノベータ人材が育成されつつある段階、具体的には、イノベーション文化熟成プログラムのレベル２の段階に到達したころには、組織としてイノベーションを推進するためのバックアップ体制を整える必要がある。具体的には、イノベーション・プロジェクトを実施するチームに対して、予算を含む経営資源を適切に配分したうえで、社内におけるイノベーション・プロジェクトを適切に管理する**社内起業ファンド**の設立が必要である。

例えばアメリカの新聞社スクリプスでは、ＳＶＰ（Senior Vice President）であるマーク・コントレラスが、新聞社としての中核事業の範囲外のプロジェクトに対するファンドとして一〇〇万ドル以上を投資している。[*30] ファンドの管理者は三名からなり、定期的に会合し、新しいアイディアの評価とすでに進行中のプロジェクトの進捗状況を確認する。初期投資は五〇〇〇ドル程度の低額である場合もある。二〇〇七年一〇月時点でファンドは、約一〇〇件の提案を評価し、そのうち約一五件に予算を提供した結果、四件が成長可能性を見込まれ、事業化された。

不確実性への対処

社内の複数のイノベーション・プロジェクトを管理する場合、最も避けるべきことは、二、三の成功確率が高いと思われるプロジェクトのみを対象として、しかも一フェーズのみ投資をしてプロジェクトを終了してしまうことである。このようなアプローチは、何度繰り返しても、イノベーションの成功確率を上げることはできない。なぜならば、そもそもイノベーションは一度の試行において成功する確率は低く、不確実性が高いためである。高い不確実性へ対処するためには、数多くのプロジェクトチームに戦略的に投資をし、それをマネジメント層が適切に管理する必要がある。ここで改めてイノベーションの不確実性について考えてみたい。

経済学者フランク・ナイトによれば、**不確実性**とはどのような事象が生起するかについても想定できない状況を指し、生起する事象とその確率が事前に想定できる**リスク**と区別される。[*31] ナイトは、企業の利潤が不確実性への報酬として位置づけられると主張したが、しかし不確実性への対処方法までは示すことはなかった。

原田勉によれば、この高い不確実性への対処は、マクロレベルでイノベーションを管理することで実現できるという。[*32] ここでいうマクロとは、企業あるいはファンドなどの複数の投資対象を保持する組織を指す。一方、ミクロとは、企業においては社内のメンバや個別のプロジェクト、ファンドにおいては個別の企業を指す。

なぜマクロレベルであれば、イノベーションを管理できるかということを考えるには、コイン投げを例にとると理解がしやすい。コイン投げは、数多く繰り返せば、表の出る割合が二分の一に近づく。これは大数の法則として知られている。この法則と同様に、イノベーションもまた、一回のミクロレベルでは不確実であったとしても、マクロレベルでは確実性が高くなるのである。したがって、高い不確実性に対しては、確率をマクロレベルで管理すればよいということになる。

マクロレベルでイノベーションを管理する場合、イノベーションは確率過程として考えられる。プロジェクトの試行回数をn、各試行の成功確率（精度）をpとすると、イノベーションが発生する確率（Q）は、$Q(n, p) = 1-(1-p)^n$と表現できる。少し詳しく説明しておくと、一回の試行で成功しない確率を$1-p$としたとき、n回の試行で一度も成功しない場合の確率は、$1-p$の確率がn回連続で生じることになるため、$(1-p)^n$と表現できる。さらに、n回の試行で少なくとも一回が成功する場合は、n回の試行で一度も成功しないという事象が生じない場合であるため、$1-(1-p)^n$と表現できる。

これを基本モデルとすると、例えば、一〇%の確率でイノベーションを起こす（$p=1/10$）精度をもつチームが一〇回試行した場合、イノベーションが起きる確率は約六五%となる。一度の確率が一〇%に満たなくても、一〇回繰り返すことで、六五%までイノベーション確率は上昇する。

このようなイノベーション確率を上昇させる方法は二つ存在する。イノベーション確率はnおよびpの増加関数であるため、**試行回数**を多くするか、一回あたりの**精度**を高めれば、イノベーション確率は増加することになる。

試行回数を多くする場合については、先の基本モデルを用いて、一〇%の確率でイノベーションを起こす（$p=1/10$）精度をもつチームが一〇回試行した場合と、このようなチームを同時に三つ走らせた場合とを比較してみることで、その結果の違いを確認できる。前者の場合、約六五％であったが、後者の場合、三つのチームが一〇回ずつ実施したとして$n=30$となり、イノベーション確率は約九七％へと上昇する。

精度を上げる場合についても同様に、先の基本モデルを用いて説明できる。例えば、一〇％の確率でイノベーションを起こす（$p=1/10$）精度をもつチームが一〇回試行した場合と、学習によって成功確率が$p_1=10\%$、$p_2=11\%$ … $p_{10}=19\%$のように、一回の試行回数ごとに一％精度が改善されていく場合を比較してみよう。精度が徐々に改善される場合、基本モデルは、$Q(n,p)=1-(1-p_1)(1-p_2)\cdots(1-p_n)$のように表現できる。

このモデルを用いて計算をした場合、$n=10$のとき、イノベーション確率は約七九％へと上昇する。精度の伸び率を調整することで、少ない試行回数であっても、同様の結果を得ることができる。

これらの結果を見てもわかるように、試行回数と精度を適切に管理することで、イノベーション確率を確実に高めることができる。しかしながら、途中で試行をやめてしまえば、イノベーション確率の上昇率も途中で止まってしまう。

この観点からすれば、プロジェクト中断の意思決定のタイミングは可能な限り伸ばさなければならない。時間、資金、人材といった各種リソースに応じて、予算規模、実施期間などのパラメータを勘案しながら、プロジェクトを継続して実施する。これらの選択こそが組織におけるイノベーション・マネジメントの要となる。

イノベーション確率における精度と試行回数のうち、試行回数はというと、柱2の社内起業ファンドと強く関連性をもつ。社内起業ファンドは、イノベーション・プロジェクトを推進するチームに対して、予算を含む経営資源を配分し、社内におけるイノベーションを支援する。社内起業ファンドは、少数の高確率と思われるチームに一度だけ投資するのではなく、社内イノベーション・ポートフォリオを構築し、戦略的に選択した多数のイノベーション・チームに複数回投資を実施する。その結果、試行回数が向上し、イノベーション確率も向上することが期待できる。

一方、イノベーション確率における精度と試行回数のうち、精度は、柱1のイノベーション文化熟成プログラムと強く関連性をもつ。イノベーション文化熟成プログラムのうち、ワークショップやイノベーション・プロジェクトへの参加を通じて、イノベータ人材における着想から顧客創造までのスキルやナレッジの習得を促す。その結果、精度が向上し、イノベーション確率も向上することが期待できる。

イノベーション・マトリクス

イノベーション・ポートフォリオを構築する際には、**イノベーション・マトリクス**[*33]と呼ばれるモデルを利用できる。例えば、技術とビジネスモデルの二軸からなる最も単純なマトリクスを例に考えると、インクリメンタル、セミ・ラディカル、ラディカルの三種類のイノベーションがマトリクス上に見てとれる（図5・1）。

インクリメンタル・イノベーション（Incremental Innovation）は、既存の製品やビジネスプロセスに小さな改善を加える漸進的なイノベーションである。ラディカル・イノベーション（Radical Innovation）は、新しい製品を全く新しい方法で提供する急進的なイノベーションである。

最後にセミ・ラディカル・イノベーション（Semi-Radical Innovation）は、ビジネスモデルあるいは技術の一方だけに大きな変化をもたらすイノベーションである。

このようなイノベーション・マトリクスを踏まえると、企業のイノベーション戦略とは、「企業が目的に応じて、三つのイノベーションを適切に組み合わせ、イノベーション・ポートフォリオを構築するための選択」と言い換えることができる。

このマトリクスを用いれば、組織がとりうる選択としての、勝つための戦略と負けないための戦略を説明できる。

前者の場合、資源をマトリクスの特定の部分に集中させる選択が考えられる。この戦略を採用する企業は、セミ・ラディカル・イノベーションを軸に、市場を変える製品を生み出す、または各種イノベーションを連続的に起こして競合を弱らせることを考えている。

後者の場合、マトリクス全体に分散させて幅広いポートフォリオを作る選択が考えられる。この戦略を採用する企業は、コストとリスクを回避し、競争し続けることを考えているため、インクリメンタルなイノベーションの割合が多くなる。

このイノベーション・マトリクスを用いて、ＲＤＩを紡ぎ出すためのイノベーション戦略を考えてみたい。

ＲＤＩは、現場のリソースを発見し、リソースの意味を急進的に変化させ、新たなカテゴリの製品をデザインし、新たな顧客を創造する戦略であることから、ラディカル・イノベーショ

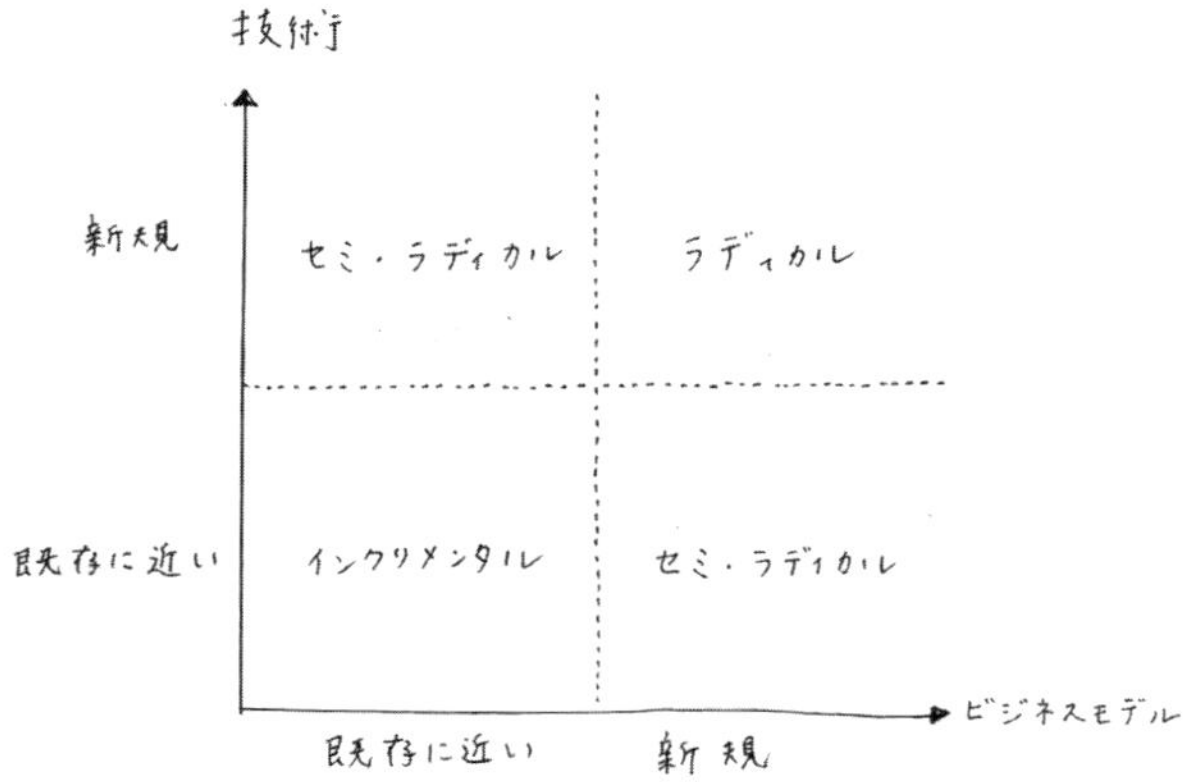

図5・1　イノベーション・マトリクス（技術とビジネスモデル）
（参考文献33をもとに作成）

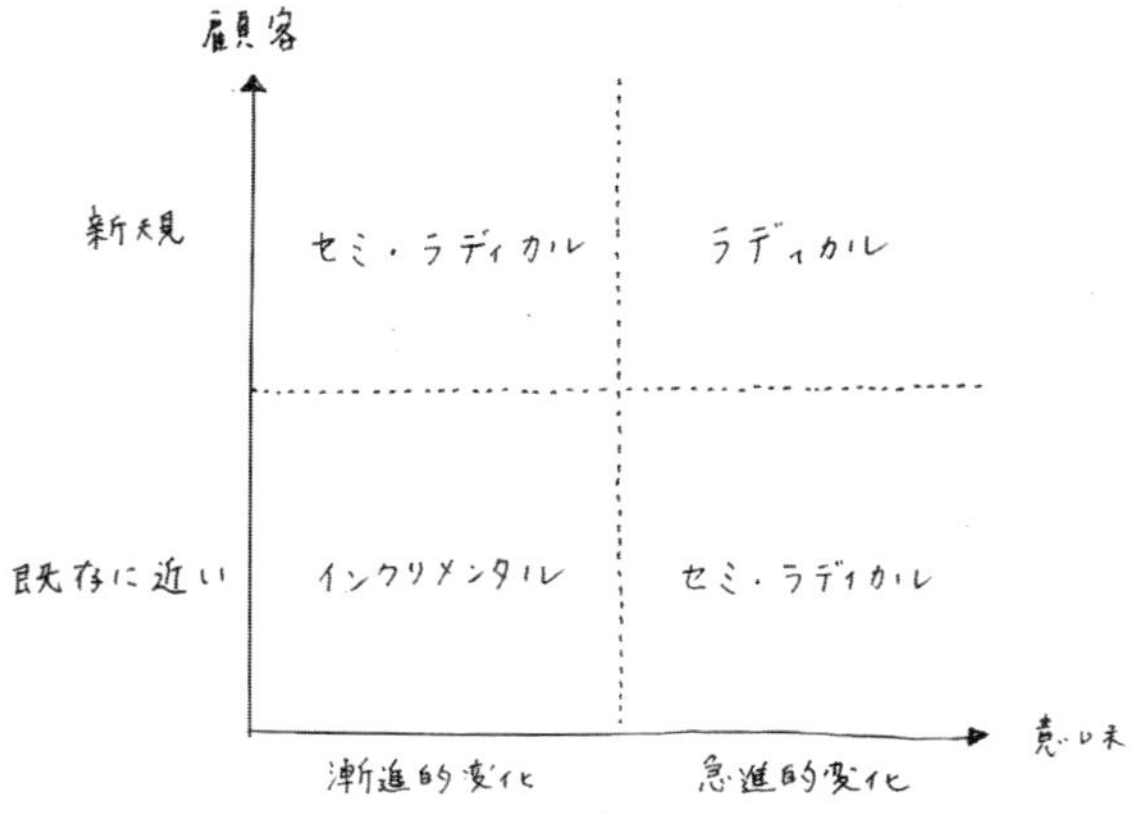

図5・2　イノベーション・マトリクス（意味と顧客）

ンに属する（図5・2）。企業が競争的状況を打開するためには、ラディカル・イノベーションとしてのRDI中心にポートフォリオを組む必要がある。社内でいくつのイノベーション・チームを走らせることができるかは、自社の財務状況を踏まえ決定する必要がある。

予算規模の考え方については、試行回数ベースで産出する必要がある。例えば、ある事業領域において、投資規模の異なる複数のイノベーション・プロジェクトを走らせるケースを考えてみよう。仮に一サイクルあたりの予算として、一億円、五〇〇〇万円、一〇〇〇万円を設定した場合、三チームへ投資するとしても、一サイクルあたり一億六〇〇〇万円の投資となる。さらに人件費を計上すると、一人あたり五〇万円としても、一チームあたりのメンバが四人であれば、月六〇〇万円、一年で七二〇〇万円となる。一サイクルで終えてしまっては効果が薄いため、二、三回と試行回数を重ねる必要があり、合計の投資額は飛躍的に増大していく。イノベーション確率を向上させる鍵は精度と試行回数にあることを考えればこのようなアプローチは適切ではないことがわかる。

精度と試行回数を向上させるためには、まず、予算規模を減らし、チーム数を増やす必要がある。

例えば、一年目の投資額を、一〇〇〇万、五〇〇万、一〇〇万の三パタンに変更し、チーム数も三チームではなく、一〇チームで実施する。まずは一サイクルを実施し、二サイクル目に突入する段階でいくつかのプロジェクトを選抜し、これらのチームに追加投資を行う。一方、選抜に落ちたチームについては、一年目と同じ金額で別の企画に取り組ませる。二度目の一サイクル目を実施するチームの精度は一度目の一サイクル目と比較して向上していると予測できるため、二度目の一サイクル目が終了した時点での結果の精度の向上が期待できる。

以上のように、イノベーション・ポートフォリオを構築する場合、企業の戦略を踏まえ、どのようなタイプのプロジェクトを実施するかを検討したうえで、中長期にわたってプロジェクトを実施することを前提においた設計が求められる。無尽蔵に資金を投入することは経営状況を悪化させてしまう可能性がある。したがって、あらかじめ年間の予算上限を設定し、これを一つのリソースとして捉え、イノベーション・ポートフォリオ全体を管理する必要がある。

柱3 イノベーション・プロジェクトを遂行可能な組織構造をデザインする

スカンクワークスの歴史

イノベータ人材を育成し、RDIに適切に管理するための組織体制が整ったとしても、それはイノベーションを継続的に創出できる組織がデザインできたことを意味しない。新たなカテゴリの製品を生み出すことと、イノベーションを組織として継続的に遂行することとにはギャップが存在するためである。このギャップを埋めるヒントを探るために、極秘製品開発グループとしてのスカンクワークスの歴史を概観してみたい。

多くの技術開発企業は高度な研究開発グループをもっているが、適切に機能している例は少ない。例えば、研究開発グループは多くの特許を取得し、論文も執筆する。一方で、これらの研究成果が製品として販売される経験をする研究開発グループは乏しい。その理由は、これらの高度な研究開発グループが、顧客と直接関わらず、製品開発にあたって顧客のニーズを考慮することなく、製品開発をしてしまう傾向にあるためである。

単なる高度な研究開発グループと異なり、イノベーションを継続的に遂行してきた存在こそ、ロッキード・スカンクワークスである。もともとスカンクワークスとは、航空機製造会社のロッキード社において設置されたロッキード・マーティン先進開発計画を指していた。ロッキード・スカンクワークスは、アメリカ発のジェット戦闘機P-80に始まり、U-2やA-12といった偵察機など、様々なイノベーションを実現してきた。ロッキード・スカンクワークスが他の高度な研究グループと大きく異なる点は、顧客と直接関わり、顧客のニーズを的確に捉えた製品を開発したこと、そして独自の販売チャネルもコントロールしていたことにある。すなわち、研究グループそのものが顧客を発見し、顧客とともに製品をデザインしていたのである。

ロッキード・スカンクワークス以降、企業の他部門と切り離され、イノベーションの実現を目指す極秘製品開発チームが、一般的にスカンクワークスと呼ばれることとなった。しかしながら、スカンクワークスを採用し、スカンクワークスが成功したとしても、企業自体は成功しないという例が見られた。この原因は、企業が現在の製品の事業執行に焦点を当てており、スカンクワークスによって生み出されたイノベーションと事業執行を共存させることができなかったためである。イノベーションを実現できる製品を開発したとしても、その価値を正しく認識できない執行部によって、事業に結びつけられなかったのである。

このような現象は何もスカンクワークスだけではなく、様々な場所で見られる。例えば、ハッカソンと呼ばれる、プログラマ、デザイナ、マーケターなどが集まり、短期間で集中的に共同作業をするイベントにおいても同様の現象が見られる。企業内でハッカソンを行った場合、コミュニティの強化という目的については一定の効果を見出せる。しかしながら、執行部直下のイベントではない限り、成果物が事業化されることは難しい。また、執行部直下のイベントであっても、大企業であればあるほど、製品化のラインが固定化されており、既存の事業部では引き取れないという理由で、多くの場合事業化に至らない。

ハッカソン以外にも、企業、政府、自治体が行う、様々な関係者を幅広く集め、対話を通じて、様々なアイディアの課題の解決手段を見つけ出し、課題解決の実践を相互協力の下で行うことを目的としたイベントも同様である。たとえ課題解決のアイディアが産まれたとしても、事業として執行するための仕組みがその組織に存在しなければ、うやむやなものとして収束してしまう。ＣＥＯの権限が強い会社であればまだしも、地域社会の課題解決などを市民レベルで考えるといった場合、権限が曖昧なグループがこれを実施すると、確実に議論だけで完結してしまう。

イノベーション特化組織

ここに挙げた事例において共通している課題は、**イノベーションと事業執行の統合**である。イノベーションの種となる新たな製品のコンセプトをデザインできたとしても、最終的にはそれを事業として執行するための組織体制が存在しなければ、イノベーションを創出できないのである。

このような視点から、ＲＤＩを紡ぎ出すための組織設計手法として、**イノベーション特化組織**を紹介する。イノベーション特化組織は、社長ないしイノベーション担当役員、役員会、および彼らの直下で実際にイノベーション・プロジェクトをマネジメントする「コア・チーム」、さらには個別のチームを組織するイノベータ人材というグループで構成される。

イノベーション特化組織は、既存事業から切り離された、イノベーションのための活動を専門とする独立した組織であり、イノベーションを事業として執行することを目的としている。これは、既存事業のマネジメントと新規事業のマネジメントが両立できないという前提に基づいている。既存事業のマネジメントは、それ自体非常に大きな仕事であるため、イノベーションに対して十分な時間を確保することができない。また、新規事業のためのマネジメントも既存事業と大きく異なるため、既存事業の仕事によって阻害されたくない。したがって、イノベーションのための活動は、専門かつ独立した組織に任せることが望ましい。

例えば、一九二〇年代に設立されたデュポンの事業開発部は、イノベーション特化組織である。事業開発部は、技術、製品、プロセスだけではなく、生産、マーケティング、財務についてまで新しいものすべてを担当していた。また、３Ｍ社が研究所とは独立してもっていた事業開発部門もまた、イノベーション特化組織の事例である。

このようなイノベーション特化組織が、パートナーとして顧客を取り込むことで、よりイノベーションの成功確率を高められることは、ロッキード・スカンクワークスの事例を見ても明らかである。ここで注意しておきたいことは、顧客とともに製品を開発することは、顧客の声をそのまま反映させることを必ずしも意味しないということである。なぜならば、コンセプトを提示する前に顧客が自分の欲しいものを理解しているケースは極めて稀であるためである。実際には、コンセプトを提示して初めて、顧客自身の好みや関心は顕在化される。顧客を取り込むことの意味は、顧客のウォンツやニーズが原則的に隠れており、仮説としてのプロトタイプを提示することで、それらを顕在化させ、不確実性を減少させることにある。

WANICもまた、顧客とともに開発を行ってきた製品である。フィールドワークを通じて、現地の人々の直面している課題を抽出し、製品のコンセプトを構築した。そして実際にWANICを製造するための複数のプロトタイプを開発し、それを利用する顧客、さらには、顧客の顧客としてのWANICの消費者までを巻き込み、製品開発を行ってきた。また、クラウド・ファンディングを通じて、日本における最初の顧客を発見し、彼らに実際にフレッシュWANIC、WANICココナッツ・スピリッツ、さらには、それらを用いた様々な飲み方のプロトタイプを提示し、好みや関心を採取した。様々な段階で、顧客に対してコンセプトを提示し、プロトタイプの改善に活用してきたのである。

社内横断型のチームであれ、新規事業室といった部門であれ、イノベーション特化組織は、デザインされた製品を事業として執行しなければならない。そのためには、CEOおよび経営幹部の強大な権力がこの組織に付与される必要がある。いずれの場合であれ、それらの組織で生まれた製品を経営トップの権力で事業として執行する体制となっていなければ、イノベーションの遂行は難しい。一方、トップだけがイノベーションに対する強い意欲をもっていたとしても不十分である。組織全体を通じて、イノベーションを遂行するという強い企業文化を地道かつ着実に育てる必要がある。

CVC（コーポレート・ベンチャー・キャピタル）

イノベーション特化組織を導入したとしても、このような組織で生まれた製品を既存部門の枠組みで取り扱えないという理由で放置してしまったり、抵抗勢力の存在によりプロジェクトそのものが頓挫しそうになることもある。このような場合、CVC（コーポレート・ベンチャー・キャピタル）が有効である。CVCとは、通常ベンチャー・キャピタル等の専門機関が広く資金を集めて行う投資を、事業会社が自社の戦略目的のために行う投資を指す。この場合、事業会社は外部のベンチャー・キャピタルと連携し、ファンドを組織し、戦略目的に合致した企業に出資する。事業会社は単に資金の一部を提供するだけではなく、自社に所属する人材、顧客基盤、ブランド、営業力を投資先企業に提供することが、通常のベンチャー・キャピタルとCVCの違いである。

特に、現在の日本の大企業の状況を踏まえると、CVCの適合性は高い。なぜならば、企業が巨大化し、内部の優秀な人材が内部政治のみに追われ、イノベーションを遂行できないような環境にある場合、組織自体を改革するよりも、イノベーションを目的とした新たな会社を設立するほうが効率的であるためである。例えば、ベンチャー・キャピタルのWiLとソニーが組んで設立したQrioという会社がある。Qrioは現在、スマートフォンで制御可能なサムターンカバー型スマートロック「Qrio Smart Lock」を提供している。Qrio設立にあたって、WiLは資金を提供し、ソニーは人材を提供している。この事例はソニーのような大企業であるからこそ、実現できた事例と思うだろう。しかしながら、地方に存在する中小企業であっても、同種の悩みを抱える企業は多いはずだ。ベンチャー・キャピタルの代わりに、地方銀行をパートナーとして連携することで、地方版ＣＶＣを通じたＲＤＩの実現が期待できる。

第6章　チーム・デザインのための5ステップ

リソース・ドリブン・イノベーション（ＲＤＩ）を継続的に紡ぎ出すためのチーム・マネジメントのゴールは、**適切なチーム**、およびイノベーション・プロジェクトの**実施環境**のデザインである。単に人材を集め、自由にチームを構成しても、そこからイノベーティブな製品が生み出されるわけではない。なぜならば、人は集団に属するとき、一人でいる場合とは異なる行動をとるだけではなく、集団における人々の行動は、各人の独自の行動の総和とは異なるためである。したがって、適切なチーム構成手法に基づいて、チームをデザインし、さらにチームの活動を適切に支援する必要がある。

チーム・デザインは、五つのステップで構成されている。

ステップ1　調査課題を設定する
ステップ2　チームメンバを決定する
ステップ3　マイルストーンを設定する

ステップ4　リソースを割り当てる
ステップ5　コミュニケーションを促進する

ステップ1では、**調査課題を設定する**。トップ・ダウンで調査課題を設定する場合と、ボトム・アップで調査課題を設定する場合を検討する。

ステップ2では、**メンバを決定する**。組織デザインのフェーズ1ステップ3で設立したイノベーション特化組織内のメンバから、どのようなチームを、いくつ、どのように作るかを決定する。

ステップ3では、**マイルストーンを設定する**。いつまでにチームが何をどこまで達成すべきか検討する。

ステップ4では、**チームにリソースを割り当てる**。ツールや環境などの各種リソースを割り当てる。

ステップ5では、**コミュニケーションを促進する**。様々なツールやメソッドを通じて、チーム内外のコミュニケーションが円滑に行われ、職務を適切に実行可能な状態をデザインする。

本章では、これらの五つのステップについて解説をしていく。その際、背後にある理論、ケーススタディも併せて紹介する。

ステップ1 調査課題を設定する

本書では、課題設定の機会を二回用意している。第一の機会は、本ステップである。もう一つの機会は、RDIプロセスにおけるフェーズ1（リソースの発見）である。

前者の場合、イノベーション特化組織におけるコア・チームがトップ・ダウンで課題の決定を行う。後者の場合、各イノベーション・チームによるボトム・アップで課題の決定を行う。

この場合、イノベーション・チームがデザインされたあとでの課題設定となる。

イノベーション特化組織におけるコア・チームが課題を設定する際には、チームの数と、課題の内容という二つのパラメータを検討する。

各社の戦略により、これらのパラメータのとる値は当然ながら異なる。例えば、短期的な課題を設定すべきか、それとも、ある程度の時間をかけて中長期の課題を発見し、それに対する提案を行うべきか、といった選択を行う必要がある。これらの選択を行うためにも、自社のイノベーション・ポートフォリオを振り返りながら、投資戦略を検討する必要がある。

チームの数

投資戦略を踏まえ、イノベーション特化組織におけるコア・チームは、社内起業ファンドで設定された予算を踏まえて、課題の数を決定する。

課題一つにつき一つのチームを割り当ててもよいし、課題一つに対して複数のチームを割り当ててもよい。すでに述べたように、チームの数は多ければ多いほどイノベーションの成功確率は上昇する。したがって社内起業ファンドの全体予算が限られている場合であっても、各チーム単体の予算は絞りつつも、チーム数については、ある程度の数を確保することが望ましい。

課題の内容

一方、課題の内容については、イノベーション特化組織におけるコア・チームは、自社のリソースと自社の中長期計画に基づいて、ＲＤＩを紡ぎ出す領域を選定し、調査課題を決定する必要がある。一般に、チームの課題をデザインする場合、

自律性
技能多様性
タスク完結性
タスク重要性

といった変数を考慮しながら行う必要がある。これらは、仕事の内容を構成する職務特性モデル[*34]に基づく要素であり、メンバのモチベーションやチームの有効性を高めるとされている。[*35]

自律性とは、仕事のスケジュールから実際の仕事の手順決定まで、どの程度の自由、独立性、裁量が個人に与えられているかを示す特性である。例えば、自分の裁量で判断することが認められている営業担当者の職務は自律性が高いが、販売マニュアルに従って営業しなければなら

ない営業担当者は自律度が低い。

技能多様性とは、どの程度多様なスキルや能力を活用できるかを示す特性である。例えば、車体の修理から接客までを行う自動車修理工場のオーナー兼修理工は、技能多様性の度合いが高いが、自動車工場の塗装業務のみに従事していれば、技能多様性は低い。

タスク完結性とは、全体および特定のタスクを完結させることがどの程度必要とされているかを示す特性である。例えば、設計、材料選定、組み立て、仕上げをこなすキャビネット製作者は、タスク完結性の度合いが高いが、家具工場でテーブルの脚を製作する旋盤作業のみに従事していれば、タスク完結性は低い。

タスク重要性とは、他人の生活や仕事にどの程度大きな影響を与えるかを示す特性である。例えば、病院の集中治療室で多様な処置を必要とする患者を担当する看護師のタスク重要度は高いが、病院内の清掃員のタスク重要度は低い。

RDIを紡ぎ出すための新たなカテゴリの製品をデザインするイノベーション・プロジェクトの場合、自律性は高く、技能多様性は高く、タスク完結性も高い。また当然ながら、タスク重要性の高さを意識しなければならない。

Wanicの場合、そもそものプロジェクトの出発地点であった東ティモールへのフィールドワークは、プロダクトデザインコンテストのプログラムの一環として企画されたものであった。したがって、当初の課題は、本書で言うところのコア・チームにあたる、プロダクトデザインコンテストの主催者によって、あらかじめ決定されていた。その課題とは、東ティモールの非電化地域で暮らす人々のための製品をデザインする、というものであった。この課題の内容から判断できるように、非常に抽象的な課題にとどまっていた。これは、コンテストという性質によるものであり、課題の発見は、本書で言うところのイノベーション・チームにあたる個別のチームに求められていた。

ステップ2 チームメンバを決定する

従来、組織は「グループ」を対象としたマネジメントを行ってきたが、昨今では、「チーム」を対象としたものへと変化しつつある。

グループとは、特定の目的を達成するために集まった、互いに影響を与えあい、依存しあう複数の人々を指す。

一方、チームは、協調を通じて、プラスの相乗効果を生むことを目的としており、個々人の努力が個々人の投入量の総和よりも高い業績水準をもたらすことが求められている。今や、フォーチュン五〇〇社のうち、約八〇％の企業で、全従業員の半数がチームに属しているとのデータもあるほどである。*36

チームの需要については上記のデータから容易に推測できるが、チームを構成するにあたってどのようなパラメータが存在し、それらのパラメータをどのように組み合わせることで適切なチームをデザイン可能であるかという点については、十分に知られてはいない。例えば、様々な研究成果が、互いに異質の個人がチームを構成する場合のほうが、均一の個人によるチームと比較して、効果的であることを示している。[*37] 具体的には、チームは、パーソナリティ、ジェンダー、年齢、教育、専門性、経験が異なるメンバで構成されるときに、タスクを効果的に達成する可能性が高くなる。このような視点から、本ステップでは、ＲＤＩを紡ぎ出すためのチーム構成手法を紹介する。

チーム構成の手法

チーム構成に関するマネジメントは、ロビンスの『組織行動のマネジメント』[*38]に詳しい。ロビンスによれば、効果的なチームを構成するためには、チームを効果的にする資源とその他基盤の影響、チームの構成、職務設計、チームの自信感を左右する上記内容を反映したプロセスの四つの要素が必要であると述べている。さらに、チームの基盤を形成するためには、効果的なリーダーシップと信頼関係、業績評価と報酬システム、十分なリソースが必要となるという。本ステップでは、ロビンスのチーム構成手法を踏まえ、独自のチーム構成手法を紹介する。

リーダーの選定

チームを構成するためには、まず、リーダーとなりうる人材を選定する必要がある。効果的なリーダーシップは、チームの適切な運営を実現する。例えば、業務の分担、スケジュールの設定、コンフリクトの解決方法、意思決定とその修正方法についてチームが合意するためには、効果的なリーダーシップが必要である。

効果的なリーダーシップは、信頼関係によって築かれる。チームがリーダーに信頼を寄せている場合、チームはリーダーの設定した目標や決定を受け入れ、邁進するように努めるためである。信頼関係は双方向の関係であり、リーダーはチームのメンバを信頼することで、メンバもまたリーダーを信頼するというポジティブなサイクルが生まれる。

リーダーの選定にあたっては、トップ・ダウンとボトム・アップの二つのパタンが存在する。トップ・ダウンの場合、コア・チームによって、イノベーション特化組織のメンバから選定する。イノベーション・プロジェクトをまとめあげ、チームを的確に運営する人材としてのリーダーは、慎重に選定される必要がある。

一方、ボトム・アップの場合、社内で自由公募によってリーダーを決定する。ボトム・アップでのチーム組織はモチベーションの観点から見て否定する理由はないものの、あくまでイノベーションの創出を目的とした戦略的な社内プロジェクトであるため、完全にボトム・アップのみでチームを構成するよりも、トップ・ダウンとボトム・アップのそれぞれでバランスよくチームをデザインできることが望ましい。

チームメンバの決定

リーダーを決定したのち、チームメンバを決定する。このとき、メンバの能力、パーソナリティ、役割の割り当て、チームの規模といったパラメータを考慮しながらメンバを選定する必要がある。これらはチームメンバの配置の仕方に関連した変数であり、ＲＤＩプロセスのフェーズ１ステップ１（リソースを把握する）段階で収集した、社内の人材に関するデータを利用できる。なお、トップ・ダウンの場合、イノベーション特化組織におけるコア・チームが、ボトム・アップの場合、チーム・リーダーが、メンバを決定する。

メンバの能力については、チームが効果的に機能するためには、三つの異なるタイプの能力が求められる。[*39] 三つの能力とは、第一に、技術的な専門能力、第二に、問題を特定し、選択肢を考案・評価し、適切な選択を行うことのできる問題解決・意思決定能力、第三に、ヒトの話をよく聞く、フィードバックを行う、コンフリクトを解決するという対人能力を指す。最大限の業績を達成するためには、すべての能力を身につける必要がある。

パーソナリティについては、パーソナリティの五大要素[*40]のうち、外向性（社交的、話し好き、独断的）、人当たりの良さ（気立てが良い、協力的、ヒトを信頼する）、誠実さ（責任感が強い、頼りになる、不屈、完璧主義）、安定した感情（冷静、熱心、緊張に動じない）といった項目の平均レベルが高いチームは、業績も高いことがわかっている。興味深いことに、チームにおけるパーソナリティの特性のバラつきは平均値よりも重要な意味をもつ。例えば、誠実なメンバと誠実ではないメンバが混在するチームの業績は低くなる傾向にある。[*41]

役割分担

役割の割り当てについては様々な手法が存在するが、ここでは特にマージンソン・マッキャンのチーム・マネジメントを紹介したい。マッキャンによれば[*42]、チームには、八つの潜在的な役割と、連結者と呼ばれる、チームの業務を調整し、まとめる人材が必要とされている。八つの役割とは、情報の提供や収集を行う「報告・助言者」、従来とは異なるアプローチを生み出す「創造・革新者」、可能性を探求し、新しい機会を探す「探索・プロモータ」、制約に合わせて選択肢を分析し、アイディアを生み出す「評価・開発者」、前へ突き進み結果を出す「推進・組織者」、体系的なやり方で結果を出す「完結・生産者」、詳細に注目し、業務を各方面から管理する「管理・検査者」、基準や価値を守り、チームの卓越性の維持に努める「擁護・維持者」である。成功するチームは、これらのすべての役割を満たす人材で構成されているという。

チームの規模

チームの規模については、課題の内容次第ではあるが、一般的に五名程度が最も作業効率が良いと考えられる。例えば、リーダー（ディレクター）一名、営業一名、マーケター一名、エンジニア一名、デザイナ一名、といった具合である。課題が非常に複雑な場合、一チームあたりの人数を増やすよりも、一つの複雑な課題を複数のサブ課題に分解することで、生産性を維持することができる。

業績評価と報酬システム

最後に、イノベーション・チームを構成するにあたって、コア・チームは、イノベーション・チームの業績評価と報酬システムを整備しなければならない。これらを整備する際、チームの努力とコミットメントを考慮する必要がある。なぜならば、従来の個人の業績に基づく評価および報酬システムは、好業績チームの発展の妨げになるためである。例えば、個人の貢献に基づいて従業員を評価し、報酬を与えることに加えて、チームベースの評価、利益配分制度、成果配分制度を採用する必要がある。

Wanicの場合、チームのメンバは、コア・チームにあたるプロダクトデザインコンテストの主催者によって決定された。当初のメンバは第1章で説明した七名であり、メンバのもつリソースから、公衆衛生に関するプロダクトを作ることを期待されていた。しかし、主催者側の期待とは裏腹に、企画提案されたのがココナッツジュースから作る醸造酒フレッシュWANICであった。

ステップ3　マイルストーンを設定する

組織デザインの柱2（イノベーションへの投資と評価を行う）ですでに説明したように、イノベーションの成功確率は、試行回数と精度によって変化する。試行回数は、社内企業ファンドの予算に応じて、イノベーション特化組織におけるコア・チームがコントロール可能である。一方、精度は、個々の人材の能力をデフォルト値とし、イノベータ人材育成プログラムを活用することで、上昇させることができる。なかでも最も成長が期待できるのが、実際のイノベーション・チームでの活動である。イノベーション・チームでの活動を通じて、精度を向上させるためのアプローチこそが、マイルストーンの設定である。

各チームが構成されたあと、チームごとのマイルストーンを設定する。チームの最終ゴールは、RDIを紡ぎ出すための新しいカテゴリに属する製品のリリースである。しかしながら、最初から最終目標に向けてスケジュールを設定するのではなく、複数のマイルストーンを設定し、マイルストーンごとに質のチェックを行いながらプロジェクトを進める。

例えば、マイルストーンを三つ設定した場合を考えてみよう。第一のマイルストーンは、コンセプト構築とし、プロジェクト開始から三カ月後に設定する。第二のマイルストーンは、ファーストプロトタイプ開発とし、コンセプト構築からさらに三カ月後に設定する。この時点で、RDIプロセスのフェーズ2のアウトプットである、コンセプト、顧客体験、サービス・エコシステム、ビジネスモデルの初期値を完成させる。第三のマイルストーンは、リソースの拡大とし、プロトタイプ構築からさらに六カ月後に設定する（図6・1A）。この時点で、複数回のプロトタイプとテストが完了し、事業化の判断を行う。事業化が難しいとなると、再度、リソースの拡大を実施するか、プロジェクトそのものを中止することになる。

マイルストーンの例
マイルストーン1　三カ月目：コンセプト構築
マイルストーン2　六カ月目：ファーストプロトタイプ開発
マイルストーン3　一二カ月目：事業化判断

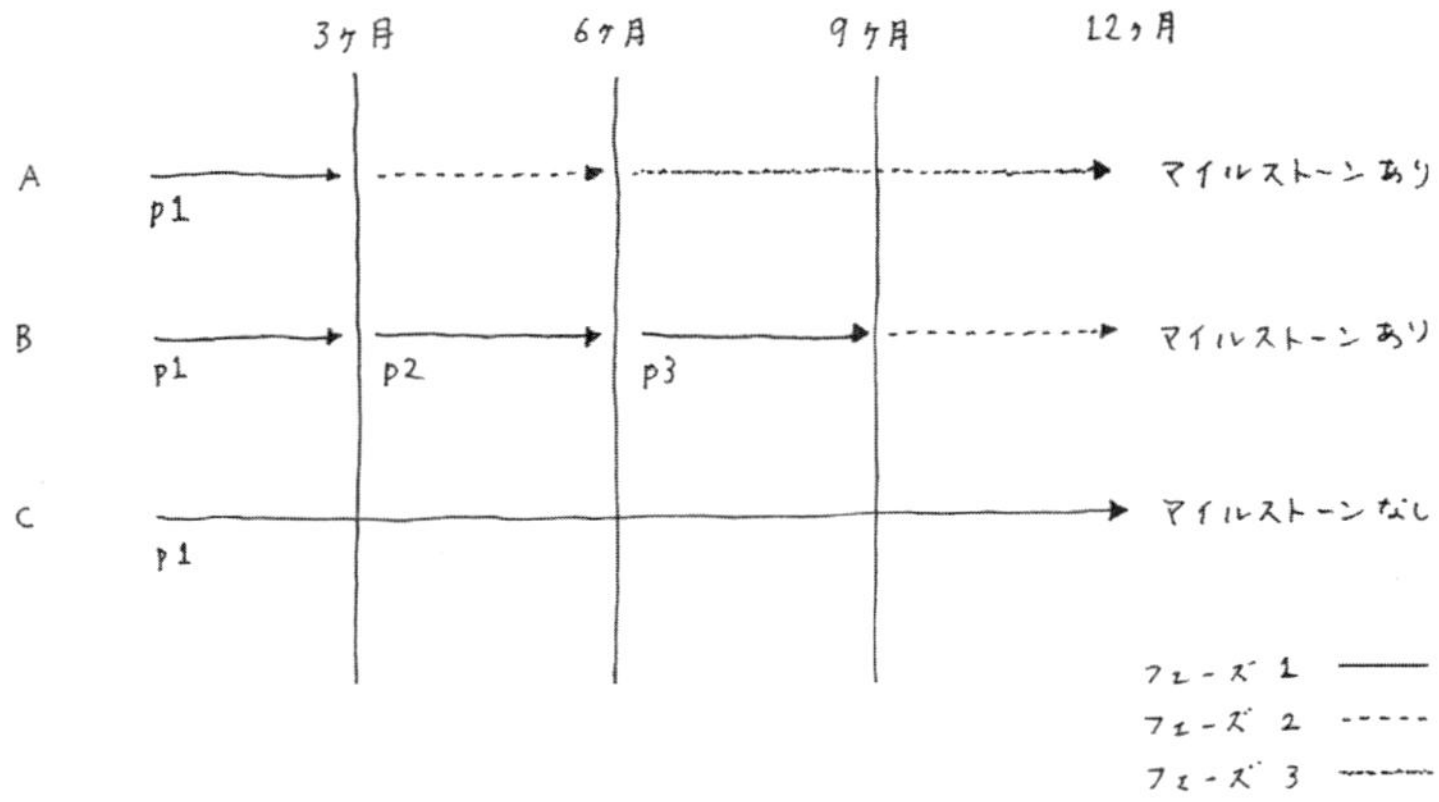

図6・1　マイルストーンの有無による精度（p）の変化

このようにマイルストーンを設定することで、イノベーション確率のパラメータのうち、精度をコントロールできる。例えば、マイルストーン1で却下されたチームであっても、マイルストーン1までの活動を通じて、コンセプト開発に関する多くのスキルとナレッジについて、実践を通じて学ぶことができる。学習したメンバは、二回目に実施されるまた別のイノベーション・チームにおいて、一回目時点での当人よりも経験値の分だけ活躍が期待できる。この結果、一回目と二回目では精度のパラメータは異なり、二回目のイノベーション確率は上昇する（図6・1B）。学習したメンバが増えれば増えるほど組織としてのリソースは拡大し、初期に想定した数よりも多くの製品がリリースされ、より高い確率でイノベーションを実現することができる。

しかしながら、マイルストーンを設定せず、一年後の事業化を目標として設定し、プロジェクトを進めた場合、一年後までイノベーション確率の精度が向上するチャンスは失われてしまう（図6・1C）。マイルストーンを設定した場合と設定しない場合を比較すると、一年間にイノベーション確率の精度が向上する機会は四倍に上り、その差は自ずと明らかである。マイルストーンを設定することで、精度のみならず、試行回数の面からも、イノベーション確率を向上させることができるのである。

Wanicの場合、マイルストーンをつど策定しながら、チームの活動を進めてきた。プロジェクトの初期では、プロダクトデザインコンテストの設定した三カ月おきの二つのマイルストーンをベースに開発を進めた。最初のマイルストーンでは、プロトタイプを含むコンセプト構築までを行った。二つ目のマイルストーンでは、プロトタイプの改良、ビジネスプランの構築までを行った。その後、クラウド・ファンディング・プロジェクトを通じた蒸留酒のプロトタイプ開発、日本でのWANICココナッツ・スピリッツ発売というマイルストーンを連続的に設定することで、プロジェクトは大きく推進した。逆に言えば、明確なマイルストーンが存在しない時期もあり、その時期のプロジェクトのペースはやはり停滞していた。Wanicのようなコア・チームとイノベーション・チームが同一の小さな組織の場合、このような事態は起きがちであるため、リーダーとなる存在が適切にマイルストーンを設定する必要がある。

ステップ4　リソースを割り当てる

チームがデザインされ、各チームに対するマイルストーンが設定されたあと、チームへのリソースの割り当てを行う。一般に、チーム・マネジメントにおける十分なリソースとは、タイムリーな情報、適切な設備、十分な人員、チームに対する奨励、事務的な支援を指す。リソースの不足は、チームが業務を遂行する能力の低下につながってしまう。したがって、十分なリソースの提供が求められる。ステップ4では、RDIを紡ぎ出すにあたって、イノベーション・チームに必要なリソースとして、とりわけツールと環境について触れておきたい。

ツール

チームが日常的に使うツールのうち最も高頻度なものは作業用コンピュータである。ゆえに、エンジニアであれ、営業であれ、作業用コンピュータは、毎年リプレースすることが望ましい。なぜならば、最新スペックのコンピュータを利用することで、作業効率は全く異なるためである。作業効率という観点からすれば、複数の作業用ディスプレイも提供されることが望ましい。

また、RDIプロセスではリソースの発見ならびにリソースの拡大において、フィールドワークを重視しているため、フィールドワークに利用するツールは、十分な数を用意しておく必要がある。例えば、フィールドワーク用のスチルカメラ、ビデオカメラ、タブレットPC、ICレコーダーなどのデバイスがこれにあたる。

フィールドワーク終了後は、新たなアイディアを生成するアイディエーション（Ideation）のフェーズに移行するため、アイディエーションに必要なツールも同様に、ひと通り揃えておく必要がある。例えば、サイズの異なるポストイット、太さの異なるペン・マーカー、A3、A4

のメモ用紙、Ａ０、Ａ１サイズの模造紙、移動可能なホワイトボードなどが挙げられる。

アイディエーション終了後、プロトタイピングを行う場合、各種工作ツールは、作業効率を向上させる。例えば、３Ｄプリンタ、レーザーカッター、切削機といった大型工作機械などのツールが挙げられる。これらの工作ツールを用いたプロトタイプは、外注により社外で作成することも可能であるが、外注先のスケジュールに応じて納期も異なる。結果、仮説検証のサイクルを回すスピードが低下してしまうため、プロトタイピングは内製化することが望ましい。大型工作機械に加えて、ダンボール、スチレンボード、スタイロフォーム、ベニア板などの工作材料があることで、簡易的なプロトタイピングが可能になる。さらに、電子回路設計に必要な各種パーツがあれば、大型工作機械や工作材料で作成した外装を用いて、機構設計のプロトタイピングも可能になる。これらのツールと材料が揃えばプロトタイピングに必要なリソースは十分に確保できたと言える。

ここまでは基本的なリソースであるが、各チームに対して自由に使える予算を一定額で支給することで、よりチーム内の作業を円滑に進めることができる。これらの予算は、論文、雑誌、書籍などの文献資料から、参考サービスの利用料、フィールド調査の観察やインタビューにかかる費用などに利用される。通常の社内スキームよりも自由かつ迅速に利用が可能なように社内調整を済ませておくことで、チームのモチベーションはより強化されるだろう。

各種ツールと予算に加えて、物理的なスペースもまた、重要なリソースとなる。例えば、建築家フランク・ゲーリーのロサンジェルスにある事務所（Gehry Partners）は、巨大なワンフロア型のスタジオである。空間内は、パーティション、キャビネット、デスクで間仕切りをされた、オープン・プラン・オフィスの体裁をとっている。すべてのプロジェクトは、プロジェクトごとにスペースを割り当てられ、様々なプロトタイプを作成し、共有しながら、プロジェクトを進めている。

写真や映像で見る限り、非常にクリエイティブに映るこのオフィスであるが、オープン・プラン・レイアウトは通常のオフィス・レイアウトに比べて、非常に高い不満割合を示すことがすでにわかっている。[*43] オープン・プラン・オフィスで働く人々の五〇％以上が「騒音・雑音」に対する高い不満を訴え、二〇－四〇％が「視覚的プライバシー」や「室内温度」に関して不満を示している。多くの日本企業もまた、オープン・プラン・レイアウトを採用しがちであるが、イノベーションを推進するならば、生産性を確保するために適切なスペースをチームに割り当てるところから始める必要がある。

オープン・プラン・オフィスの問題を踏まえれば、すべての社員に対して、個室あるいは、パーティション等で区切られたスペースが割り当てられることが望ましい。例えば、３ＤＣＧアニメーションの会社で、世界で最もクリエイティブな会社の一つとして知られるPixarには、すべてのクリエイターに対して個室が与えられ、個室の内装は利用者が自由に決定できる。ある者はフィギュアで部屋を埋め尽くし、ある者は日本に関するグッズで部屋を埋め尽くすといった具合である。しかしながら、日本の多くの会社にとってオフィス・スペースは限られており、このような方法を実施することが現実的に難しい。したがって、イノベーション・チームごとにプロジェクト・ルームと呼ばれる個室をチームに割り当てるという方法を提案したい。

プロジェクト・ルームは、あるプロジェクトに関するすべての情報を、一つのスペースに集約し、仕事の効率を向上させることを狙いとしている。プロジェクト・ルームに行けば、チームの誰かが作業をしているだけではなく、現在進行中の課題に対するアイディアを張り出したり、制作中のすべてのプロトタイプのバージョンを一覧可能な状態で並べておくこともできる。さながら、ホワイトハウスの地下に存在するシチュエーション・ルームのような位置づけである。たとえ小さなスペースであっても、プロジェクトごとの個室を用意することは、チームのモチベーションの向上にも貢献するだろう。

ステップ5　コミュニケーションを促進する

調査課題を設定し、適切なリソースを割り当てたチームであっても、チーム内でのコミュニケーションが機能しなければ、チームとしてのゴールを達成することは難しい。なぜならば、チームがうまく機能することを妨げる最大の要因が、効果的なコミュニケーションの欠如であるためである。

電子メールの功罪

インターネットがオフィスに導入されて以来、集団におけるコミュニケーションでは、電子メールが主流となった。電子メールは、電話やＦＡＸによるコミュニケーションと比較して、コミュニケーションコストを大幅に低下させる働きをもつ。また、すべての発言は記録されるため、トラブルが発生した際の重要な証拠となりうる。さらに、電話やＦＡＸが原則一対一でのコミュニケーションを対象としていたのに対して、電子メールは一対ｎのコミュニケーションを実現できる。このように、電子メールはコミュニケーション手法として様々なメリットがあるように見える。

しかしながら、電子メールでのコミュニケーションは、メリットだけではなく多くの新たなコミュニケーションの問題を生み出してきた。例えば、複数のメーリングリストに加入していることで、一日に数千のメールが届けられる場合も少なくない。やがてそれらをすべて開封することが億劫になり、参加者はメーリングリストのメールを確認しなくなり、重要なメールが読み落とされてしまう。また、メーリングリスト上では、通常の対面でのコミュニケーションと異なり、身振りや表情といったノンバーバルな情報がすべて切り捨てられるため、メーリングリスト上で感情が増幅し、口論のもとになるケースも多い。

チーム・コミュニケーション・ツール（アプリ）

昨今、メールに変わるコミュニケーション・ツールとして、様々なチーム・コミュニケーション・ツールが登場している。このようなコミュニケーション・ツールでは、特定のトピックごとにスレッドを作成でき、スレッドに招待されたメンバはスレッド内で自由に発言できる。また、特定のメンバに対して言及し、通知を行ったり、タスクを割り当てたりすることができる。ファイルストレージサービスなど様々な外部ツールと連携することで、一つのコミュニケーション・ツールをすべてのコミュニケーションのハブとして機能させることもできる。さらに、様々なエモティコンやスティッカーなど、メンバの感情を気軽かつ多様に表現できるようにすることで、無感情のコミュニケーションを排除している。

このようなコミュニケーション・ツールは、スマートフォン向けネイティブアプリ、ＰＣ向けネイティブアプリ、スマートフォン向けウェブアプリ、ＰＣ向けウェブアプリと複数のプラットフォーム向けに提供されており、いつでもどこでもメンバとのコミュニケーションが可能となる。例えば、Slack[*44]は、これらのすべてを提供している。また、社内のみで使われることを想定しているだけではなく、クライアントを招待して利用することで、チーム内の資料共有を含む様々なコミュニケーションコストも低下させることができる。

ビデオチャットシステム

ビデオチャットシステムも様々に進化している。従来SkypeやGoogle Hangoutなどの無料で利用できるサービスは存在していたが、遠隔から参加しているメンバは阻害感を感じることが多かった。このような状況に対して、バーチャル・リアリティ技術の一分野であるテレプレゼンス技術を活用することで、より参加者どうしの一体感を実現することができる。例えば、Double Robotics[*45]が提供しているDoubleは、遠隔からの参加者が自由に現場を移動できるテレプレゼンスロボットである。このようなシステムを利用することで、ユーザは、オフィスや学会に遠隔参加し、無線環境下にある会場を自由に移動し、会場を閲覧したり、遠隔地に存在する人々と会話を楽しむことができる。

Google Docs, Google Drive

対面であれ遠隔であれ、チーム内のミーティングやパートナーとのミーティングではログをとる必要がある。このとき、一つのGoogle Docsを活用することで効率的なプロジェクトの運用を実現できる。従来、ミーティングに参加しているメンバは、それぞれが個別にログをとるか、議事録係（ロガー）がログをとっていた。しかしながら、メンバ全員で一つのGoogle Docsに同時に書き込むことで、内容の重複がなくなるだけではなく、一人のロガーが書き損じても他のメンバが補完をしてくれる。さらに、一つのドキュメントにすべての情報を集約することで、あとからチームに参加したメンバは、そのドキュメントを閲覧するだけで、結果だけではなく、プロセスを含めて、チームの状況を理解することができる。

Google Docsだけではなく、Google Driveを活用することで、プロジェクトの情報も一元化して管理できる。プロジェクトを運営していくなかで、プロジェクトごとに個別のフォルダを用意し、ミーティングログに加えて、ミーティング用の資料、パートナーへ提供した資料、パートナーから提供された資料、デザインデータ、インタビューデータ、納品データなどのデータを格納する。すべての紙資料もスキャンして格納しておくことで、情報が抜け漏れなく共有することができる。これらをフェーズや年次ごとに階層化してまとめておくことで、あとからプロジェクトに参加したメンバが効率的に状況を整理することができる。

社会文化的な問題

様々なチーム・コミュニケーション・ツールにより、技術的にはコミュニケーションの問題は改善されつつある。しかしながら、チーム・コミュニケーションがもはや日本国内だけにとどまらず、チーム内に複数国のメンバが混在するケースが増加しつつあるなか、技術的な問題以上に、社会文化的な様々な問題が生じる段階へ移行しつつある。

例えば、言語の問題がある。英語は共通言語として世界の多くの人々が利用できるツールであるが、英語を母語とする人口は世界でも実は四億ほどしか存在しない。[*46] それ以外の英語話者は、第二外国語として英語を習得している。このような場合、マネジメントレベルで、互いの母語を少しでも理解させることで、チーム内のコミュニケーションを改善することができるだろう。例えば、日本語を母語としない人々に日本語を学ばせたり、日本人もまた、海外出身者のメンバの母語を学ぶことで関係性が深まるはずだ。

また、異文化理解の問題もある。言語以上に、宗教をはじめとする様々な価値観の理解がチームには求められる。食事制限、アルコール制限、生活習慣など、日本人が従来接する機会のなかった生活パタンを目の当たりにすることも今後は増加するだろう。言語が自分の世界を拡張するだけではなく、相手の文化を知るための最も身近なツールとなることを踏まえれば、言語学習を通じて、相手の生活習慣、価値観、日々の生活における関心についても知ることができるだろう。マネジメントレベルでは、事前に十分に情報収集を行ったうえで、チームに浸透させ、互いに理解しあうように配慮する必要がある。

Wanicの場合、現地のスタッフとともに、食事会や試飲会を定期的に行っている。フィリピンでは、ともに酒造りを行ったコミュニティの人々を招いて、試飲会を開催した。現地の人々から私たちの製品に関する率直な意見を聞けたこと以上に、彼らの価値観、関心を知れたことに大きな意味があった。また、ラオスでは、LAODI社のスタッフと定期的にバーベキューを行っている。彼らの多くは英語を理解できないため、コミュニケーションはラオ語である。ラオ語でのコミュニケーションは片言ではあるものの、ともに食事の回数を重ねることで、確実に関係性は変化しつつある。

チームどうしのコミュニケーション

ここまではチーム内のコミュニケーションの重要性について述べてきたが、チームどうしのコミュニケーションも、組織においては適切にデザインされる必要がある。例えば、イノベーション確率における精度は、イノベーション特化組織内のチームどうしの円滑な情報共有によっても向上する。組織に複数のチームが存在する場合、意識しない限り情報は、チーム内とそのチームを統括するマネジメントレベルまでの共有にとどまってしまう。しかしながら、あるチームが獲得した情報を適切に他のチームと共有することによって、組織全体の力を高めることができる。具体的には、意識的に次の二つの手法を採用することで、イノベーション確率における精度向上に貢献できる。

例えば、ナラティブ形式でプロジェクトの開始から終了までの綿密なストーリーを共有する。失敗した場合であれ、成功した場合であれ、綿密なストーリーは、それを聞くものにとって有用である。なぜならば、緻密であればあるほど、自らのケースとのアナロジーを発見しやすく、このアナロジーは、自身の創造性を爆発させるトリガとして機能するためである。

また、プロジェクトのストーリーから派生して、プロジェクトの経験をツールやメソッドといったかたちで他のチームと共有することも望ましい。既存のツールやメソッドを活用した事例に加えて、既存のツールやメソッドを土台としてオリジナル・ツールやメソッドを作成した事例も含まれるとよい。プロジェクトで起きたストーリーの中でこれらを記述することは、実際のコンテキストの中でどのようにそれらが活用されたかという経験と合わせて記述されることを意味する。したがって、それを聞くものが別のプロジェクトにおいて、それらのツールやメソッドの利用可否を用意に判断できるようになる。

これらの手法は、組織デザインの柱1で指摘した、現状のナレッジ・マネジメントの問題を解消することもできる。まず、モノとしての知識と、知識を使うことが切り離されてしまうという問題については、あくまで実際にツールやメソッドのもととなった実際のプロジェクトのコンテキストに基づいてパタン化するため、知識と実践を切り離すことなく体系化できる。また、知識の収集・蓄積システムづくりに関わる人々が現場を理解していないという問題についても、ツールやメソッドの開発者は、あくまでプロジェクトを実施したチームのメンバであり、ツールやメソッドを利用する人々と同じレベルに存在するため、実際の活用のコンテキストまでを想定しながら、これらを構築できる。

第7章　人材をデザインする〈I〉――リソースの発見のための6ステップ

リソース・ドリブン・イノベーション（RDI）を担う人材マネジメントは、三つのフェーズからなる人材育成カリキュラムに従って行われる。

本章ではそのフェーズ1を扱う。フェーズ1のゴールは、RDIを紡ぎ出すための新たな製品をデザインするための**リソースの発見**である。イノベーションを創出する製品は、天才のひらめきによって生まれるわけではない。リソースを発見し、それらを地道に分析し、統合することによって生み出される。新たな製品のクオリティは、発見するリソースに強く依存する。したがって、適切な方法に基づいて、適切なリソースを発見する必要がある。

フェーズ1は、六つのステップで構成されている。

DAY1　調査課題を設定する
DAY2　リソースを把握する（1）　哲学、アイデンティティ、パートナー
DAY3　リソースを把握する（2）　オペラント資源、オペランド資源

DAY4　リソースを発見する（1）　デスクトップ調査
DAY5　リソースを発見する（2）　フィールド調査
DAY6　リソースを整理する

本章では、これら六つのステップと、各ステップに含まれるタスクについて解説をしていく。また、タスクを実行するにあたってのツールやメソッド、さらには、背後にある理論、ケーススタディも併せて紹介する。

DAY1　調査課題を設定する

DAY1では、**調査課題を設定**する。チームの最終的なゴールはRDIを紡ぎ出すための新たな製品の開発および普及であるが、その第一歩として、自社のもつリソースに応じて、調査課題を決める必要がある。すでに述べたように、コア・チームがトップ・ダウンに調査課題を決定する場合もあれば、イノベーション・プロジェクトを実施するチームがボトム・アップに決定する場合もある。

コア・チームによって調査課題が決定している場合、早速リソースの発見の準備を開始する。コア・チームが決めた調査課題は、自社の現在のリソースを考慮し、企業の中長期戦略を踏まえて設定されていることが前提である。しかしながら、全く新しい分野へ挑戦することが求められている場合、まずは、社内外の現在のリソースを把握したのち、デスクトップ調査を通じて、新しい分野に関連するデータを収集する必要がある。併せて、新たな分野に通じたパートナーを洗い出し、パートナーシップを結ぶ。つまり、利用可能なリソースを拡大することで、新たな分野への対応が可能となる。

一方、コア・チームによって調査課題が決定していない場合、イノベーション・プロジェクトを実施するチームが、ボトム・アップに調査のテーマにあたりをつける必要がある。この場合、チーム自身が現在の社内外のリソースを把握したうえで、調査のためのキーワードを設定する。しかしながら、テーマによっては自社の経営者層の意向と相反してしまう場合もある。このような場合、経営者層に対して**エグゼクティブ・インタビュー**を実施することで、より期待値の高いキーワードを取得することもできる。

エグゼクティブ・インタビュー

調査課題を絞り込む必要がある場合、あるいは調査課題がいまだ決定していない場合、自社の経営者層へのインタビューが有効である。経営者層はその規模の大小にかかわらず、自身の経営哲学をもち、事業の中長期的なビジョンを描いているためである。

新たな製品のデザインを目的として、調査課題があらかじめ設定されていない場合、インタビュー対象として、まず経営者層を選定することはわかった。具体的なインタビュー手法については、**半構造化インタビュー**と呼ばれるインタビュー手法を採用する。

半構造化インタビュー

半構造化インタビューとは、おおまかな質問をあらかじめ決めておき、相手の回答によってさらに詳細に質問していく手法である。

半構造化インタビューにおけるインタビュイーの回答結果に対するインタビュアーの質問構造にはいくつかのパタンが存在する。例えば、「詳しく教えてください」(詳細)、「具体例を教えてください」(例示)、「なぜそう思うのですか?」(理由)、「具体的な方法を教えてください」(手続)といったパタンである。例えば、SNSの利用実態をインタビュイーに質問する場合を想定してみよう。半構造化インタビューの場合、どんなSNSを使いますか? といった質問まで事前に決めておく。仮にインタビュイーがTwitterをよく使います、と答えたとすると、インタビュアーは、なぜTwitterを使うのですか? と理由を聞いたり、Twitterをいつどういうふうに使うのですか? と詳細を聞くというように展開する。

調査課題が確定していない場合、リソースを発見した後、改めて課題を設定することとなる。具体的には、エグゼクティブ・インタビューを通じてキーワードを抽出したのち、社内外の現在のリソースを把握し、実際の調査へと移行する。デスクトップ調査、フィールド調査を実施し、新たなリソースを発見したのち、リソースを整理し、改めて課題を設定することになる。

Wanicの場合、東ティモールへのフィールドワークを実施する段階では、プロダクトデザインコンテスト主催者によって課された、非電化地域で暮らす人々のための製品をデザインする、という抽象的な課題が決められていた。しかしながら、実際のフィールド調査を経て、現地の人々の生活を目の当たりにし、彼らと対話を行い、現金収入不足とその根本原因としての産業の不足という具体的な課題を新たに設定した。

DAY2 リソースを把握する（1）

DAY2、DAY3では、**リソースを把握**する。リソースの把握を通じて、チームが利用可能な現時点のリソースを掌握することを目的とする。

DAY2、DAY3を通じて、実行するタスクは四つ存在する。このうちDAY2では、タスク1および2に取り組み、DAY3では、タスク3および4に取り組む。

タスク1　哲学、アイデンティティを把握する
タスク2　パートナーを把握する
タスク3　オペラント資源を把握する
タスク4　オペランド資源を把握する

タスク1では、**チームの哲学およびアイデンティティを把握する**。各メンバの哲学、アイデンティティに加えて、パートナーの哲学、アイデンティティも併せて把握する必要がある（表7・1）。

チーム・メンバ/パートナー	アイデンティティ・哲学

表7・1　リソース整理テーブルa：アイデンティティ・哲学

パートナー	パートナー概要

表7・2　リソース整理テーブルb：パートナー

Wanicの場合、プロジェクトが開始された時点では会社は存在せず、個人からなるチームが存在しただけであった。チームの中でも、筆者は、Wanicプロジェクトに参加するにあたって、「途上国における真の独立は、経済的自由によって実現される」という哲学をもっていた。戦後から続く開発のパラダイムは、中央集権的な計画と外国からの援助によって、途上国の開発を実施するというものであった。しかしながら、開発途上にある国・地域を支援するための国家資源の活用、および長期資金や他の開発援助の流れの拡大・改善の方法について協議することを目的として一九六〇年に設立されたDAC（Development Assistance Committee、開発援助委員会）加盟国による総拠出額が、二〇一二年には、一二五六億USドル[*47]に達しているにもかかわらず、途上国の貧困や国内経済格差は解消されるに至っていないことは、このアプローチの失敗を示唆している。一方、市場型経済を導入した香港、シンガポール、台湾、韓国、タイといった、アジアの国々の戦後のめざましい発展は、開発に対するアプローチを検討するにあたり重要な示唆を与えてくれる。単に先進国から拠出した費用でもって、途上国に一方的にモノや金を与えるのではなく、経済的自由を獲得するための産業が求められているのである。しかしながら、産業と言っても、プランテーションをはじめとする、先進国が途上国を搾取する関係に基づく産業は、現地の人々の経済的自由を保証するものではない。先進国に依存しない、独立した経済圏を確立することで、真の自由を獲得できるのである。また、筆者は、デザインを専門とする研究者として、UXデザイン、サービスデザインに関するアイデンティティをもっていた。

タスク2では、**パートナーを把握する**。ここでいうパートナーとは、何らかの形でプロジェクトにコミットしてくれる社内外のパートナー、見込み顧客、専門家、技術パートナー、デザインパートナー、チャネルなどを指す（表7・2）。

社外のパートナーを把握するためには、自社のもつ既存のサービス・エコシステム内のアクターについても改めて把握する必要がある。既存の自社の製品を顧客に提供するために構築したサービス・エコシステム内に存在する既存顧客、チャネル、さらには事業を推進するにあたっての共同生産パートナーといった様々なアクターを改めて整理する。

既存のサービス・エコシステムにおけるアクターをリストアップしたのち、これらをマップとして可視化することで、社内での議論がより容易になる。例えば、ある分野のパートナーと強固な関係性が構築できている、ある領域のパートナーが極端に多い、あるいは極端に少ないといった情報が可視化される。可視化を通じて、ネットワークの再構成の方向性も見出せるはずだ。

Wanicの場合、プロジェクト開始当初は、パートナーとして、プロダクトデザインコンテスト主催者が用意したメンターが存在していたのみであった。メンターは戦略コンサルタントであった。

DAY3 リソースを把握する（2）

DAY2、DAY3では、**リソースを把握する**。リソースの把握を通じて、チームが利用可能な現時点のリソースを掌握することを目的とする。

タスク3では、**オペラント資源を把握する**。チームのメンバのもつスキルおよびナレッジに加えて、パートナーのもつスキルおよびナレッジを把握する必要がある（表7・3）。ここで人材の特徴を把握することで、イノベーション・チームを構成する際のパラメータとして活用することができる。

Wanicの場合、グラフィックデザイナとしてのスキル、ナレッジをもつメンバ、プロダクトデザイナとしてのスキル、ナレッジをもつメンバ、UXデザイン、サービスデザインとしてのスキル、ナレッジをもつだけではなく、複数のスタートアップの起業経験のあるメンバなどが存在していた。また、メンターは、オペラント資源として、経営戦略に関するスキル、ナレッジを保有していた。

タスク4では、**オペランド資源を把握する**。チームのメンバおよびパートナーのもつ物的資源、工作機械、製品などを把握する必要がある。また、利用可能な予算も、本タスクにおいて把握すべき内容の一つである（表7・4）。

また、社内のブランドもオペラント資源としてみなされる。既存企業の場合、創業以来培われた会社そのもののもつブランド、リリースされて以来、築きあげてきた製品がもつブランド

オペラント資源	アクター	スキル・ナレッジの概要

表7・3　リソース整理テーブルc：オペラント資源

オペランド資源	アクター	オペランド資源の概要

表7・4　リソース整理テーブルd：オペランド資源

がこれにあたる。スタートアップ企業の場合、創業者や創業メンバがもつ個人としてのブランドがこれにあたる。

Wanicの場合、プロジェクト開始当初は、オペランド資源としてのリソースは、個人所有の3Dプリンタとその材料のみであり、予算は、フィールドワークなどたびごとに状況に応じて各メンバが自身の裁量の範囲で拠出していた数十万円を除けば、プロダクトデザインコンテスト主催者から割り当てられた一〇万円のみであった。

オペラント資源とオペランド資源を洗い出したのち、これらのリソースのうち、何がどのように秀でているか、どこが不足しているかという点についてチームで把握する必要がある。スキルやナレッジの観点から、改めて自社のリソースを顧みることで、自社が何を知っているか、自社が何をできるかといった点を把握することができる。すでに述べたように、イノベーションは不確実性の高い試みであることから、まずは自社の強みを十分に活かしきれる戦略を構築するところから始めることが望ましい。

DAY4　リソースの発見（1）――デスクトップ調査

ＤＡＹ４、ＤＡＹ５では、**リソースを発見する**。リソースの発見を通じて、顧客、顧客の課題、そして、顧客の課題に対してチームが提案する、新たな価値のデザインに利用可能なリソースを発見することを目的としている。

良質なアウトプットは、良質なインプットと、それを解釈する人材の能力を掛け合わせて出力される。良質なアウトプットとは、ＲＤＩを紡ぎ出すための新たな製品を指し、良質なインプットとは、新たな製品をデザインするために必要なリソースを指す。この原理を踏まえれば、イノベーションを創出するための新たな製品のデザインの問題は、良質なインプットとイノベータ人材としての能力という二つのパラメータの制御の問題へと置き換えられる。イノベータ人材としての能力を即座に飛躍的に向上させることは無論困難であるため、良質なインプットをいかに実現するかが当座の課題となる。

ＤＡＹ４、ＤＡＹ５を通じて、実行するタスクは三つ存在する。このうちＤＡＹ４では、タスク１に取り組み、ＤＡＹ５では、タスク２、３に取り組む。

タスク1　デスクトップ調査を実施する

タスク2　フィールド調査：現場観察を計画する
タスク3　フィールド調査：インタビューを実施する

リソースの発見のステップで採用した三つのフィールドワーク手法とは、DAY3の現在の自社の社内外のリソースの把握、DAY4タスク1デスクトップ調査、DAY5タスク2、3のフィールド調査である。フィールドワークといった場合、狭義のそれか、広義のそれか判別が困難であるため、本章では、デスクトップ調査とフィールド調査という用語を用いている。

タスク1では、**デスクトップ調査を実施する**。書籍、論文などの文献調査、インターネット調査を含む調査を指す。デスクトップ調査を通じて、RDIを紡ぎ出すための製品をデザインするためのリソースのうち、オペラント資源としての事業を展開する国のマクロ環境の現状、および、トレンドを把握することを目的とする。

タスク1では、デスクトップ調査を通じて、マクロ環境の現状とトレンドを捉えるために、**PESTLEモデル**と呼ばれるフレームワークを利用する。

PESTLEモデル

PESTLEモデルは、マクロ要因に注目した分析フレームワークである。Pは政治（ポリティカル、Political）、Eは経済（エコノミック、Economic）、Sは社会（ソーシャル、Social）、Tは技術（テクノロジカル、Technological）、Lは法律（リーガル、Legal）、Eは環境（エンバイロンメンタル、

Environmental）を指す。これらの六つの観点を通じて、調査テーマに関連する状況を多角的に把握することを狙いとしている。

政治（P）は、ビジネスサイクル、経済、個別の産業等のビジネスにおける環境に対して政府がもちうる影響を説明する要素について記述する。例えば、税制、会計政策、関税といった要素がこれに該当する。

経済（E）は、世界的トレンドや長期的な影響に対する経済的要素について記述する。例えば、インフレ率、長期金利、経済成長、需要供給トレンドなどがこれに該当する。

社会（S）は、主要な社会的、文化的要素について記述する。例えば、文化的なトレンド、人口決定要因、人口分配、異文化混合によるインパクトなどがこれにあたる。

技術（T）は、ビジネス環境周辺の技術的なトレンドについて記述する。イノベーションが起きる頻度や、それらが直接的であれ間接的であれ、これから始めようとしているビジネスに及ぼす直接的ないし間接的な影響を考慮する必要がある。

法律（L）は、ビジネスを実施するにあたって直接的な影響を与えうる法律や政策について記述する。これらの法律は、社会的な法や、規制上の法も含まれる。

環境（E）は、ビジネスが実際に実施される環境について記述する。ビジネスが実施される環境について深く調査するだけではなく、環境がビジネスに及ぼす直接的ないし間接的な影響を考慮する必要がある。

リソースとしてのマクロ・データの発見以外にも、チームの課題によってデスクトップ調査の目的は様々である。

例えば、DAY5のフィールド調査で実施する観察対象やインタビュー対象者を、デスクトップ調査を通じて洗い出す場合がある。インタビュー候補者が自社ネットワーク内に存在せず、新たに対象を探し出す場合、特に必要となる。

また、設定した課題に対して、粗い情報を取得し、観察計画やインタビュー計画を立案する場合がある。このとき、国内外の類似事例、ベストプラクティス、トレンドなどを調査したり、国際会議や学術論文を通じて、当該分野における最先端の要素技術や理論を調査する。チームにとって馴染みのない分野であっても、デスクトップ調査から始めることで、観察対象やインタビュー対象の選定、さらには質問設計に必要な基礎知識を獲得することができる。

Wanicの場合、東ティモールでのフィールド調査を実施するにあたって、デスクトップ調査を行った。具体的には、インターネットおよび文献を通じて、政治、経済、環境、技術、法律、現地の人々の関心などを中心に、調査を行った。これらのデスクトップ調査の結果に基づいて、実際のフィールド調査の際のインタビュー項目、観察項目をデザインした。また、デスクトップ調査の結果、変化の兆しとして、国連やNGOなど、先進国出身の人々が首都ディリ近辺で数多く生活していること、彼らが利用する高価格帯のレストラン、ホテルが多数存在することがわかった。

DAY5 リソースの発見（2）——フィールド調査

DAY4、DAY5では、**リソースを発見する**。リソースの発見を通じて、顧客、顧客の課題、そして、顧客の課題に対してチームが提案する、新たな価値のデザインに利用可能なリソースを発見することを目的としている。

ＤＡＹ５では、**フィールド調査を計画する**。様々な現場において、現場から直接データを取得する調査を指す。ＤＡＹ５で計画するフィールド調査の目的は、ＲＤＩを紡ぎ出すための新たな製品をデザインするためのリソースのうち、調査課題におけるデザイン機会の発見、あるいは価値提案プロセスに利用可能な現場由来のオペランド資源とオペラント資源としてのミクロ・データを収集することにある。まずフィールド調査全体の計画立案方法を説明したのち、具体的な観察方法、インタビュー方法を説明する。計画後、ＤＡＹ６までにフィールド調査を実施する。

一次情報の取得

フィールド調査の最大の特徴は、一次情報を取得できる点にある。デスクトップ調査を通じて取得できる情報は、二次情報にすぎない。二次情報は他人の解釈したデータであるだけではなく、誰もが自由かつ平等に取得できるデータであるため、二次情報だけではリソースとしては不十分である。そこで、高速かつ大量に二次情報を取得するという横の軸に加えて、特定の対象に焦点を当て、深くかつ濃い一次情報を取得するという縦の軸を加える。フィールド調査を実施することで、デザインの対象となるリソースに立体感が生まれるのである。

デザインに利用可能な生きた情報を発見するためには、一次情報にあたる必要がある。なぜならば、自らの眼と身体を使って現場からデータを採取することで、自身の創造性を飛躍的に爆発させることができるためである。他人が調査した結果を閲覧するだけでは、デスクトップ調査によって情報を得る行為と大差はない。様々な現場を自身の眼と身体で見て回ることで、現場を自分事化することができる。たとえ、その場、その時のリアルタイムでの発見ができなくとも、自ら大量の写真や動画を記録しておくことで、現場での観察後に改めて発見が可能となる場合もある。

一次情報を得るためのフィールドは、ＰＥＳＴＬＥモデルを使って抽出された各要素に紐づくデータに関連する人や場所に基づいて設定する。例えば、ＰＥＳＴＬＥのうち、技術の分野である興味深い技術を開発している会社が見つかった場合、その技術の権威がインタビュー対象者となり、実際にその技術が使われている場所、その技術を用いて製品が生み出されている場所が観察対象となる。

なお、ＲＤＩを紡ぎ出すためのフィールド調査は、ユーザ中心デザインあるいは人間中心デザイン（ＨＣＤ）とは異なり、コンセプト構築以前にユーザを対象としたインタビューや観察を原則行わない。これは新たな意味を伴う製品のコンセプトをデザインする場合、既存の製品のユーザを観察しても、その製品のもつ意味を抜け出すことができず、漸進的な意味の変化、すなわち既存の製品の改良程度にとどまってしまうためである。

一方、ＲＤＩプロセスでは、リソースの発見から始まり、リソースを統合し、リソースの意味を急進的に変化させることで、新たな製品のコンセプトをデザインする。意味の急進的な変化とはすなわち、ある課題に関連した社会文化モデルの変化を意味する。社会文化モデルとは、現在の任意の社会、文化において広く受け入れられている価値や考え方を指す。例えば、任天堂Wiiが登場する以前、ゲームに関する社会文化モデルは、バーチャル世界でゲームをやり慣れた若者が受動的に夢中になれるようなゲーム機、というものであった。しかしながら、Wiiが登場したことによって、誰もが積極的に身体を使って楽しめるゲーム機、という新たなモデルへと急進的に移行したのである。

例えば、車の社会文化モデルの急進的な変化を実現するための製品をデザインする場合、車の専門家にインタビューを実施しても、ドライブ中の様子を観察しても、漸進的な意味の変化に関する課題の発見しかつながらない。これに対して、生物学やファッションの専門家にインタビューを実施したり、車以外の移動手段やサービスを観察することで、既存の製品のもつ社会文化モデルから逸脱した、急進的な意味の変化の兆しを発見することができるだろう。

フィールド調査は、観察とインタビューのそれぞれを計画する必要がある。観察の場合、どのような手法で、いつ、どこで、何を観察するかを計画する必要がある（表7・5）。一方、インタビューの場合、どのような手法で、いつ、どこで、誰に、どんな質問を投げかけるかを計画する必要がある（表7・6）。

観察の手法

観察には様々な手法が存在するが、目的に合わせて、構造型と半構造型を使い分ける。

実施日時	#現場観察を実施する日時を記述します。	
実施者	#現場観察を実施する人を記述します。	
実施場所	#現場に関する情報を記述します。	
観察目的	#観察の目的を記述します。	
観察対象	観察対象	観察結果
オペランド資源	#観察すべき対象（モノ・空間）をおおまかに記述しておきます。	
オペラント資源	#観察すべき対象（ヒト）をおおまかに記述しておきます。	観察結果

表7・5　観察計画表

実施日時	#インタビューを実施する日時を記述します。
実施者	#インタビューを実施する人を記録します。
実施場所	#インタビューを実施する場所を記述します。
インタビュー目的	#インタビューの目的を記述します。
インタビュー対象	#インタビュイーに関する情報を記述します
インタビュー設問	#目的に合わせて質問すべき項目をおおまかに記述しておきます。

表7・6　インタビュー計画

構造型とは、調査に先立ち、枠組みや形式を固めておくパタンを指し、調査課題が明確で、観察すべき環境や行動が事前に明らかな場合に利用できる。モノや空間であれば、ある現場に存在するモノに注目する観察手法「**アーティファクト分析**[*48]」、スキルやナレッジであれば、ある現場に存在する特定のヒト、あるいは現場の特定の場所を起点とした現象に注目する観察手法「**行動マッピング**[*49]」、ある特定の場所で起きている現象に注目する観察手法「**タスク分析**[*50]」と呼ばれる手法を活用できる。

一方、半構造型は、観察記録を文章、スケッチ、写真、ビデオ映像などを使って体系的にまとめるパタンを指し、調査課題が不明確で、観察すべき環境が観察者にとって馴染みのない領域を調査する場合に利用できる。例えば、観察すべき環境の内部に、その一員として入り込み、特定の行動、状況、文化を実際に経験することで、それらを理解しようと試みる**参与観察**、調査対象者の意識や行動に対して直接的な関与や介入をせずに、調査対象者の様子を記録する**フライ・オン・ザ・ウォール**と呼ばれる手法がこれにあたる。これらは、調査対象や目的に応じて適切に選択する必要がある。

観察手法が確定した後、観察対象を決定する。デスクトップ調査の内容を踏まえ、調査課題に基づいて観察場所を決定し、観察対象を選定する必要がある。

インタビューの手法

観察と同様に、インタビューにも様々な手法が存在する。ＲＤＩを紡ぎ出す新たな製品のデザインを目的としたデータを収集するためのフィールド調査の場合、半構造化インタビューが有効である。

インタビュー計画を立案する場合、まず、インタビュー対象を決定する。RDIを紡ぎ出す新たな製品のデザインを目的としたデータを収集するためのフィールド調査の場合、**専門家インタビュー**が有効である。専門家は、原則として、PESTLEモデルの結果得られたデータを踏まえたうえで設定する。代表的な専門家として、企業経営者、大学や研究所に勤務する研究者、デザイナ、エンジニア、アーティスト、さらには、コンサルタントなどが挙げられる。いずれの対象であっても、インタビュー対象者の経歴、専門、最近の活動について、事前に調査したうえで設問を設計する必要がある。

専門家は当然ながら、チーム、および、社内外のネットワーク内に存在している方が、インタビューのアポイントメントもとりやすい。既存の社外ネットワーク内に課題に対応する専門家が存在しない場合であっても、パートナーの拡大の機会として積極的に活用する。

専門家インタビュー

専門家は、当該分野の現在のトレンドや今後の方向性に関する独自の意見をもっている。現在の社外ネットワークにそのような専門家がいないのであれば、課題に合わせて新たな専門家を社外ネットワークに加わってもらう良い機会となるだろう。専門家は何も、課題に直接関係する専門家である必要はない。全く異なる分野の専門家から思わぬヒントを得ることもできるためだ。

フィールド調査を実施中、フィールドの中でインタビューを実施する必要が生じる場合がある。例えば、ある現象に対する説明を求めるといった場合である。このようなインタビューは現場で実施されるため、インタビュー可能な時間、インタビュイーとの信頼関係など、様々に前提条件が異なる。また、フィールド調査の実施期間によっても、選択可能な手法が異なる。原則として、フィールドで出会う他者との自然の会話の中で行われるインタビューである**エスノグラフィック・インタビュー**[*51]とエスノグラフィック・インタビューのもつ、信頼性の問題に着目した**コンテクスチュアル・インクワイアリ**[*52]の二つの方法から実施期間に合わせて選択する。

最後に、インタビューの設問内容を決定する。デスクトップ調査の内容を踏まえながら、調査課題とインタビュイーの特性に合わせた質問を設計する必要がある。

フィールド調査の計画が完成した後、いよいよフィールド調査を実施する。実施の際には、様々なメディアを通じて可能な限り詳細にデータを記録しておく必要がある。記録の形式は、テキスト、音声、写真、動画を適宜組み合わせて行う。ここではこれらのデータを記録するにあたって、フィールド調査を実施する場合に有用であったいくつかのデバイスも紹介しておきたい。

観察時には、デジタルカメラは必需品である。記録をするにあたって、とにかく多くの写真を撮ることが重要である。動画の場合、再度見直すには時間がかかりすぎるため、インタビューや一部の重要なシーン以外は写真で記録する。写真を撮る場合にも、なるべく俯瞰で撮影することが重要である。高解像度かつ被写体から離れて撮影することで、多くの情報量が写真の中に埋め込まれることになる。フィールド調査後に写真を見直していく過程で思わぬ発見もあるためだ。

また、ボイスレコーダも積極的に活用する。インタビューの文字起こし用に利用できるだけではなく、自分用のボイスメモにも活用できるためだ。ボイスレコーダを二つ用意すれば、インタビューデータと自分のメモ用に使い分けることができ、データの整理が用意になる。

もちろん手書きのメモも重宝する。クリップボード等にA４の紙を挟んで利用すれば、どこにいても立ちながらでもメモをとることができる。手書きのメモデータは、フィールドワークの最中から適宜時間を見つけてはデジタルデータ化しておく必要がある。人間の記憶ほど信用できないものはなく、ありありとした情景を思い返すことができるうちに、可能な限り詳細にわたってデータ化しておくことで、フィールド調査終了後、即座にリソースの整理が可能である。

Wanicの場合、プロジェクトの開始直前に東ティモールでの観察を行った。首都ディリからスタートし、山岳地帯に位置する非電化地帯であるボボナロ県を中心にいくつかの非電化村を訪れ、そこで実際に生活する人々の暮らしを観察した。具体的には、非電化環境における住宅、医療施設、村で開催されるバザール、現地の人々の主な収入源である農業の現場などを観察し、暮らしの中で利用されている道具、技術、文化など、様々な対象を記録した。また、余剰リソースとしてのココナッツを発見したのも、東ティモールでのフィールド調査中の出来事であった。また、現地の様々な場所で、様々な人々に対してエスノグラフィック・インタビューを実施した。具体的には、大学教授、世界銀行スタッフ、非電化の農村で暮らす人々、NGOで働く現地スタッフなどに対してインタビューを実施し、彼らの生活における実際の課題を多角的に把握することができた。さらに、帰国後に、複数の研究者、実務家を対象に専門家インタビューを実施することで、醸造、蒸留、ココヤシに関する知識を獲得することができた。

DAY6 リソースの整理

DAY6では、**リソースを整理する**。DAY2、3で把握した現在のリソース、およびDAY4、5で発見した新たなリソースを整理したのち、これらのリソースを制約条件として、DAY1で設定した調査課題に対して提案可能な新たな価値のアイディア群を紡ぎ出すことを目的としている。

DAY6では、二つのタスクを実行する。

タスク1　リソースを整理する
タスク2　アイディアを整理する

タスク1では、**リソースを整理する**。DAY4、5を通じて新たに発見したリソースを、DAY2、3で整理した四つのリソースのカテゴリ（表7・7）に振り分けていく。

タスク2では、**アイディアを整理する**。ここでいうアイディアとはデータの分析を経て導き出された知見を指す。タスク1で整理したリソースは、フィールド調査を通じて現象として表出したデータそのものである。一方、タスク2で整理するアイディアは、データに基づいて自らが構成したリソースであり、両者は明確に異なる。

チーム・メンバ	アイデンティティ・哲学

パートナー	パートナー概要

オペラント資源	アクター	オペラント資源の概要

オペランド資源	アクター	オペランド資源の概要

表7・7　リソース整理テーブル

デザイン機会	アイディア

表7・8　アイディア整理テーブル

タスク2では、タスク1で整理した自社およびパートナーのもつオペラント資源およびオペランド資源を踏まえ、チームの哲学、アイデンティティを保ちつつ、調査課題において新たな価値を提案可能な対象としてのデザイン機会、さらにはデザイン機会に対して提案可能な新たな価値のアイディアを紡ぎ出す（表7・8）。この過程で利用可能なデータ分析方法として、**テキスト分析**、**認知マップ**、**アクター・マップ**を紹介する。

アイディアの技術的な検証が必要な場合、アイディアを実際に形にしたうえで分析を行う。ヒューマン・コンピュータ・インタラクション（HCI）研究者であるビル・バクストンの言うところの**ハードウェア・スケッチ**である。[*53] バクストンは、アイディアを形にする作業とコンセプトを形にする作業を明確に区分している。彼は前者をスケッチング、後者をプロトタイピングと呼んでいる。スケッチングは、コンセプトを探索するための過程であり、プロトタイピングはコンセプトを洗練させるための過程である。

テキスト分析

テキスト分析は、インタビューデータに基づいて、データに立脚した仮説生成を行うことを目的とした分析手法である。テキスト分析は、バーニー・グレイザーとアンセルム・ストラウスが一九六〇年代に考案した質的調査の一つの手法であるグラウンデッド・セオリー・アプローチ（Grounded Theory Approach）[*54] を木下らがより実践的に改良した手法である**修正版グラウンデッド・セオリー・アプローチ**（以下、M-GTA）[*55] を参考にしている。M-GTAは、研究者（観察者）の問いを明らかにしたうえで、インタビューや観察を行い、その結果を書き起こしたテキストを分析し、データに立脚した仮説や理論を構築することを目的としている。

まず、フィールド調査に出かけ、インタビューを通じてデータを採取する。次に、インタビューを通じて得られた音声データの文字起こしを行い、テキストデータ化する。分析の過程では、分析者の注意を引くキーワードやキーセンテンスを**具体例**（ヴァリエイション、Variation）として収集する。類似の具体例について、**概念名**（コンセプト）をつけ、いくつかの概念を包括するカテゴリを作成する。場合によっては、概念やカテゴリなどの関係を捉え、暫定的なモデルを構築する（図7・1）。

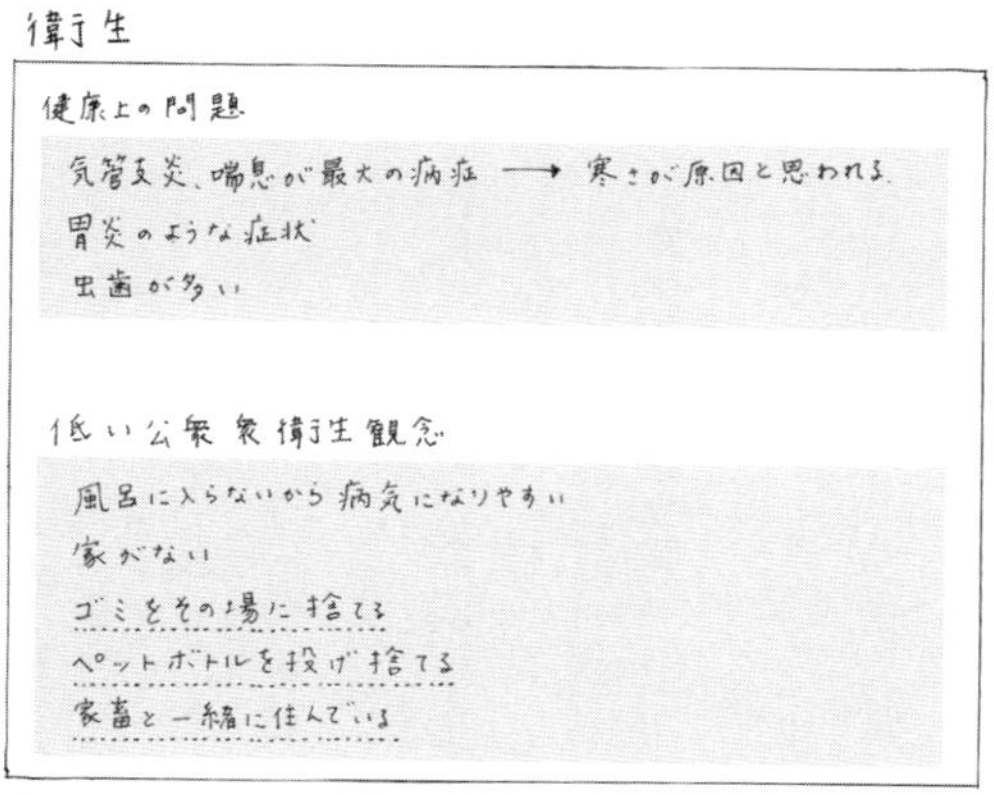
衛生
健康上の問題
気管支炎、喘息が最大の病症 → 寒さが原因と思われる
胃炎のような症状
虫歯が多い
低い公衆 衆衛生観念
風呂に入らないから病気になりやすい
家がない
ゴミをその場に捨てる
ペットボトルを投げ捨てる
家畜と一緒に住んでいる

図7・1　東ティモールでのフィールド調査2010夏をもとに抽出された概念とカテゴリ（一部抜粋）。下線（点線）は観察を通じて得られたデータを指す

認知マップ

認知マップは、インタビューデータ、観察データに基づいて、情報を視覚化するための手法である。[*56] 認知マップを用いることで、調査結果を体系的に整理することができるだけではなく、多様な概念の関係性を明らかにすることができる。認知マップ

は、本来、意思決定ツールとして考案されたため、戦略の方向性を定めるための情報提供に利用できる。

認知マップは、テキスト分析によって抽出された概念を用いて作られるモデルの一つとして利用できる。まず、テキスト分析によって抽出された概念を抽出する。次に、個々の概念どうしの関係を、矢印を使って記述していく。矢印は、因果関係、相関、あるいは暗示など様々なパタンが存在する。最も矢印が集まった、すなわちリンクが張られている概念が、最も重視すべき概念となる（図7・2）。

アクター・マップ

アクター・マップは、インタビューデータ、観察データに基づいて、一つの製品に関連するアクターを特定し、それらの関係性を明らかにすることを目的とした分析手法である。*57 まず、取得したデータをもとに、アクターを可能な限り洗い出す。そのうえで、それぞれの現在の関係性を整理する。アクター・マップを通じて、現状の課題や改善点に関する知見を得ることを狙いとしている。アクターごとに再度タスク分析を行うことで、アクターごとの課題も抽出できる。

本フェーズでデザインしたアクター・マップは、DAY9において、サービス・エコシステムをデザインする際に活用できる。新たな製品やサービスをデザインし、それらを中心とするサービス・エコシステムをデザインする場合、既存のアクターをリソースとして捉えることで、

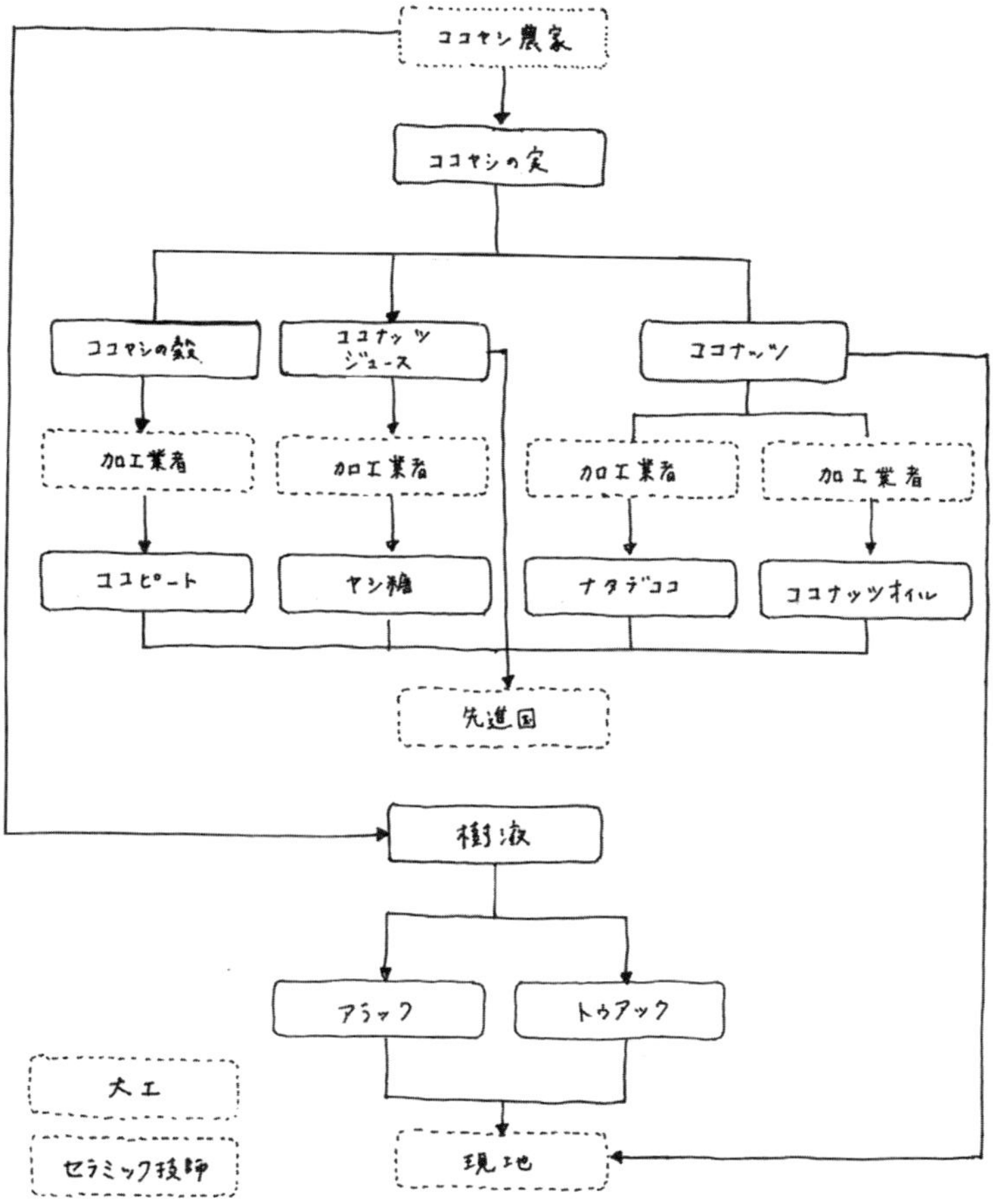

図7・2　東ティモールでのフィールド調査2010夏において抽出された概念をもとに作成された認知マップ。点線の矩形は仮説とその影響を示す

エフェクチュアルなシステムを構築できるためである。さらに、既存のアクターに加えて、新規のアクターを追加し、あるべき理想のサービス・エコシステムをデザインしたうえで、仮説としてのビジネスモデルをデザインすることもできる。このような意味では、アクター・マップは分析手法であり、プロトタイピング手法とも言える（図7・3）。

Wanicの場合、特に東ティモールでのフィールド調査後に、テキスト分析を中心とする分析を行った。東ティモールでのフィールド調査は初期に二回実施しており、第一回のフィールド調査実施後、テキスト分析を用いて、現地の現象を構造化し、発見した事業機会は、現金収入の向上という点では現在と変化していない。しかしながら、そのためのアイディアは、バナナの葉や竹を用いてデザインする容器やカゴというものであった。この着想に基づいて、手工芸に関する文献調査を実施しただけではなく、スケッチングの観点から、実際に竹を用いてカゴや容器をデザインする方法を検討した。その後実施された第二回のフィールド調査において、ココヤシを用いて、容器やカゴを作る技術が一般的に普及していることがわかった。製品が普及しているにもかかわらず、目的である現金収入に貢献できていないことがわかった結果、このアイディアは棄却された。

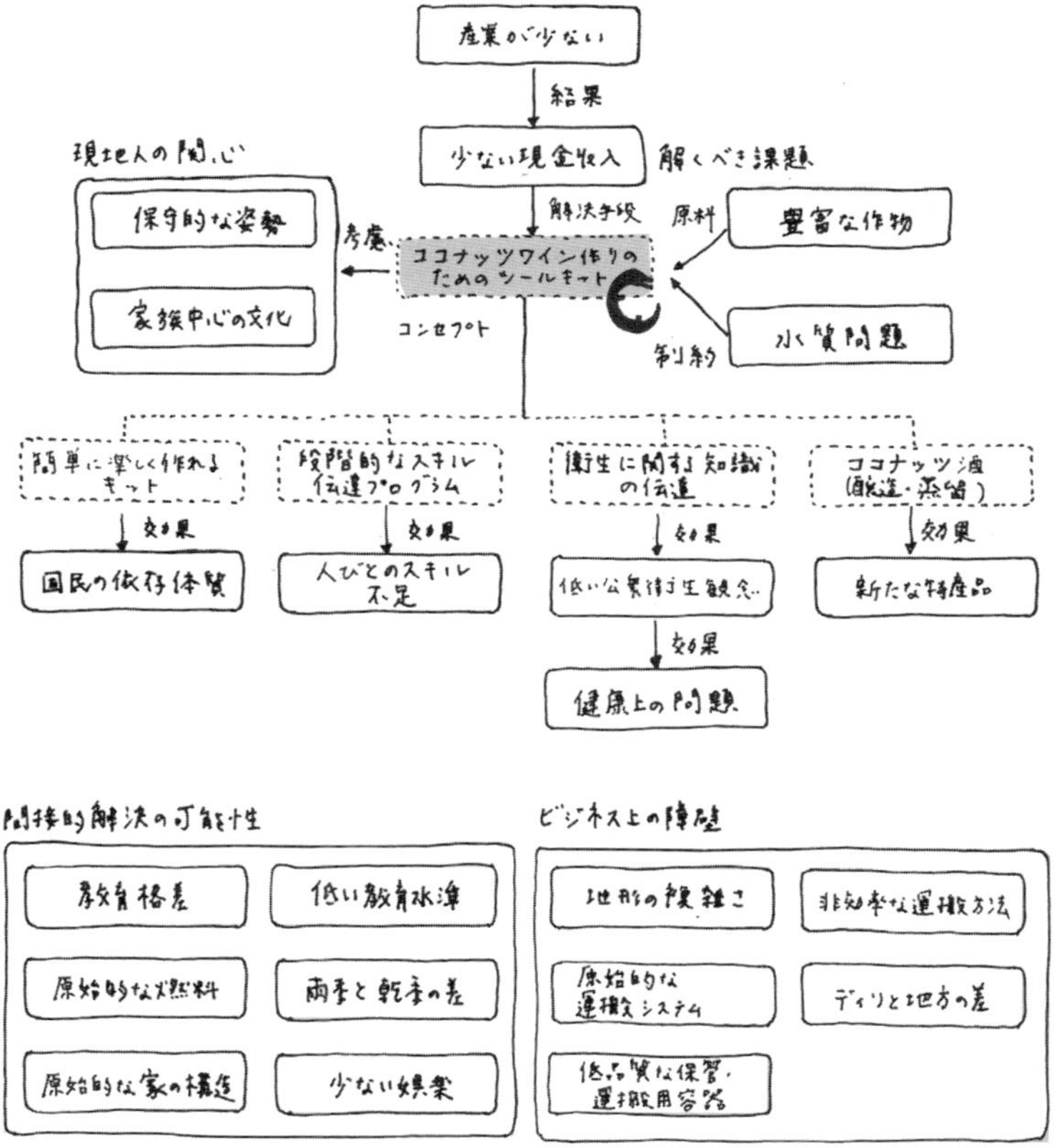

図7・3　東ティモールでのフィールド調査2010夏において抽出された概念をもとに作成されたアクター・マップ。点線の矩形はヒトに関係する要素を示し、実線の矩形はモノに関する要素を示している

第8章　人材をデザインする〈2〉──リソースの統合のための6ステップ

本章では、人材育成カリキュラムのフェーズ2を扱う。フェーズ2のゴールは、リソース・ドリブン・イノベーション（RDI）を紡ぎ出すための四つのデザイン対象の**初期値の設定**である。チームはすでに現在のリソースを把握し、さらにはデスクトップ調査、フィールド調査を経て、新たなリソースを発見した。これらすべてをリソースとして統合し、デザイン機会を同定し、顧客の課題に対する新たな価値を提案する、新たな製品のコンセプト、顧客体験、サービス・エコシステム、ビジネスモデルの初期値を設定する。

フェーズ2は、五つのステップで構成されている。

DAY7　コンセプトを紡ぎ出す
DAY8　顧客体験を紡ぎ出す
DAY9　サービス・エコシステムを紡ぎ出す
DAY10　ビジネスモデルを紡ぎ出す

本章では、これら五つのステップと、各ステップに含まれるタスクについて解説をしていく。また、タスクを実行するにあたってのツールやメソッド、さらには背後にある理論、ケーススタディも併せて紹介する。

DAY7 コンセプトを紡ぎ出す

フェーズ1DAY6では、調査課題の中からデザイン機会を抽出した。DAY7では、整理したアイディアを用いて**新たな製品のコンセプトを紡ぎ出す**ことを目的としている。

DAY7では、実行するタスクは二つ存在する。

タスク1 顧客の課題（ペイン）を同定する
タスク2 課題（ペイン）に対する企業からの価値を提案する

タスク1では、フェーズ1DAY6で発見したデザイン機会の中から**取り組むべき課題を選定する**。課題を選定することで、自ずと対象となる顧客も紡ぎ出される。

ここでいう課題とは顧客のペインを指す。ペインは顧客が抱えるものであり、三つのパタンが存在する。

第一のパタンは、望ましくない結果をもたらすという場合である。例えば、機能的に望ましくないとは、ある機能が適切に作用しない状態を指す。また、感情的に望ましくないとは、ある機能によって不快な気分が生じる状態を指す。

第二のパタンは、顧客にとっての障害がある場合である。値段が高い、時間が不足するといった状態を指す。

第三のパタンは、リスクである。例えば、信頼を失う、機密保護違反といった状態を指す。

ペインを選定する際には、その深刻さや解決できた場合の影響の度合いを踏まえる必要がある。深刻さについては、レベル別にソートし、深刻度の高い課題を選択することが望ましい。また、ペインどうしで相関関係や因果関係が見込める場合は、一つのペインを解決することで複数のペインを解決できるようなレバレッジ・ポイントとなるペインを選定することで、より広範囲に影響を及ぼすことができるだろう。

フェーズ1DAY1では、トップ・ダウンで提示された調査課題、あるいはチームがボトム・アップに導き出した調査課題からプロジェクトを開始した。しかしながら、デスクトップ調査やフィールド調査を通じて取得したデータ、さらには分析を通じて導き出されたアイディアを眺めてみると、プロジェクトの初期に設定された調査課題から直接解を導き出すことができない場合がある。その場合、調査課題から解決すべき具体的な課題へと課題そのものを再定義する。

Wanicの場合、東ティモールでフィールドワークを実施する段階では、「非電化地域で暮らす人々のための製品をデザインする」という抽象的な調査課題しか決まっていなかった。しかしながら、デスクトップ調査やフィールド調査を経て、現地の人々がもつ差し迫った状況を踏まえ、「非電化地域で暮らす人々の現金収入不足」というペインを選定した。ここでは、現金収入不足の現地の人々というターゲットとなる顧客が自ずと紡ぎ出されている。

タスク2では、フェーズ1DAY6で整理したリソースを統合し、**新たな製品のコンセプトをデザインする**。企業は、顧客のもつ課題の解決を目指して、新たな製品を通じて新たな価値を提案するようなコンセプトをデザインする必要がある。

ここで言うコンセプトとは、課題を解決するための具体的な方法とその構造を指す。ここで利用するリソースは、フェーズ1のDAY3で把握した、社内外のオペランド資源およびオペラント資源、DAY4、5で獲得したマクロ環境に関するデータおよび現場に関するデータである。これらのリソースを突き合わせながら新たな製品のコンセプトを紡ぎ出す。

デザイン・ドリブン・イノベーション

新たな製品のコンセプトを構築する場合、製品のもつ意味に着目したイノベーション・モデルである**デザイン・ドリブン・イノベーション**を利用できる。デザイン・ドリブン・イノベーションは、ミラノ工科大学のロベルト・ヴェルガンティが提唱した、製品に新たな意味づけを行い、それらのもつ意味を急進的に変化させ、新たな価値を伴う製品をデザインするというアプ

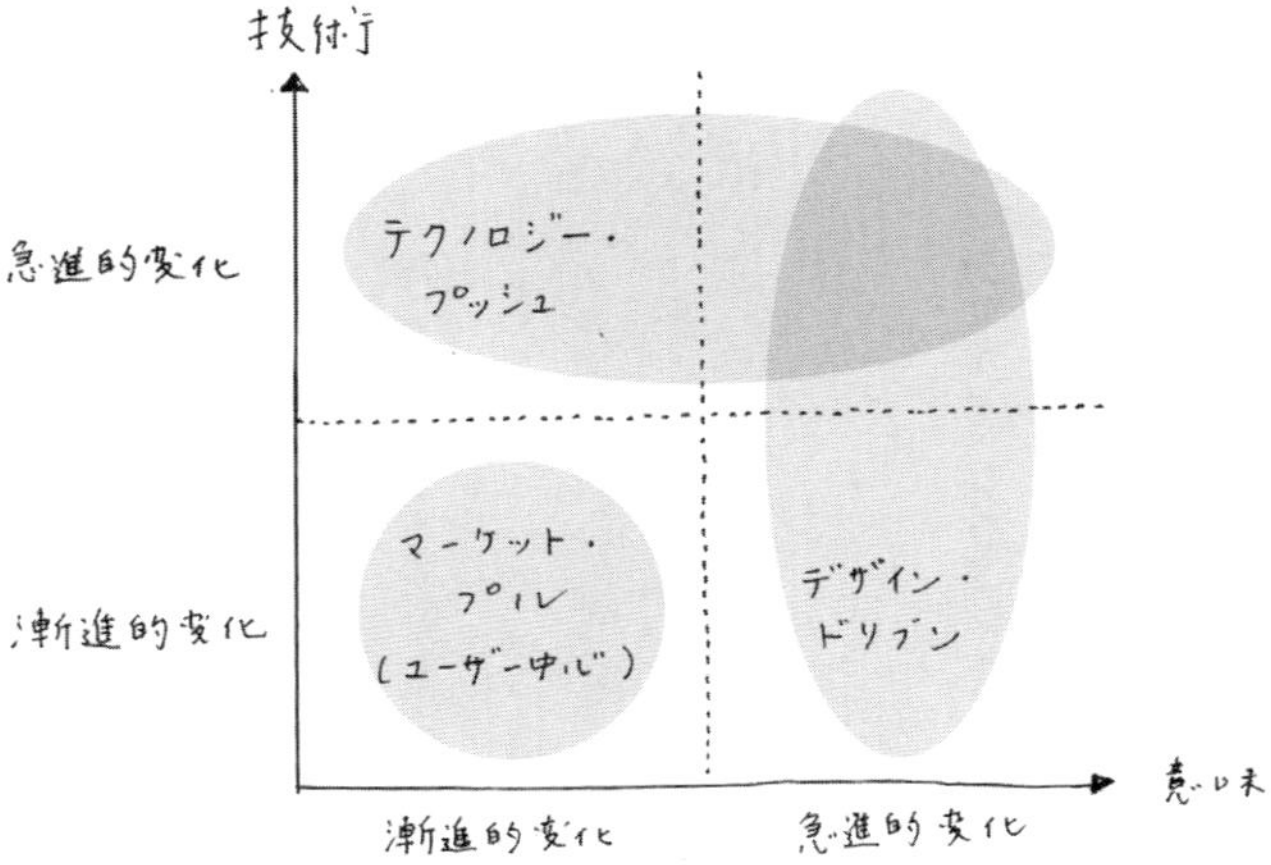

図8・1　デザイン・ドリブン・イノベーションのモデル（参考文献58をもとに作成）

ローチである。[*58] ここでいう「新しい意味」とは、製品を表現する色、形、素材、テクスチャなどの製品言語や、そのような特徴をもつ製品に関する製品体験によって表される社会文化モデルを指す。

デザイン・ドリブン・イノベーションのモデルを、ヴェルガンティは技術の軸と意味の軸を用いて説明している（図8・1）。このモデルは、従来のイノベーション・モデルである**テクノロジー・プッシュ**と**マーケット・プル**も併せて説明している。例えば、技術の急進的変化の領域は、研究開発によってイノベーションを牽引するテクノロジー・プッシュを意味している。一方、技術の漸進的変化と意味の漸進的変化の領域は、ユーザのニーズをより的確な分析を通じた製品の改善によってイノベーションを牽引するマーケット・プルを意味している。

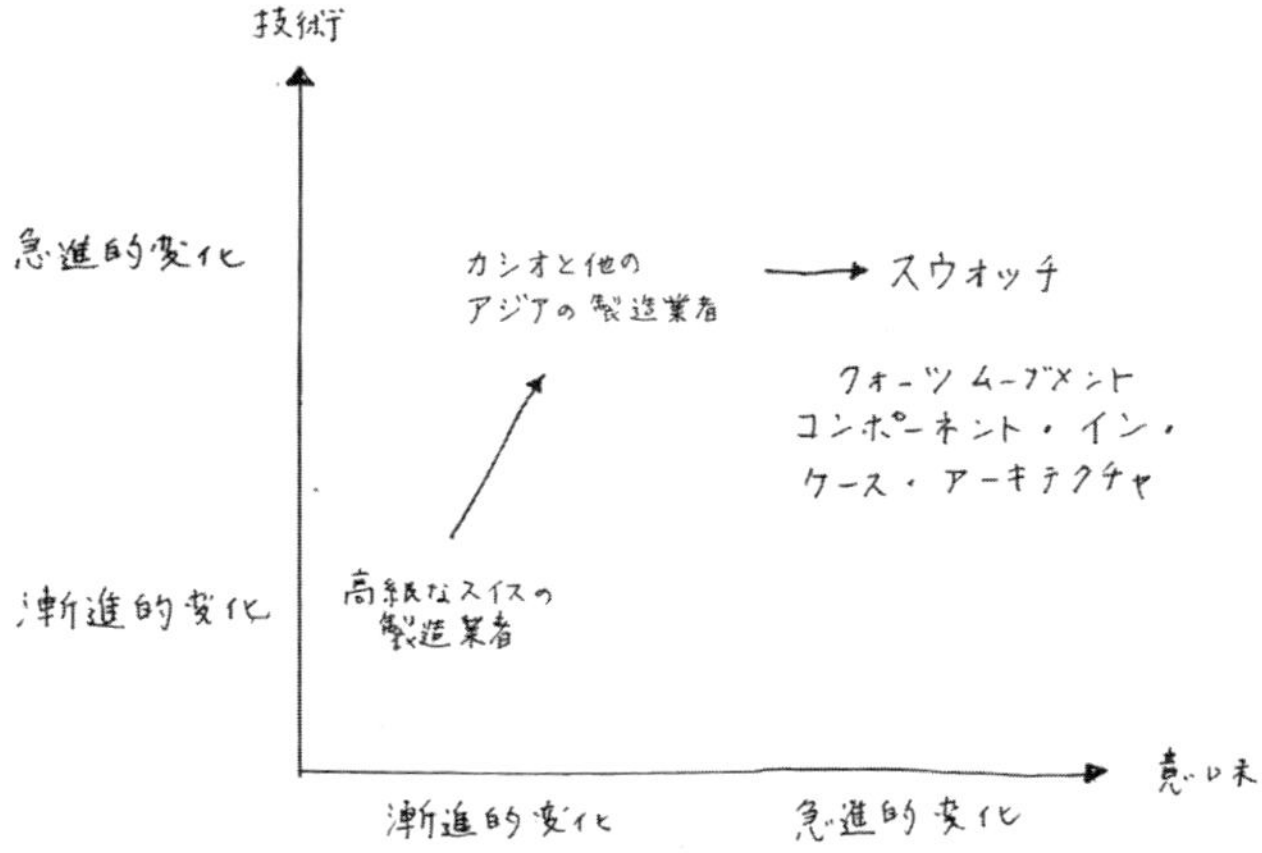

図8・2　時計産業におけるデザイン・ドリブン・イノベーション
（参考文献58をもとに作成）

これに対して、意味の急進的変化の領域が、デザイン・ドリブン・イノベーションを意味する。

例えば、このモデルを用いて時計産業におけるイノベーションの系譜を説明することができる（図８・２）。スイスの高級時計の製造業者が意味と技術の漸進的変化の領域にとどまっていた一方、カシオやその他のアジアの製造業者は、クオーツ、ＬＥＤディスプレイ、ＬＣＤディスプレイ技術を用いて、従来の宝飾品としての腕時計に対して、「道具としての腕時計」という新たな意味づけを行った。さらに、スウォッチは、道具としての腕時計から、ファッションとしての時計へとその意味を急進的に変化させた新たな製品をデザインすることで、新たな市場を創造したのである。

ユーザ中心デザインの陳腐化

ヴェルガンティによれば、昨今、ユーザ中心デザインと呼ばれるアプローチはマーケット・プルの一種とみなされる。二〇一〇年代の現在において、どの企業もユーザ中心デザインのアプローチを採用している。このような現象は、一九八〇年代にあらゆる企業がTQC（Total Quality Control、全社的品質管理）を標榜し、品質管理に躍起になっていたことを想起させる。現在、もはや品質だけでは競争的状況を破壊できると考える企業はいないように、ユーザ中心デザインは陳腐化しつつあり、やがてこのようなアプローチだけに注力していても、競争的状況を破壊できるような製品をデザインできると考える企業はいなくなるだろう。

それ以上に、ユーザ中心デザインは、意味の急進的な変化をもたらすことは原理的に困難であるという問題を内包している。なぜならば、ある製品を使うユーザの姿を観察しても、その製品がもつ既存の意味に対して疑問を投げかけることはできず、むしろ既存の意味を強調してしまうためだ。例えば、ランプを使用し、バルブを取り替え、スイッチを入れたり、消したりする様子を観察していても、バルブ交換やスイッチの操作の改善にとどまってしまう。急進的な意味の変化を伴うランプをデザインするためには、全く別のアプローチが必要なのである。

ラディカル・イノベーション・モデル

この全く別のアプローチこそ、デザイン・ドリブン・イノベーションを継承した「ラディカ

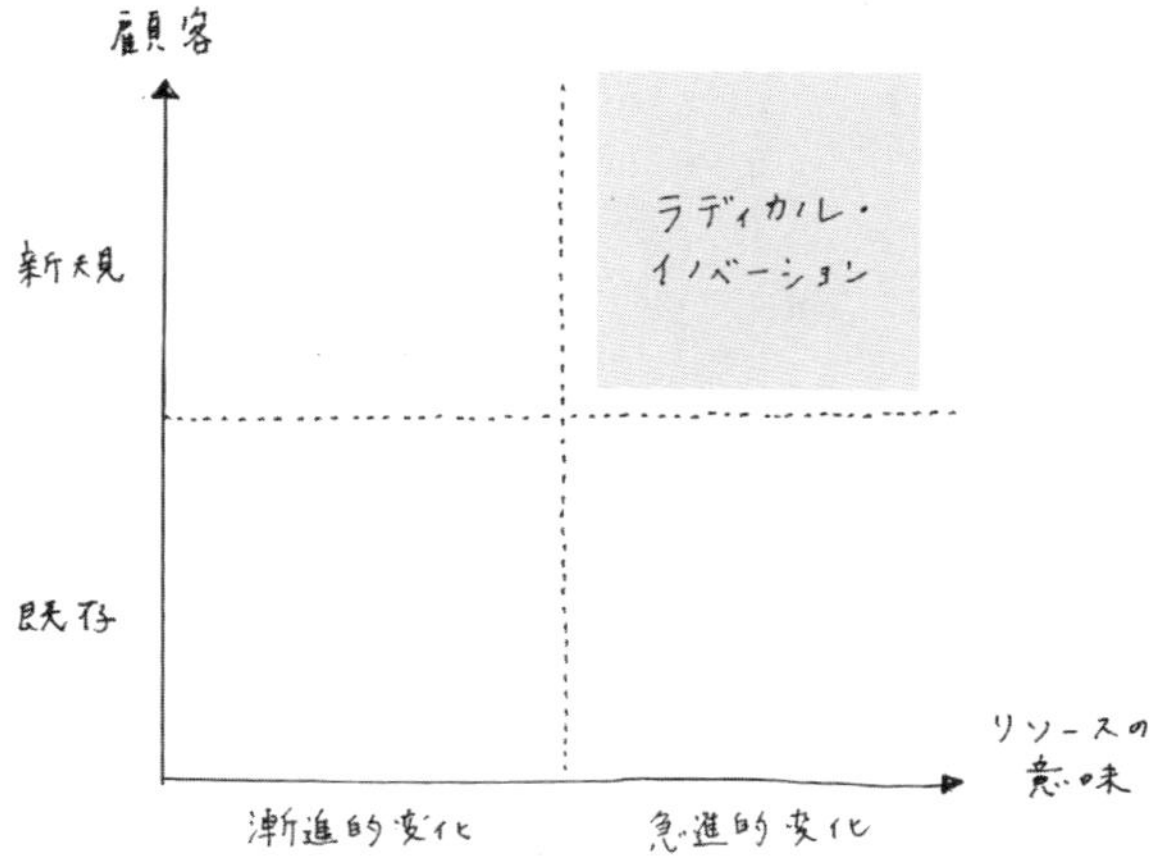

図8・3　リソースの意味の急進的変化

ル・イノベーション・モデル」である。意味と顧客の二軸で構成されるラディカル・イノベーション・モデルを利用することで、新たなカテゴリの製品のコンセプトを構築する（図8・3）。ラディカル・イノベーション・モデルを用いた新たなコンセプトの構築のための最初のステップは、意味を急進的に変化させるリソースの決定である。続いて、その意味を急進的に変化させる。

意味の軸は、リソースのもつ意味の変化の度合いに関する軸である。現在社会一般の人々がもつ、そのリソースに対して抱いている意味を変化させることがない、あるいは抱いている意味をわずかに変化させる程度であれば、漸進的変化の領域にとどまる。一方、現在そのリソースに対して抱いている意味から大きく逸脱する場合、急進的な変化の領域に属する。例えば、従来、時間を確認するた

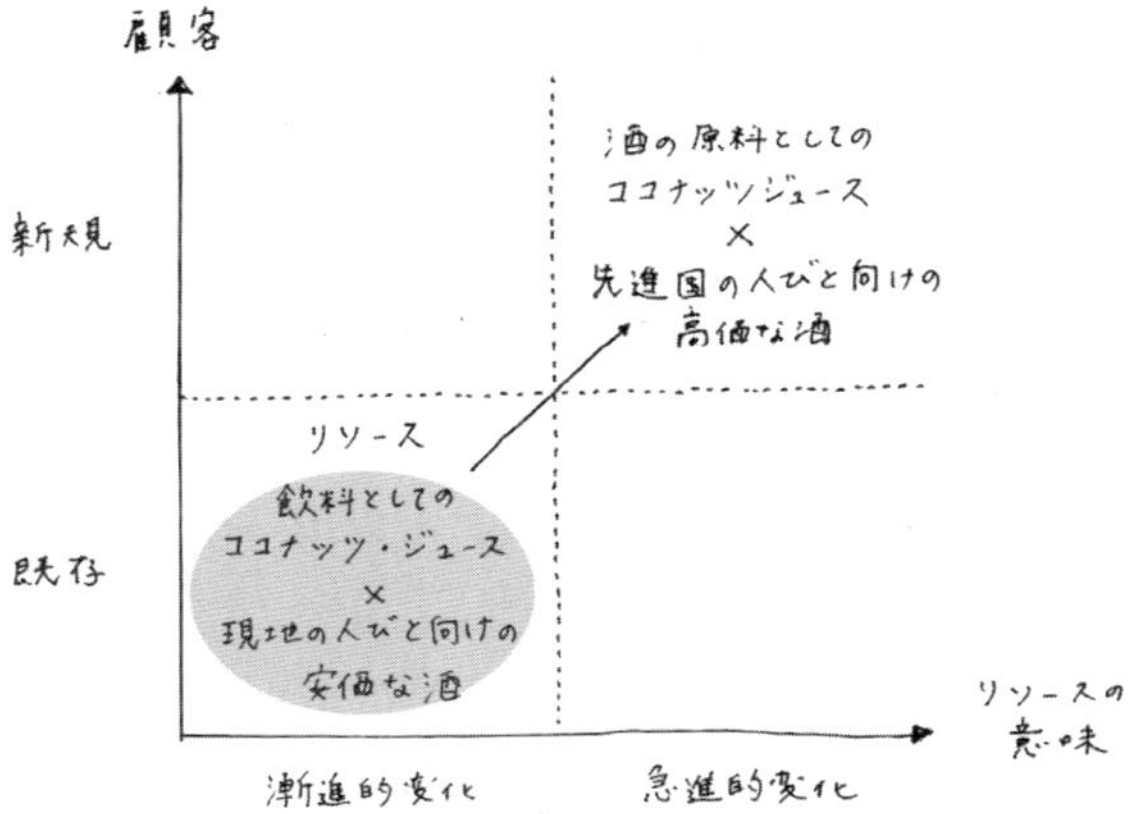

図8・4　Wanicにおけるリソースとその意味の急進的な変化

めの道具として考えられていた時計の場合、時間を確認するという道具としての意味にとどまれば、漸進的変化の領域に属する。しかしながら、ファッションアイテムとしての意味を時計に付与したとたん、急進的変化の領域に属することになる。

顧客の軸は、想定顧客に関する軸である。既存の製品カテゴリと同様の顧客に新たにデザインした製品を投入する場合、既存の領域にとどまる。また、新たなカテゴリに属する製品をデザインし、新たに顧客を創造する場合、新規の領域に属することとなる。例えば、従来エンジニア向けに売られていたある製品の場合、エンジニアが既存顧客の領域にあたる。一方で、医者向けにこの製品を売ろうとする場合、新規顧客の領域にあたる。

Wanicの場合、その意味を急進的に変化させようとしたリソースは、東ティモールで発見した路上で大量に売れ残ったココヤシである。ココヤシをリソースとして、その意味を急進的に変化させることで、新たなカテゴリに属する製品のコンセプトを構築した。具体的には、ココナッツというリソースに関する二つの意味を急進的に変化させた（図8・4）。従来ココナッツ・ジュースは、現地の人々の喉を潤す安価な水分供給源という意味をもっていた。これに対して、フレッシュWANICでは、醸造酒の原料へとその意味を急進的に変化させた。また、従来ココヤシ由来のヤシ酒は現地の人々が飲む安価な酒という意味をもっていた。これに対して、フレッシュWANICは、先進国の人々向けの高価な酒へとその意味を急進的に変化させたのである。このように、リソースのもつ意味を変化させ構築したフレッシュWANICのコンセプトは、「現地の農家からココナッツを買い入れ、ココナッツ・ジュースを醸造して作られる、先進国から来た顧客向けの果実酒」と記述できる。

新たなカテゴリを創出する製品のコンセプトをデザインする場合、原則、自社のリソースを活用できる領域から開始することが望ましい。なぜならば、すでに十分な経験をもった領域のほうが、自社にストックされたスキルやナレッジ、さらには既存のネットワークなどの自社のリソースを最大限に活用できるためだ。これに対して、全く異なる領域に踏み込む場合、リソースの拡大から始める必要がある。具体的には、その領域に長けた人材を新たに採用し、チームに参加してもらう、あるいはパートナー企業を探すなど、共同関係を構築する必要がある。

Wanicの場合、チームメンバは、酒造りの経験のある者は誰一人としておらず、チームにリソースがない状態であった。したがって、チームのリソースを拡大するために、複数の専門家インタビューを実施し、酒造りの知識やノウハウを獲得した。また、プロジェクトが進むにつれて、酒造りの精度を上げるために、酒造りのパートナーのもとへ弟子入りすることで、チームのリソースのさらなる拡大を目指した。

DAY8 顧客体験を紡ぎ出す

DAY8では、新たなカテゴリに属する製品のコンセプトをデザインしたのち、価値提案プロセスにおいて求められる**魅力的な顧客体験を紡ぎ出す**。顧客体験のデザインを通じて、コンセプトをより具体化するだけではなく、ZMOT（Zero Moment of Truth、第3章参照）への訴求、すなわちブランドをより精緻化することを目的としている。

DAY8では、実行するタスクは三つ存在する。

タスク1　ペルソナをデザインする
タスク2　ストーリー（顧客）をデザインする
タスク3　ストーリー（企業）をデザインする

ペルソナのデザイン

タスク1では、DAY7で想定した顧客をより具体化するために、**ペルソナをデザインする**。ここでは、課題をもちつつも抽象的な存在であった顧客について、ステップバイステップで具体性をもたせていく。

ターゲットとなる顧客は、既存のリソースに関連した顧客とは異なる新たなカテゴリの顧客であることが望ましい。なぜならば、新たなカテゴリの顧客を設定することによって、競争を回避することができるためである。

Wanicは、顧客の軸については、先進国に新たな顧客を創造している（図8・4）。ココナッツの原産国には、ココナッツの樹液から作るトゥアック（Tuak）や、トゥアックを蒸留させて作るアラック（Arak）と呼ばれるココナッツ由来の酒が存在する。これらは、現地の人々をターゲットとして、彼らが日常的に飲む低価格帯で取り扱われている。この価格帯に同じくココナッツ由来の製品を投入してしまっては競争を生じさせ、結果、現地の経済に少なからずマイナスの影響を与えてしまう。そこで、既存の製品と競合することなく、地元の経済へのマイナスの影響もなく、先進国の人々を顧客とした高価格帯の新たな製品をデザインしたのである。また、チームのメンバ全員が先進国出身であり、大半のメンバの生活の拠点は日本であったため、利用可能なリソースが日本に集中していたというエフェクチュアルな要因も存在する。

新たなカテゴリを創出する製品の顧客の軸がデザインできたならば、ターゲットとなる顧客を具体的にデザインする必要がある。なぜならば、同じ新たな顧客であっても、その具体的なカテゴリや特徴を規定することなくして、具体的な顧客体験をデザインできないためである。

イノベーション採用者カテゴリ

ターゲット顧客の顧客体験をデザインするにあたって、ロジャーズの**イノベーション採用者カテゴリ**が参考となる。ロジャーズはイノベーションの採用者を五つのカテゴリに分類している[*59]。

最初のカテゴリは、**イノベータ**（革新者）である。イノベータは、新しいアイディアへの関心が高く、地域の仲間のネットワークから離れて、よりコスモポリタンな、すなわち外部のネットワークとの社会的関係を求める、すなわち外部の社会システムを志向する。イノベータの際立った特徴は冒険好きなことであり、社会システムの境界外からイノベーションを導入し、イノベーションの採用を開始する。イノベーション採用時点での平均値からマイナス2シグマ以下の二・五％がイノベータにあたる。

第二のカテゴリは、**アーリー・アダプタ（初期採用者）**である。アーリー・アダプタは、イノベータに比べてローカライト、すなわち地域内部の仲間のネットワークとの社会的な関係を求める。潜在的な採用者は、イノベーションについての情報をアーリー・アダプタから入手しようとする。アーリー・アダプタの特徴は、仲間からの尊敬を獲得し、新しいアイディアを上手にしかも思慮深く利用する体現者的な存在である。イノベーション採用時点での平均値からマイナス1シグマとマイナス2シグマの間に属する一三・五％がアーリー・アダプタにあたる。

第三のカテゴリは、**アーリー・マジョリティ（初期多数派）**である。アーリー・マジョリティは、社会システムの成員の半数が採用する以前にイノベーションを採用する。アーリー・マジョリティの特徴は、慎重さにあり、イノベーション決定期間は、イノベータやアーリー・アダプタと比較して、相対的に長期となる。ムーアによれば、アーリー・マジョリティは、実利主義者であり、効率、安定といった要素を好む。イノベーション採用時点での平均値とマイナス1シグマの間に属する三四％がアーリー・マジョリティにあたる。

第四のカテゴリは、**レイト・マジョリティ（後期多数派）**である。レイト・マジョリティは、社会システムの成員の半数が採用した後にイノベーションを採用する。レイト・マジョリティの特徴は、疑い深さにあり、社会システムのほとんどがイノベーションを採用するまで、採用しようとはしない。イノベーション採用時点での平均値とプラス1シグマの間に属する三四％がレイト・マジョリティにあたる。

最後のカテゴリは、**ラガード（後期採用者）**である。ラガードは、最後の一六％にあたり、社会システムの中でイノベーションを最後に採用する人々である。ラガードの特徴は、因習的な価値観にあり、概ねイノベーションに対して懐疑的である。

採用者カテゴリは、社会経済的地位、人格、コミュニケーション行動においてその特質が異なることが知られている。例えば、アーリー・アダプタとラガードを比較した場合、アーリー・アダプタは、長期の学校教育を受けており、読み書き能力が高く、社会的な地位が高く、社会的流動性が高い。また、人格については、感情移入が高く、独善的ではなく、抽象概念に対処する能力が高く、合理的であり、科学に対して好意的な態度をもっている。さらに、コミュニケーション行動については、多くの社会参加をしており、コスモポリタンであり、マスコミへの接触が多く、オピニオン・リーダーシップの度合いが強い。このような各カテゴリの特徴を踏まえ、顧客を選択し、顧客に対する戦術をデザインする必要がある。

ＲＤＩを紡ぎ出すための新たなカテゴリの製品のためのターゲット顧客をデザインする場合、まず攻めるべき採用者カテゴリとして、イノベータあるいはアーリー・アダプタを選定する。なぜならば、これらの採用者で構成されるニッチ市場において、顧客とともに製品の完成度およびブランド価値を高める必要があるためである。ニッチ市場において土台を作ったのち、アーリー・マジョリティやレイト・マジョリティで構成されるメインストリーム市場に打って出るという戦略である。

実際に、イノベータあるいはアーリー・アダプタに属する具体的なターゲット顧客をデザインするにあたって、本ステップではペルソナを用いる。

ペルソナをデザインする際には、DAY7で設定したターゲット顧客に対してインタビューを実施することが望ましい。半構造化インタビューを通じて、課題に関連する顧客の態度、知識、行動、関心、ゴールなど、ターゲット顧客の属性を抽出していく。

ペルソナの属性データの抽出の際にはテキスト分析を利用する。テキスト分析を通じて得られた概念をもとにパラメータを設定する。例えば、第2章で使用した例で言えば、新たなお酒の顧客体験をデザインする場合、身体への影響というカテゴリにおいて、プリン体や糖質といった概念がパラメータとして存在する。このとき、プリン体と糖質の摂取の仕方について、四パタンのペルソナが存在しうる。

共感マップ

ペルソナごとの**共感マップ**[*60]を併せて活用することで、ペルソナを具体的な存在へと紡ぎあげることができる（表8・1）。共感マップの作成を通じて、顧客が「なぜ」「いつ」「どこで」製品を体験する可能性があるのかという点を理解することができる。

ペルソナ名	GOAL	SEE	SAY	HEAR	DO

8・1　ペルソナごとの共感マップを作成する

ペルソナ名	属性	ペイン	ゲイン

表8・2　ペルソナごとに属性、ペイン、ゲインを整理する

SEEは顧客が見ているものを指す。日常生活、職場、市場などの環境において、何を見たり、読んだり、あるいは、注目しているかを記述する。

SAYは顧客が言うことを指す。顧客を取り巻く環境において、友人、知人、同僚らとどのような会話をしているかを記述する。

HEARは顧客が聞いていることを指す。顧客の周囲に存在する友人、知人、同僚、その他の人々の発言、さらには顧客に対して及ぼす影響を記述する。

DOは顧客の行動を指す。顧客の日々の行動を記述する。

GOALは顧客のゴールを指す。顧客のゴールは、インタビューを通じて得られた課題に関連するゴールを記述する。

続いて、それぞれのペルソナのもつゲインを書き出す（表8・2）。ゲインとは、顧客の望む結果や恩恵を指し、四つのパタンが存在する。第一のパタンは必要不可欠なゲインである。それなしではソ

リューションが成立しないものを指す。第二のパタンは期待されるゲインである。必要不可欠ではなくとも、比較的当たり前であるものを指す。第三のパタンは望ましいゲインである。もしあればありがたいものを指す。第四のパタンは予想外のゲインである。顧客の期待や要望を越えるものを指す。ゲインもまたペインと同様に、書き出したのち、必要不可欠な度合いを踏まえてソートしておく。

フレッシュWANICのターゲット顧客は、先進国の顧客であり、採用者カテゴリとしては、イノベータ、あるいはアーリー・アダプタである。具体的なペルソナとしては、ココナッツ・ジュースやココナッツ・オイルなど、美容や健康に高い意識をもち、かつ、製品の購入に際して背後にあるストーリーを重視する人物を想定している。ワインであれウイスキーであれ、酒を飲むにしても酒の背後にあるストーリーを併せて楽しみながら飲むような人物である。

ストーリー（顧客）をデザイン

タスク2では、**企業が顧客に対して価値を提案するストーリー**をデザインする。企業側のストーリーをデザインする際には、以下の三点を整理する必要がある。

i　価値提案に必要な既存リソース
ii　価値提案に必要な追加リソース
iii　価値提案に必要な制度

価値提案に必要なリソースとは、企業が価値を提案するにあたって求められるリソースのうち、すでに企業がもっているリソースである。例えば、WANICココナッツ・スピリッツの場合、日本国内での販売免許、製造するための資金、製造レシピ、オリジナルECサイトなどである。

価値提案に必要な追加リソースとは、企業が価値を提案するにあたって求められるリソースのうち、現在企業が持ち合わせていないリソースである。例えば、WANICココナッツ・スピリッツの場合、ココヤシの実、酵母、砂糖、蒸留所、熟成用のタンク、瓶詰め用のボトル、ラベル、ラオスから日本までの輸送、国内の倉庫、卸売業者などが挙げられる。

価値提案に必要な制度とは、企業が価値を提案するにあたって必要なルール、社会的に構築された規範的なソリューションを指す。例えば、WANICココナッツ・スピリッツの場合、日本国内で酒を販売するための免許のうちオンライン販売用の免許およびイベント用の短期販売用の免許が挙げられる。

Wanicは、先進国出身の顧客のために、ココナッツ・ジュースを蒸留して製造する世界初の蒸留酒WANICココナッツ・スピリッツをデザインした。WANICココナッツ・スピリッツは、ラオスに存在するアグリコール・ラム・メーカーであるLAODI社の蒸留施設を借り、製造されている。現地のココナッツ業者からココヤシの実を買い取り、ココナッツ・ジュースを取り出し、これをボイラーで煮沸消毒し、蒸留器にかける。一年間タンクで熟成させたのち、濾過を経てボトリングされ、パッケージングされ、船便で日本へ輸送される。国内到着後は、ロジスティクスのパートナーであるオープンロジの倉庫に配送され、オリジナルECサイト経由で発注があった際、オープンロジ経由で顧客のもとに製品が配送される。パッケージの中には、ブックレットが同梱されており、Wanicのこれまでのストーリーが説明されている。

ストーリー（企業）をデザイン

タスク3では、**顧客が企業の提案する価値を体験するまでのストーリー**をデザインする。顧客側のストーリーをデザインする際には、以下の三点を整理する必要がある。

iv　価値共創に必要な既存リソース
v　価値共創に必要な追加リソース
vi　価値競争に必要な制度

価値共創に必要なリソースとは、顧客が製品を体験するにあたって求められるリソースのうち、すでに顧客がもっているリソースである。例えば、WANICココナッツ・スピリッツをバーで飲むことを想定した場合、必要なリソースとして、WANICココナッツ・スピリッツに対する購入費用が求められる。

価値共創に必要な追加リソースとは、顧客が製品を体験するにあたって求められるリソースのうち、現在顧客がもっていないリソースである。例えば、WANICココナッツ・スピリッツをバーで飲むことを想定した場合、必要な追加リソースは、バーの席、WANICココナッツ・スピリッツ、グラス、氷、さらにカクテルの場合は、カクテルの材料、カクテルを作成するためのシェイカーなどの道具などが含まれる。

価値共創に必要な制度とは、価値を共創するにあたって必要なルール、社会的に構築された規範的なソリューションを指す。例えば、WANICココナッツ・スピリッツを自宅で飲むことを想定した場合、顧客が未成年ではないこと、WANICココナッツ・スピリッツのカクテルレシピが挙げられる。

リソースをリストアップしたのち、魅力的な顧客体験（Customer Experience、以下CX）をデザインする。顧客体験デザインの基本は5W1Hで構成され、ターゲット顧客（who）を主人公とするストーリーで記述できる。このとき、whatを通じて、ブランド・イメージを伝達し、how、when、whereを通じて、実現手段としてのコンセプトを表現することが求められる。顧客体験のストーリーを魅力的にデザインすることで、たとえ製品を実際に体験することがなくとも、顧客を魅了することができる。ゆえに、タスク2、3はZMOTにおいてターゲット顧客に訴求するためのタスクと言える。魅力的な顧客体験をデザインするために、ここでは**ストーリー・テリング**を用いる。

ストーリー・テリング

ストーリー・テリングとは、製品に関する印象的な体験やエピソードを通じて、その製品のもつブランドを聞き手に伝えるための手法である。ストーリーをデザインする際、いつ、どこで、何を、どうやって体験するか、といった要素を記述するだけでは不十分であり、魅力的な物語として記述する必要がある。ドラマのストーリーには必ず始まりがあり、終わりがある。クライマックスに向けて様々な感情の起伏がある。ストーリーをデザインする際には、ドラマのストーリーのように、様々な**顧客との接点（タッチ・ポイント）**ごとに、魅力的な体験をデザインし、ゴールへと確実に至らせる必要がある。

ＷＡＮＩＣのターゲット顧客は、先進国の顧客である。具体的なペルソナは、ステップ１でデザインしたように、ココナッツ・ジュースやココナッツ・オイルなど、美容や健康に高い意識をもち、かつ製品の購入に際して、背後にあるストーリーを重視する層を対象としている。ワインであれウイスキーであれ、酒を飲むにしても酒の背後にあるストーリーを併せて楽しみながら飲むことをゴールとする人物である。このような人物がいつどこでＷＡＮＩＣココナッツ・スピリッツを飲むかというストーリーをデザインする必要がある。実際に顧客視点でのペルソナのストーリーを考えてみよう。

●Ａは目黒区に住む三〇代前半の男性で、ＩＴ企業に勤務しているマーケターだ。この週末は、意中の女性と食事の予定が入っていた。一軒目は恵比寿のイタリアンレストランで済ませ、二人でワインを一本ほど飲み、ほどよく酔いを感じている。二軒目は恵比寿駅近くの馴染みのバーを訪れた。幌のついたシート席に通され、店主に薦められたのがＷＡＮＩＣココナッツ・

スピリッツである。高級感のあるパッケージのボトルにぶら下がったブックレットにはWANICココナッツ・スピリッツが作られるまでのストーリーがまとめられている。東ティモールから始まった酒造りは、クラウド・ファンディングによる資金獲得、セブでのプロトタイピングを経て、ラオスでようやく製品として実を結んだ。このストーリーに興味を抱いた男は、ロックを自分に、女性にはWANICココナッツ・スピリッツを使ったオリジナルカクテルを注文する。実際に飲んでみると、飲み干したあとにふっとココヤシの香りが残る。蒸留酒なのに甘みを感じる不思議さがある。カクテルにしても最後に残るココヤシの味。これだけの個性的な味は他の酒では体験できない。女性もまたこの酒の独特さに驚いている様子だ。すっかりこの酒を気にいってしまったAは、ブックレットに掲載されたQRコードからWanicのECサイトへと接続し、その場で一本WANICココナッツ・スピリッツを購入した。もちろん、今度はバーではなく彼女と自宅でWANICを飲むために。

ストーリー・テリングは、一つの時間軸における顧客体験をデザインするための効果的なツールであるが、サービスの全体像を構造化するには不向きである。そのような目的の場合、プロトタイピングツールとして、**アクター・ジャーニー・マップ**を利用できる。アクター・ジャーニー・マップは、アクターとしての顧客と企業のストーリーを統合したものとして位置づけられる。

アクター・ジャーニー・マップ

アクター・ジャーニー・マップは、サービス提供者としての自社がサービス受益者としての顧客に提供する体験を構造化する手法である。*61 ジャーニー（旅）とは顧客体験を表現する魅力的なストーリーを指し、そのストーリーは詳細なインタラクションや、顧客の体験する感情を伝えるものでなければならない。

まず、顧客とサービスのインタラクションが発生するタッチ・ポイントをデザインする。タッチ・ポイントはオペラント資源を適用したオペランド資源であり、リソースのオーナーとしてのアクターが存在する。また、オペランド資源としてのタッチ・ポイントは、物理的な空間、モノに加えて、オンラインや電話など、仮想的な空間も含まれる。

タッチ・ポイントをデザインしたのちは、それらをつなぎあわせて顧客体験の全体像を可視化する。可視化の際には、インタビューや観察によって得られたデータをタッチ・ポイントごとに整理して追加していく。例えば、タッチ・ポイントごとの顧客の行動、思考、感情などといったパラメータを設定し、これらを構造的に記述していく。プロトタイピングとテストのプロセスでは、これらの行動、思考、感情を実現するための施策を検討していくことになる（図8・5）。

顧客と企業のストーリーが整理できた段階で、改めて顧客のもつペインとゲインに対する、自社の提供価値を書き出しておく（表8・3）。ペインを取り除く、和らげる自社の提供価値を

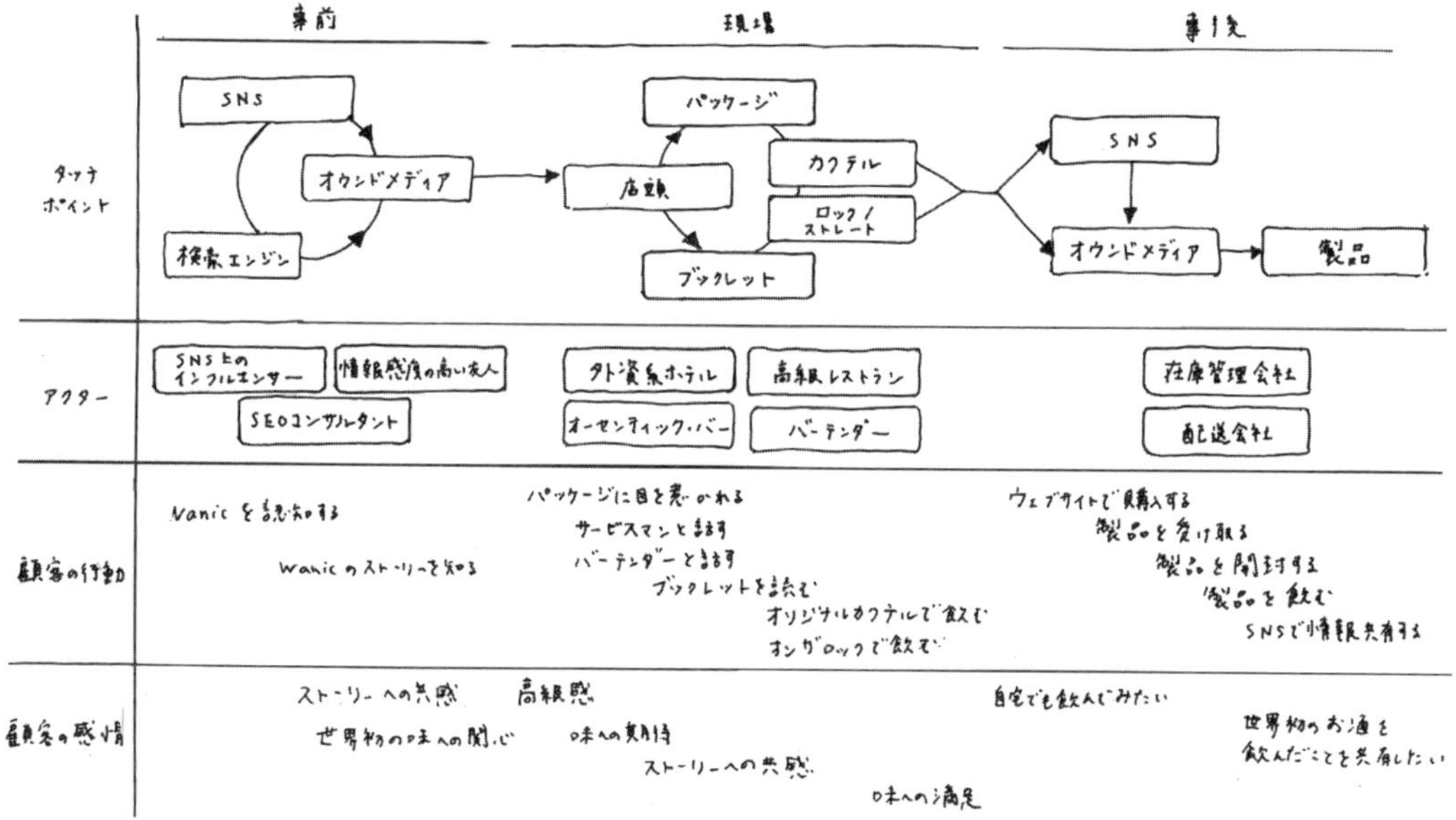

図8・5　WANICココナッツ・スピリッツのアクター・ジャーニー・マップ

ペルソナ名	属性	ペイン	ペイン・リリーバー

ペルソナ名	属性	ゲイン	ゲイン・クリエイター

表8・3　ペルソナのペイン・リリーバー、ゲイン・クリエイターを整理する

ペイン・リリーバーと呼ぶ。また、顧客にとってのゲインを生み出す提供価値を**ゲイン・クリエイター**と呼ぶ[*62]。このような対応表を作成することで、顧客に対する提供価値のミスマッチを解消することができる。

DAY9　サービス・エコシステムを紡ぎ出す

DAY9では、**サービス・エコシステムをデザインする**ことで、魅力的な顧客体験を提供可能な製品の共創に求められる、アクターどうしで構成されるシステムを可視化することを目的としている。DAY9では、実行するタスクは三つ存在する。

タスク1　ミクロ・システムをデザインする
タスク2　メソ・システムからの影響を把握する
タスク3　マクロ・システムからの影響を把握する

ミクロ・システム

タスク1では、**ミクロ・システムをデザインする**。タスク1では、新たな価値を提供する企業と、それに対して対価を支払う顧客を中心としたミクロ・レベルのサービス・エコシステムをデザインすることを目的としている。

ミクロ・レベルのサービス・エコシステムをデザインする際、まずは既存の社外リソースの整理からスタートする。ここで活用できるのが、フェーズ1DAY6で作成したアクター・マップである。アクター・マップの作成を通じて判明した既存のリソースを、サービス・エコシステムのデザインに活用するのである。既存のリソースを利用することで、不確実性を減少させることができるだけではなく、エコシステムを0から構築する場合と比較して、短期間かつ低コストで製品やサービスを供給することができる。

既存のリソースを把握したのち、実際に新しい製品を顧客に提供するまでのプロセスを整理する。新しい製品の場合、原料や部品を調達するところから、製品を製造し、チャネルを通じて販売するまでのプロセスを改めて整理し、関与しうるすべてのアクターをリストアップする。既存のリソースに加えて、新たなアクターで構成されるネットワークが、新たな製品に必要なサービス・エコシステムとなる。

Wanicの場合、ココヤシ農家、工場で働く現地スタッフ、輸出会社、受入会社、バーやレストランのスタッフ、ECサイト利用者で構成されるサービス・エコシステムが存在する。このようなサービス・エコシステムのデザ

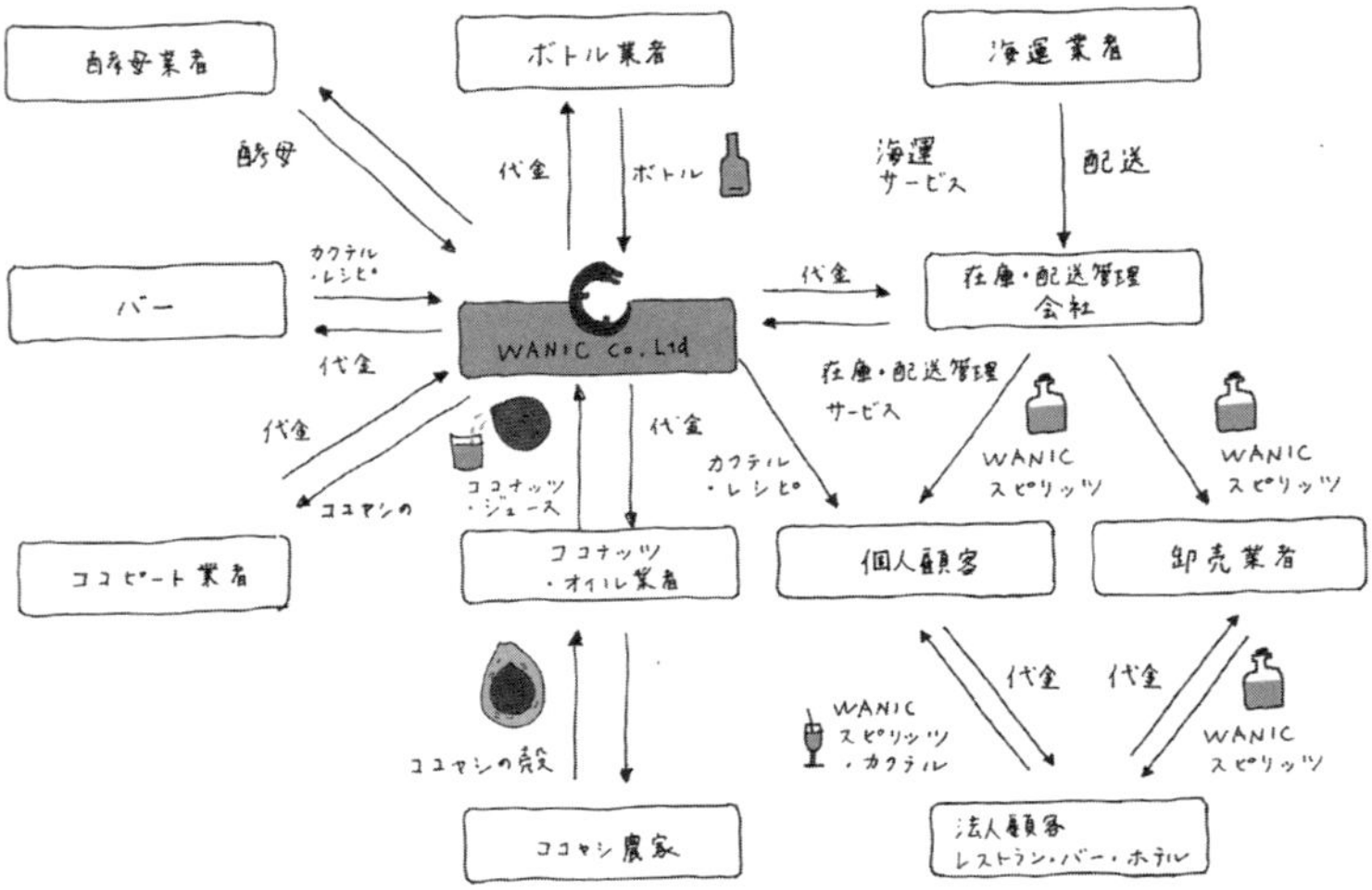

図8・8　Wanicのサービス・エコシステム（ミクロ・レベル）

インは、0から構築したものではなく、既存のバリュー・ネットワークを活用している。特にラオスでは、ココヤシの調達、ボトルの調達、さらにはスピリッツの製造まで、技術パートナーであるLAODI社由来のリソースを活用できたため、短期間での製品モデルのリリースが可能となった。図8・8はフィリピンで今後構築を検討しているサービス・エコシステムである。すでに述べたように、ラオスには、既存のココナッツ産業が存在しないため、ココナッツ・ジュースを取り出したあとの果肉や外皮は産業廃棄物として処理せざるを得ない。しかしながら、フィリピンの場合、ココナッツ産業が発達していることから、ココナッツ・ジュースを取り出したのちのココヤシの実を様々な用途に再利用できる。例えば、ココナッツ・オイル業者に対して果肉を売却したり、外皮をココピート製造業者に売却することができる。一方で、これらの業者はココナッツ・ジュースを利用しないことから、これらの業者からココナッツ・ジュースを購入することも期待できる。

タッチ・ポイント

ミクロ・レベルのサービス・エコシステムの全体像がデザインできたのち、個別のタッチ・ポイントにおいて発生するサービスとそれを提供可能とするシステムの設計を行う必要がある。ここでいうタッチ・ポイントとは、製品の製造から販売までのプロセス上に存在する任意のステップを指す。例えば、原料や部品の調達というステップは、原料や材料を提供する企業と自社にとってのタッチ・ポイントである。タッチ・ポイントにおいては、原料や部品の供給というサービスは円滑かつ安定的に実行される必要があり、そのためには、実行するための適切なシステムが必要となる。

タッチ・ポイントにおけるサービスを検討する場合、DAY8で作成したストーリーを利用できる。先の段階で、すでにタッチ・ポイントの原型はストーリー形式で抽出されているが、顧客とサービス提供者のインタラクションのデザインにとどまっていた。本ステップでは、タッチ・ポイントにおいて顧客に提供されるサービスを支えるシステムのデザインまでを扱う。

Wanicの場合、WANI-Cココナッツ・スピリッツという製品の製造から販売のプロセス上に様々なタッチ・ポイントが存在し、各タッチ・ポイントでは、個別のサービスが存在し、それぞれ異なる顧客体験とそれを支えるシステムがデザインされている。例えば、工場で働くスタッフが適切にWANI-Cを製造できるように、綿密な製造マニュアルが作成されている。また、販売チャネルの一つであるバーで見込み顧客がまずはWanicのストーリーを把握できるように、ブックレットをボトルに付属させている。これらはいずれもタッチ・ポイントにおけるサービスと、それを実現するためのシステムとして機能している。

メソ・システム

タスク2では、**メソ・システムからの影響を把握する**。メソ・システムとは、何らかの課題を解決するための、ある特定のアプローチを中心として編成される多様なアクターの集まりである。タスク2では、まず、ミクロ・システムの上位レイヤーに存在するメソ・システムを抽出し、そのうえでミクロ・システムに対してもつ影響を及ぼす要素を同定することを目的としている。

WANICココナッツ・スピリッツとその顧客からなるサービス・エコシステムのメソ・レベルを抽出した場合、ココナッツ産業、クラフト・スピリッツ産業、運輸産業、卸売業、レストラン・バー産業、製造免許などが存在する。ここでは、特に影響の強い、ココナッツ産業、クラフト・スピリッツ産業、製造免許について検討してみたい。

ココナッツ産業からの影響としては、ココナッツ全体の生産量が、メソ・レベルに影響を及ぼすと考えられる。例えば、ボホール島では一二〇〇万本のココヤシの樹が存在していると言われている。仮に一年に一本あたり五〇個のココヤシの実を結ぶとして、一年間の生産量は六億個に及ぶ。建設予定のココ・マットの会社は一日あたり二万五〇〇〇個のココヤシの実を消費する予定であるが、そのペースで消費しても二万四〇〇〇日が必要である。ココ・マットの生産には、ココナッツ・ジュースを使用せず、外皮であるハスクを使用することから、ココナッツ・ジュースは廃棄されてしまう。この廃棄されるココナッツ・ジュースを有効活用することで、ココナッツ・スピリッツの製造コストを大幅に削減できる。

クラフト・スピリッツ産業からの影響としては、スピリッツ・コンテストが挙げられる。世界にはいくつかの著名なスピリッツ・コンテストが開催されている。例えば、ニューヨークで開催されるアルティメット・スピリッツ・チャレンジ（USC）、サンフランシスコで開催されるサンフランシスコ・ワールド・スピリッツ・コンペティション（SFWSC）、ロンドンで開催されるインターナショナル・ワイン&スピリッツ・コンペティション（IWSC）などである。これらのコンテストは、厳選なるレビュアーによる評価が行われる。これらのコンテストで高得点を得ることは、製品のプロモーションに大いに貢献するだろう。

酒と人間の関係性は有史以来続いている。その長い関係性において、為政者により、公序良俗を守るため、また、租税のため、様々な法律が制定されてきた。現在、多くの国において、製造および販売に関してライセンスが必要である。例えば、日本においては、酒の種類ごとに製造免許が必要であるだけではなく、販売も都道府県ごと、さらにはネット販売の場合で、ライセンスは異なる。フィリピンでは製造食品に対するライセンスは存在するものの、酒の製造自体については存在しないため、新規参入は日本と比較して容易である。

マクロ・システム

タスク3では、**マクロ・システムからの影響を把握する**。マクロ・システムとは、複数のメソ・システムによって形成される安定したシステムである。タスク3では、まず、メソ・システムの上位レイヤーに存在するマクロ・システムを抽出したのち、そのうえで、メソ・システムに対してもつ影響を及ぼす要素を同定することを目的としている。

WANICココナッツ・スピリッツとその顧客で構成されるメソ・レベルのサービス・エコシステムの上位に存在する、メソ・レベルのサービス・エコシステムのさらに上位に存在するのが、マクロ・レベルでのサービス・エコシステムである。マクロ・システムでは、発酵文化、東南アジア経済圏などといった要素が、メソ・システムに影響を及ぼすと考えられる。

発酵は酵母がエネルギーを得るために有機化合物を酸化して、アルコール、有機酸、二酸化炭素などを生成する過程であり、酵母によって当然ながら醸造酒の味は変わる。したがって、原材料や目指す味によって酵母を選択する必要があり、調達可能な酵母の種類によって酒そのものの味もまた変化する。近い将来、計算機による発酵シミュレーション技術が進歩することで、酵母の扱い方、さらには最終的な味まで、従来とは異なる味をデザインすることができるだろう。

二〇世紀という時代は、アメリカ、イギリス、ドイツ、フランス、そして日本が経済の中心であった。人口増加率と経済成長に相関があるならば、今後、アジアの国々を中心にさらなる経済成長が見込めるだろう。現在、一日二ドル以下での生活を余儀なくされている人々の現金収入を向上させるためには、新たな産業を創出する必要がある。このような新たな産業が、二〇世紀の経済の中心であったこれらの国々にオリジナリティをもつグローバル企業ではなく、現地の人々が自ら起こす現地発の企業によって実現されるのであるならば、アジア独自の経済圏の確立も可能だろう。

DAY10 ビジネスモデルを紡ぎ出す

DAY10では、サービス・エコシステム上で動作する**ビジネスモデルの初期値のデザイン**を通じて、自社が持続的な売り上げおよび利益を創出するためのモデルを構築することを目的としている。

DAY10では、実行すべきタスクが四つ存在する。

タスク1　コストを算出する
タスク2　収益モデルをデザインする
タスク3　販売戦略をデザインする
タスク4　事業計画をデザインする

コストの算出

タスク1では、**新たな製品のリリースまでのコスト**および**リリース以降のコスト**を確定する。リリースにあたっては、まず、パートナーとともに、プロトタイプの知見を踏まえ、リリース版を実装し、流通までのコストを算出する必要がある。また、リリース版が完成したのち、ターゲット顧客との持続的な関係性の構築を目的として、販売戦略に従ってプロモーションを行う必要があるため、プロモーションのコストも算出しておく必要がある。なお、ZMOT、FMOT、SMOTに対する具体的なプロモーション手法は、フェーズ3で詳細に扱うため、ここでは簡易的に述べるにとどめる。

リリース版のコストの算出にあたっては、リリース版の開発と製造に必要なすべてのコストを算出する必要がある。製品単体であれば、開発費を含む人件費、原材料費、金型費、輸送費などがこれに含まれる。一方、オンラインでのサービスを含む場合であれば、開発費を含む人件費、サーバ代、ネットワーク費用などのインフラ費がこれに含まれる。

プロモーションのうちZMOTについては、主に、想定顧客が製品の情報に触れることとなる、メディアに対するプロモーションを行う場合に必要とされるすべてのコストを算出する必要がある。具体的には、製品を紹介するための自社所有のウェブサイトは必須となるため、その制作コストが必要となる。これに加えて、認知度向上を加速させるために、検索エンジン、ソーシャル・メディアへの広告出稿、さらには雑誌、新聞、TVなどへの広告出稿、コンペやイベントなどへの出展に関するコストも必要となる。

プロモーションのうちFMOTについては、主に、想定顧客が製品を直接認知し触れることとなる、店頭におけるプロモーションを行う場合に必要とされるすべてのコストを算出する必要がある。具体的には、製品の場合、店頭で製品を認知させるために利用する店頭広告、陳列棚でのディスプレイ方法、製品を梱包するパッケージ、製品本体やパッケージに貼りつけられるラベル、さらには接客マニュアルなどの制作に関するコストが必要となる。
プロモーションのうちSMOTについては、主に、製品を購入した顧客と継続的に関係を維持していく場合に必要とされるすべてのコストを算出する必要がある。具体的には、ソーシャル・メディアやオウンドメディアなど、オンライン上での顧客とのインタラクション、また顧客向けイベントなど、オフライン上での顧客を含むコミュニティ形成に関するコストがこれに含まれる。

Wanicの場合、必要なコストのパラメータのうち、製造については、ココヤシ、酵母、砂糖、日本人スタッフおよびラオス人スタッフの人件費、日本人スタッフの滞在費、技術パートナーであるLAODI社の蒸留施設利用料、醸造および保存用のタンク、ラオスから日本までの船便による輸送料、酒税、日本での在庫保管料などが挙げられる。また、ZMOTに対するプロモーション費用として、自社サイトおよびECサイト制作に関するコストに加えて、コンテストへの出品費用が挙げられる。さらに、FMOTに対するプロモーション費用として、ボトル、ボトルキャップ、ボトル用ラベル、化粧箱の制作コストに加えて、化粧箱の金型代が挙げられる。また、ボトルにはブックレットが付属するため、ブックレットの印刷代も含まれる。加えて、SMOTに対するプロモーション費用として、ソーシャル・メディアや自社サイトの運用コストが挙げられる。

収益モデルのデザイン

タスク2では、**収益モデルをデザインする**。収益モデルをデザインするために必要な変数は、製品をリリースするまでのコストと、各タッチ・ポイントの売り上げで構成される。前者については、タスク1が終了した段階で、新たな製品を製造・開発し、顧客に届けるまでのすべてのコストは算出可能な状態にあると言える。また、後者については、DAY9が終了した段階で、サービス・エコシステム上のタッチ・ポイントのデザインが完了し、どこでどの程度の売り上げを生み出すことができるかといった値は産出可能な状態にあると言える。

収益モデルをデザインする際には、すでに把握しているリソースから始める。全く新規の顧客に対してアプローチするよりも、かつての顧客あるいは現在の顧客から始めることで、不確実性を減少させることができるためである。実際に、彼らに製品プロトタイプを提示し、そこで得られた反応を新たなリソースとして活用することで、さらに不確実性を減少させることが可能である。リソースを踏まえたうえで、収益モデルをデザインする場合、次の三つの点を考慮したい。

第一に、ビジネスモデルのデザイン段階では、可能な限りプロフィット・ポイントの数を最大化する。例えば、利益を生み出すプロフィット・ポイントを個人、法人の両面で設定する。事業主体は個人（B to C）から利益を獲得する場合もあれば、法人（B to B）から利益を獲得する場合もある。いずれか一方のみにビジネスを限定するよほどの理由がない限り、両面展開する。当然ながら机上の空論であるが、この段階で明確な利益が見込めない、あるいは試算上ビジネスが回らないと判断された場合、そのビジネスのゴール設定を再設定する必要がある。採算を度外視し、ブランディングだけを目的とするならば、このまま製品をリリースすべきであるが、一定の利益が目的であるならば、コンセプトあるいはビジネスモデルを改める必要がある。

第二に、ターゲット顧客に合わせたプライシングを導入する。一般的に、製品のプライシングを行う場合、主に三つのパタンが存在する。第一に競合ベースである。競合と比較してシンプルな機能にとどまる場合、当然ながら競合よりも低めのプライシングを行う。第二にコストベースである。積み上げたコストに対して一定の利益率を付加してプライシングを行う。第三は、価値ベースである。競争が存在せず、高付加価値の製品を提供する場合、その独自の価値をベースにプライシングを行う。

多くの場合、これら三つのパタンを単独もしくはそれらの組み合わせによってプライシングが行われるが、RDIプロセスにおいては、ターゲット顧客に合わせて、パタン2と3を組み合わせてプライシングを行う。本来ならば、新たなカテゴリであるがゆえに競合が存在しないため、パタン3が適用されると思われるかもしれない。しかしながら、ターゲット顧客の特徴を踏まえた価格を設定することで、ターゲット顧客による購入の不確実性を減少させることに狙いがある。

例えば、イノベータやアーリー・アダプタなどの初期市場に属する顧客をターゲットとして設定している場合、コンセプトへの共感が最も重要なファクタとなる。この場合、プライシングは高めであっても購入を期待できる。一方、アーリー・マジョリティやレイト・マジョリティなど、メインストリーム市場に属する顧客をターゲット顧客として設定している場合、コンセプトへの共感以上に、実用性が重要なファクタとなる。この場合、仮想敵を踏まえたプライシングが求められる。

第三に、「差の利用」を収益モデルに導入する。プライシングと利益率の観点からすれば、地方と中央、国内と海外といった差の利用を導入することで利益率の向上を見込める。例えば、中央の富裕層向けをターゲットに据え、このターゲットに精通した個人や企業と共創関係を構築し、固定費の安い地方で新たな製品をデザインし、製造コストと販売価格の差を狙う、あるいは中央だけではなく海外に輸出し、貨幣価値の差を狙うといったアプローチが考えられる。

Wanicの場合、DAY7でデザインしたように、先進国の顧客をターゲットとして想定している。また、DAY8でデザインしたように、これらの顧客がバーやレストランでWANICを飲むことを想定している。そこで、開発の初期段階から協力関係にあるバーを最初の顧客として選定した。彼らに製品プロトタイプを提示し、そこで得られたフィードバックを、パッケージやボトルなどのFMOTに関するデザインへと活かした。そのうえで、日本に住む顧客が気軽に購入できるように、オリジナルECサイトを通じて、蒸留酒であるWANICココナッツ・スピリッツを購入できるようにした。以上から、バー、レストラン、ECサイトがWANICのプロフィット・ポイントと言える。また、Wanicの場合、差の利用を活用している。途上国にて比較的低コストで良質な製品をデザインし、先進国の顧客に対して高価格で販売するというリバース・イノベーションの新たなパタンを採用している。この場合、途上国と先進国の貨幣価値の差に加えて、製造コストに対する販売価格の差という二つの差を利用している。

顧客の属性と自社の提供価値を整理できたならば、ビジネスモデルのプロトタイプのデザインをサポートするためのツールとして、ビジネスモデルを九つの構成要素として定義し、一枚のキャンバスに視覚化して表現するフレームワークである[*63]「ビジネスモデル・キャンバス」を利用できる。

市場規模の把握

タスク3では、**市場規模を把握する**。マネジメント層の説得という観点からすれば、必ずと言っていいほど、市場規模の試算が求められる。既存の製品の改良の場合、現在の顧客数や売り上げの値を用いて試算を行うことができるが、新たなカテゴリの製品の場合、直接利用できる数値が存在しないため、計算に工夫が必要である。一般に市場規模は以下の式で求められる。

市場規模＝顧客数×一回あたりの購買数量×購買頻度×単価

ここで問題となるのが、顧客数の推定方法である。新たなカテゴリの製品であるため、既存の顧客の数をもとに計算できず、新たな顧客を創造する必要がある。しかしながら、顧客となりうる対象の総数は一定であるため、提案しようとする製品に関心をもちそうな既存カテゴリの顧客の数をもとに、これを推定する。具体的には、個別の近接カテゴリに対して、購入意思を示す割合を掛け、複数カテゴリを合計することで、想定顧客数を算出する。

想定顧客数＝｛近接カテゴリA×購入意思（％）｝
　＋｛近接カテゴリB×購入意思（％）｝
　…｛近接カテゴリX×購入意思（％）｝

各カテゴリの購入意思については、社会調査法に基づいて算出する。まず、近接カテゴリを含む母集団を年齢や可処分所得といった複数のパラメータに基づいて層別にサンプル抽出を行う。続いて、各サンプルの回答に基づいて近接カテゴリの母集団の数を推定する。算出された近接カテゴリの母集団に対して、新たなカテゴリの製品の購入意思を確認することで、おおまかな割合を算出できる。

例えば、WANIココナッツ・スピリッツの市場規模を算出する場合、ココナッツ関連の近接カテゴリとハード・リカーの近接カテゴリを利用できる。前者については、ココナッツ・ジュースやココナッツ・オイルの愛用者が近接カテゴリと考えられる。後者については、ハード・リカーのうち、WANIココナッツ・スピリッツと同様に、作物のもつ糖分からアルコール発酵させた醸造酒をベースに製造されているラム酒の愛飲者が近接カテゴリとして考えられる。ラム酒の愛飲者の数を推定する場合、成人人口から年齢別、可処分所得別にサンプリングを行う。具体的には、ラム酒やラムの入ったカクテルをバーやレストランで頼む、あるいは自宅でラム酒を嗜むと答えたサンプルの割合を算出することで、おおまかなラム酒の愛飲者の数を推定することができる。さらに、ここで算出された愛飲者数を母集団として、WANIココナッツ・スピリッツの購入意思についてサンプリングする。このプロセスを近接カテゴリごとに繰り返し、算出された値を合算することで、おおまかな想定顧客数を算出可能である。

想定顧客数が算出されれば市場規模も算出されるが、事業計画のデザイン段階では、全体の市場規模に加えて、初期市場の規模も算出しておく必要がある。初期市場における顧客数を算出するためには、イノベータの二・五%、アーリー・アダプタの一三・五%を、想定顧客数に掛け合わせる必要がある。

初期市場における想定顧客数＝想定顧客数×（0.025＋0.135）

Wanicの場合、初期市場向けには、ハード・リカー好きの顧客で、ココナッツ・ジュースやココナッツ・オイルなど、美容や健康に高い意識をもち、かつ製品の購入に際して背後にあるストーリーを重視する層をターゲットとしていた。このような顧客に対して最初に投入したのが四二度のWANIココナッツ・スピリッツである。ココナッツ・ジュースから作られるスピリッツは、新しい製品カテゴリであるため、まずは、このニッチ市場で存在感を示す必要がある。チャネルについては、外資系ホテル、オーセンティックバー、高級レストランなど、製品価値を体感できるような場所を選定した。

事業計画のデザイン

タスク4では、**事業計画をデザインする**。主要ＫＰＩを設定しつつ、複数年にわたる費用計画、売り上げ計画を練る必要がある。単月黒字を達成するまでは月ごとの計画とし、達成以降は、年ごとの計画として記述する。

成長スピードを踏まえた事業計画をデザインする際、新たなカテゴリを創出する製品について、どのようなプロセスで、ＤＡＹ８にて決定したターゲット顧客で代表される初期市場から**メインストリーム市場**へと、キャズムを越える成長を実現するかを検討する必要がある。

一つのニッチ市場でシェアを獲得し、マーケット・リーダーとなったのちは、また別のニッチ市場へ移動し、ニッチ市場を次々に攻略していく。このような戦略はバーティカル戦略と呼ばれる。例えば、サン・マイクロシステムズは、CASE（コンピュータ支援ソフトウェア・エンジニアリング）、CAD（コンピュータ支援設計）などのニッチ市場からスタートし、ECAD（半導体やシステム設計に特化したエレクトロニクス業界向けのCAD）、GIS（地理情報システム）などへと展開し、やがていくつものバーティカルなニッチからなるバーティカル市場が、エンジニアリング・ワークステーションというホリゾンタルな市場へと変化していった。

サンの事例のように、ニッチ市場の攻略が進み、製品カテゴリがやがて市場カテゴリとして認知され始めると、メインストリーム市場に突入したことを意味する。この段階では、ターゲット顧客は、アーリー・マジョリティやレイト・マジョリティであることから、彼らの属性を踏まえ、実利的あるいはリーズナブルな製品を提供する必要がある。そのうえで、競争に基づく価格設定を行い、市場シェアを最大限に確保する必要がある。そのために、大量の製品を低コストで扱う流通チャネルを活用し、マーケットにおける露出度を最大限に高める。

しかしながら、最初からメインストリーム市場を目指した製品をデザインしようとすると、多くの場合、失敗してしまう。アーリー・マジョリティは実利主義者であり、マーケット・リーダーの安定的な製品を利用したがる。これが、メインストリーム市場に打って出るためには、まずは、ニッチ市場でマーケット・リーダーとなる必要がある所以である。初期市場で顧客とともに、製品を作り上げ、実績を残し、その実績でもって、アーリー・マジョリティに訴求するのである。

さらに、成長スピードのパタンには、ワーストケースを含ませておく必要がある。複数パタンのうち、成長スピードが最大のものがベストパタンならば、成長スピードが優れず、事業が伸び悩むパタンがワーストケースにあたる。ワーストケースをデザインしておくことで、マネジメント層の意思決定はより容易となる。なぜならば、事業であればこそ、引き際は客観的な基準に基づいて判断される必要があるためである。明確な撤退条件を明確に規定しておいてこそ、安心して事業にチャレンジできる。したがって、いつまでにどの程度の売り上げを達成しなければならないのか、また達成しない場合、いつどのような条件で事業を撤退すべきか、その場合、売却先としてどのような企業が想定できるのかといった点を検討する。

今後、Wanicがメインストリーム市場を目指すにあたって、まずは他のニッチ市場を攻略する必要がある。例えば、ターゲット顧客の候補として、クラブに足繁く通う層や、メーカーやブランドの開催するパーティを楽しむ層が挙げられる。このようなターゲット顧客に対して新たな製品ラインをリリースし、クラブやイベント運営会社などをチャネルとして事業を展開する。さらに、これらのニッチ市場においてマーケット・リーダーとなった後、アーリー・マジョリティ向けの新たな製品として、ココナッツ・スピリッツをベースにしたカクテルやサワー、さらには、ココナッツ・スピリッツベースの各種リキュールをリリースし、リカーショップ、コンビニエンスストア、スーパーマーケットをチャネルとして事業を展開していくといった戦略が考えられる。

DAY11 中間発表

DAY11では、イノベーション・プロジェクトの中間成果を共有する。中間発表を通じて、コア・チームは、各イノベーション・プロジェクトの評価を行い、投資を継続するか、あるいはプロジェクトを中止するかの判断を行うことを目的としている。

イノベーション・プロジェクトの各チームは、コア・チームに対して、各プロジェクトの進捗、具体的には、四つのデザイン対象の初期値を共有する。投資が継続される場合、各チームは、得られたフィードバックをリソースの一つとしてフェーズ3において活用する。

一方、投資が継続されない場合、当該チームは、再度フェーズ1ないしフェーズ2に戻り、プロジェクトを再スタートするか、チームを解散するかをコア・チームと協議する必要がある。しかしながら、顧客からのテストを経ていないフェーズ2終了段階でプロジェクトを中止させることは回避すべきである。なぜならば、コア・チームの顧客の反応に対する予測が裏切られる場合もあるためである。フェーズ3にてプロトタイピングとテストを実施し、実際の顧客の反応を得ることで、コア・チームも当該チームも継続や中止の判断に納得することができるだろう。

第9章　人材をデザインする〈3〉――リソースの拡大のための5ステップ

本章では、人材育成カリキュラムのフェーズ3を扱う。フェーズ3のゴールは、フェーズ2を経て初期値が設定された四つのデザイン対象、コンセプト、顧客体験、サービス・エコシステム、ビジネスモデルのアップデートである。フェーズ2が終了した段階では、これら四つのデザイン対象は、初期値をもっているにすぎない。リソースの拡大を通じて、四つのデザイン対象をアップデートすることで、**顧客に対する提供価値のアップデート**を行う。

フェーズ3は、五つのステップで構成されている。

DAY12　ツール紹介――四つのツール
DAY13　イテレーション結果を共有する（1）
DAY14　イテレーション結果を共有する（2）
DAY15　イテレーション結果を共有する（3）
DAY16　最終発表

本章では、これら五つのステップと、各ステップに含まれるタスクについて解説をしていく。また、タスクを実行するにあたってのツールやメソッド、さらには背後にある理論、ケーススタディも併せて紹介する。

DAY12 ツール紹介――4つのツール

DAY12では、リソースの拡大のための四つのツールを紹介し、**イテレーションの計画を立案する**。

ツール1 パートナーシップ

ツール1は、**パートナーシップ**である。パートナーシップは二つの役割をもつ。第一の役割は、パートナーの提供可能なサービスに基づいて、価値提案プロセスにおいて利用可能なオペラント資源が拡大されることである。第二の役割は、パートナーとの関係性が制約条件として機能し、新たな製品の可能性がある方向に収斂されることである。

パートナーシップでは、四つのタスクが存在する。

タスク1　顧客を巻き込む

タスク2　技術パートナーを発見する
タスク3　デザイン・パートナーを発見する
タスク4　チャネル・パートナーを発見する

フェーズ2DAY8にて、顧客体験をデザインしたことで、これらをもとに製品を実装する準備は整ったと言える。この段階で、様々なパートナーを見つけることで、製品のクオリティを向上させることができる。このようなパートナーの発見に対する理論的背景に、イノベーション・モデルの一つである**ネットワーク・モデル**がある。

ネットワーク・モデルは、組織の外部とのつながりや、組織の外部での知識の蓄積にイノベーションの源泉を求めるモデルである。ネットワーク・モデルは単体で実現を目指すよりも、別のイノベーション・モデルと組み合わせて活用することでその効果を期待できる。したがって、リソース・ドリブン・イノベーション（RDI）の実現にこれらを利用してみたい。このネットワーク・モデルを踏まえ、フェーズ3では、四つのパートナーを発見する。

第一のパートナーは、**ターゲット顧客**である。フェーズ2DAY8にて、ペルソナがデザインできたならば、実際に社内外のネットワークを活用し、ペルソナに基づいてターゲット顧客を選定し、デザイン・プロセスにこのターゲット顧客を巻き込む。実際に存在する人物を最初の顧客としてデザイン・プロセスに巻き込むことで、新たなカテゴリの製品のコンセプトを洗練させ、顧客体験の魅力をエフェクチュアルに向上させることができる。

Wanicの場合、フレッシュWANICのターゲット顧客は、先進国の顧客であり、採用者カテゴリとしては、イノベータあるいはアーリー・アダプタであった。具体的なペルソナとしては、ココナッツ・ジュースやココナッツ・オイルなど、美容や健康に高い意識をもち、かつ、製品の購入に際して背後にあるストーリーを重視する人物を想定していた。ワインであれウイスキーであれ、酒を飲むにしても酒の背後にあるストーリーを併せて楽しみながら飲むような人物である。

第二のパートナーは、**技術パートナー**である。本ステップでは、三種類の技術パートナーを紹介する。フェーズ1DAY2の段階で技術パートナーを把握できていない場合、改めて本ステップで技術パートナーを発見する必要がある。

第一の技術パートナーは、**企業**である。技術パートナーとして企業とパートナーシップを締結する理論的背景は、ネットワーク・モデルとしての**オープン・イノベーション**[*64]にある。ある企業において、製品を開発しようとするとき、その企業の内部に限定して開発を行う場合、多くの時間的コスト、金銭的コストが必要となる。このような場合、外部企業との連携を検討することで、これらのコストを下げ、開発サイクルを加速させることができる。これがオープン・イノベーションである。

例えば、P&G社は、技術や知的財産について社外と広く交流し、より大きな価値を生み出すオープン・イノベーション・モデルとして「Connect + Develop」[*65]を推進している。具体的な成功事例として、二〇〇五年より同社が販売している「プリングルズ・プリンツ」がある。これは、一枚一枚のポテトチップスに、スポーツや音楽に関するクイズや豆知識を印刷したものである。社内には、一枚一枚に画や文章を印刷する技術はなかったものの、イタリアの大学教授が経営する小さなパン屋がその技術をもっていることを突き止め、これを改良することで、二年かかるとされた市場への投入期間を一年に短縮し、開発コストも大幅な削減を可能とした。*66

第二の技術パートナーは、**コミュニティ**である。オープン・イノベーションの概念が登場した当初、ある製品を実現するために企業どうしがパートナーシップを締結することをオープン・イノベーションと呼んだ。しかしながら、現在では、課題の設定、調査、分析、設計、実装、評価といったデザイン・プロセスのそれぞれの段階で、企業を越えたコミュニティがアイディアを共有する場合も、広義のオープン・イノベーションと呼んでいる。

例えば、IDEOは二〇一四年にオープン・イノベーション・プラットフォームとしてのopenIDEO*67を立ち上げた。OpenIDEOは、特に社会的な貢献度の高い課題に対して、あらゆる人が参加し、デザイン思考のプロセスに基づいて社会課題の解決を試みるためのプラットフォームである。それぞれの社会的な課題は「How might we ~?」というように、「どうすればすべての社会経済的ば~しうるか」というフレーズで記述されている。例えば、「どうすればすべての社会経済的な集団がより健康的な生活を過ごせるよう、テクノロジーを活用できるだろうか?」といった具合である。解決のプロセスは、リサーチ、アイディア、アイディアへのフィードバック、フィードバックを受けての改善、そして最終フィードバックと続き、最終的にトップアイディアが選定される。

第三の技術パートナーは、**エクストリーム・ユーザ**である。外部との連携は、何も企業やコミュニティに限った話ではなく、個別のエンド・ユーザの場合もある。従来、ユーザはニーズを供給する存在であり、企業がそれを特定し、製品を設計、生産すると考えられていた。これに対して、個別のエンド・ユーザ自身が、彼らのニーズに基づいて開発した製品を企業が製品化するアプローチをとるというのが、**ユーザ・イノベーション**[*68]である。

例えば、自転車のマウンテンバイクは、一九七〇年代にオフロードを好むアメリカの若者らによって産まれたプロダクトである。従来の市販の自転車は、ラフな利用形態に向いていなかったため、初期のユーザは、自分で自転車を組み立てていた。起伏の激しい山中でも遊べるように、タイヤをより太くしたり、頑丈なバイク用のフレーム、さらには強力なドラムブレーキなどを導入した。これに注目したスペシャライズド社という小さな一企業が、一九八二年、大量生産によるマウンテンバイクを初めて市場に投入した。二〇〇〇年の数字では、実にアメリカ国内自転車市場の小売り販売総額のうち約五八〇億ドル（六五％）をマウンテンバイクが占めるほどに市場は拡大している。

ユーザ・イノベーションは、エクストリーム・ユーザが製品の意味を急進的に変化させることを志向するイノベーション・モデルである。マウンテンバイクの場合、街乗りの自転車からオフロードの自転車へとその意味を急進的に変化させた。これらは、単なるユーザ中心のアプローチではなく、課題の解決方法をユーザ自身が発見し、それを実現してみせた例であり、デザイン・ドリブン・イノベーションの一種と言える。

Wanicの場合、技術パートナーとしてのLAODI社との出会いが製品化への大きな一歩を踏み出させた。フレッシュWANI-CおよびWANI-Cココナッツ・スピリッツの製品化に向けて、プロトタイプからリリース版へのバージョンアップはLAODI社の貢献によるところが多い。また、実際の製造についても、ヴィエンチャンの蒸留所を利用させていただいているだけではなく、ボトリングに必要なボトル、コルク、ビニル、輸送用のケースの調達にも協力していただいている。本来ならば一〇〇本という小ロットでのリリースの場合、出荷に必要な部材のコストは大幅に増加してしまう。しかしながらLAODI社の製品と同様のものを選択することによって、スケールメリットを享受できたのである。

ここで注意しておきたいことは、イノベーションを推進するのはあくまで自社の人材であるということだ。あくまでパートナーは、社外のリソースであり、RDIを推進するのは、社内のイノベータ人材である。イノベータ人材は、着想から顧客創造までを中心になって担う必要がある。またパートナーが存在しても、実装部分を完全にアウトソースしてしまっては、実装に必要なスキル、ナレッジは蓄積しない。RDIにおける顧客創造まで自社が担うということは、実装も含む概念なのである。

第三のパートナーは、**デザイン・パートナー**である。製品化プロセスにおけるデザイン・パートナーの重要性を示す事例として、いいちこの普及のストーリーがある。いいちこは、一九七九年、三和酒類によって発売された、東京・大阪の大都市圏の若者向けのマイルドでシンプルな味わいを追求した麦焼酎である。

若者に受けることを狙いとして開発されたいいちこであったが、三和酒類が行ったマーケティング・リサーチの結果、最初に獲得した顧客の典型像が、「四〇代、年収六〇〇万以上、日経新聞の愛読者」ということがわかった。また、九〇％近くの人が、「人に薦められて」飲み始めていたことがわかった。[69] 社会的に一定の地位があり、酒が好きでいろいろな酒を飲んできた人が、価格や旨さを冷静に判断して、いいちこを選び、周囲の人に薦めていたのである。

いいちこの普及にあたり、三和酒類が採用したパートナーが、クリエイティブ・ディレクターの河北秀也であった。[70] 一九八三年に起用された河北は、このマーケティング・リサーチの結果を踏まえ、二つの方向性を考えた。一つは、若者向けのパッケージをデザインし、広告を行うことで、若年層にもアピールしていくというものであった。もう一つは、愛飲者の典型像である、酒にこだわりのある中年層向けに、さらにいいちこを美味しく感じられるような広告や、この層に役立つような広報活動を展開していくというものであった。多くの焼酎メーカーは前者の方法をとるだろう。しかしながら、河北は後者の方法をとった。河北の狙いは、焼酎ブームが去ったあとでもいいちこが売れ続け、本格焼酎のトップブランドとなることにあった。そのために、愛飲者を大事に育て、口コミで愛飲者を増やそうという方法を採用したのである。

このような視点から、河北は、様々なプロモーション施策を展開していった。まず、交通広告の駅貼りB倍ポスターを月一枚、一週間掲出するところからスタートした。一九八六年二月からは、『日本経済新聞』に毎月全七段の企業イメージを中心とする広告を展開し、一般週刊誌のミニ広告シリーズや一味違うテレビコマーシャルも開始した。一九八六年一〇月からは、『季刊 iichiko』という総合文化雑誌を出版した。

河北の施策の結果、焼酎ブームが去ったあともいいちこの出荷量は増え続け、製造会社である三和酒類は二〇〇三年から九年連続で焼酎メーカー売り上げ高ランキング一位を記録するまでに成長し、[*71]二〇一三年には、売り上げ五〇三億に達した。

本ステップでは四種類のデザイン・パートナーを紹介する。フェーズ1DAY2の段階でデザイン・パートナーを把握できていない場合、改めて本ステップでデザイン・パートナーを発見する必要がある。

第一のデザイン・パートナーは、文化的生産の世界における**解釈者**である。ここでいう解釈者とは、ロベルト・ヴェルガンティが提唱した、デザイン・ドリブン・イノベーションを実現するための解釈者ネットワークにおける一つのグループを指す。解釈者ネットワークの目的は、企業が解釈者たちと継続的な対話を行い、洞察、解釈、提案を交換し、作品、研究、発言、プロトタイプ、製品という形で、新たな意味を生み出すことにある。

解釈者ネットワークは、二つのグループで構成される。第一のグループは、芸術家、文化的組織、研究・教育機関、社会学者、文化人類学者、マーケター、メディアといった、社会的意味の調査と生産に直接関係している、文化的生産の世界における解釈者を指す。第二のグループは、技術サプライヤー、先駆的な製品の開発者、他産業の企業、デザイナ、小売り・配送業者といった、実際に世界の意味を変え、新しい意味を提案する、技術の世界における解釈者を指す。これらの解釈者ネットワークのうち、特に文化的生産の世界における解釈者とのパートナーシップを通じて、製品のもつZMOTにおける顧客体験をより魅力的にブラッシュアップすることができるだろう。

第二のデザイン・パートナーは、**デザイン・クラフトマン**である。ここでいうデザイン・クラフトマンとは、パッケージ、ロゴ、さらにはポスターなどを担当するグラフィック・デザイナ、また製品の筐体のデザインを担当するインダストリアル・デザイナを指す。これらのデザイン・クラフトマンとのパートナーシップを通じて、製品のもつＦＭＯＴにおける顧客体験をより魅力的にブラッシュアップすることができるだろう。

第三のデザイン・パートナーは、**デザイン・エンジニア**である。デザイン・エンジニアとは、製品の外装だけではなく、電子回路や内部機構などのエンジニアリング領域までを担当するデザイナでありエンジニアを指す。イギリスのメーカー・ダイソンの出資によって設立されたインペリアル・カレッジ・ロンドンや、アメリカのデザイン・コンサルティング・ファームのＩＤＥＯが、デザイン・エンジニアを数多く輩出している。これらのデザイナとのパートナーシップを通じて、製品のもつＳＭＯＴにおける顧客体験をより魅力的にブラッシュアップすることができるだろう。

第四のデザイン・パートナーは、**デザイン・テクノロジスト**である。デザイン・テクノロジストとは、アプリやウェブなどのサービスのＵＩのデザインだけではなく、ＵＸの実装までを担当する。AirBnBなどのリブランディングで知られるクリエイティブ・エージェンシーDesign Studioや、サービスデザインで知られ、アメリカの金融企業Capital Oneに買収されたデザイン・ファームAdaptive Pathなどが、デザイン・テクノロジストを多く輩出している。これらのデザイナとのパートナーシップを通じて、製品のもつSMOTにおける顧客体験をより魅力的にブラッシュアップすることができるだろう。

Wanicの場合、デザイン・パートナーは存在しない。なぜならば、社内に経験豊かなグラフィック・デザイナ、インダストリアル・デザイナ、そしてデザイン・テクノロジストが存在するためだ。WANICココナッツ・スピリッツのロゴ、ラベル、パッケージ、ブックレットに加えて、Wanicのウェブサイト、名刺など、あらゆるものが社内でデザインされている。

第四のパートナーは、**チャネル・パートナー**である。最初のチャネル・パートナーは、製品の象徴的なタッチ・ポイントとして機能する。ターゲット顧客に対して、製品の魅力を伝えたうえで、製品を届けるだけではなく、ターゲット顧客の反応を採取し、製品のクオリティ向上に役立てる。したがって、チャネル・パートナーとの共創により、事業開始段階のブランド構築が容易となる。

いいちこと同様に世界中で評価されている日本酒・獺祭《だっさい》の製造元である旭酒造は、獺祭の海外進出にあたって、パリの高級レストランをチャネル・パートナーとして選定した。これは、高級レストランが鎬《しのぎ》を削るニューヨークのフランス料理店のほとんどのシェフがフランス人であり、パリでの認知度を上げ、フランス人シェフを通じてニューヨークでも認知度向上につなげるという狙いに基づくものであった。

旭酒造は、これらのチャネルにおいて、ターゲット顧客からの反応を収集し、マーケティングに活用した。例えば、富裕層であるユダヤ教徒を顧客として獲得するために、ユダヤの教えに照らして口にできる清浄食品基準「コーシャー・ライセンス」を日本酒として初めて取得した。また、女性ファン獲得のためにオリジナルグラスをデザインした。一般的に、日本酒は一合一八〇mlのグラスを枡に入れたスタイルで提供されることが多い。一八〇mlという量では酒に弱い人では飲み比べるには量が多すぎ、また枡を啜る飲み方は、女性を躊躇させてしまう。そこで九〇mlで飲むことを想定した、香りをより利きわけやすいオリジナルグラスをデザインしたのである。

海外での売り上げ拡大の結果もあり、二〇一四年には、獺祭はシリーズ合計一一四万本（二〇五二kl）、四九億円の売り上げを記録した。日本酒消費量は、一九七五年以降下降線を辿っているにもかかわらず、旭酒造の売り上げは二〇〇五年以降、一〇倍に上昇している。[*72]

本ステップでは三種類のチャネル・パートナーを紹介する。フェーズ１ＤＡＹ２の段階でチャネル・パートナーを把握できていない場合、改めて本ステップでチャネル・パートナーを発見する必要がある。

第一のチャネル・パートナーは、**コミュニケーション・チャネル**である。コミュニケーション・チャネルは、ターゲット顧客に製品のもつストーリーを伝達したり、顧客からの反応を受け取るためのチャネルである。新聞、雑誌、ラジオ、テレビといったマス・メディアに加えて、屋外広告、店頭広告、ウェブサイトなどが含まれる。

第二のチャネル・パートナーは、**流通チャネル**である。流通チャネルは、ターゲット顧客に届けるためのチャネルである。流通チャネルには、運送機関に加えて、流通業者、卸売業者、小売り業者が含まれる。

第三のチャネル・パートナーは、**販売チャネル**である。ターゲット顧客への製品の販売を行うチャネルである。小売り業者に加えて、ECサイト運営業者が含まれる。

販売チャネルは、ターゲット顧客とのラスト・ワン・マイルを構成するタッチ・ポイントであるため、単に製品を顧客に販売する以上に、ターゲット顧客からのフィードバックを収集できる非常に重要なチャネルである。顧客から直接フィードバックを得ることで、製品のブラッシュアップに利用できる。また、販売チャネルにおける顧客体験は、製品の売り上げ以上に、顧客満足度に大きく関与する。この意味では、販売チャネルは、製品のブランド構築を企業とともに担う存在であると言える。

これら三つの区分は、あくまで区分にすぎないため、ターゲット顧客に合わせて、それぞれ最適なチャネル・パートナーを選定する必要がある。なお、一つのチャネル・パートナーが複数の役割を兼ねる場合もある。

Wanicの場合、コミュニケーション・チャネル、流通チャネル、販売チャネルとして、外資系ホテルのバーやレストラン、さらにはオーセンティック・バーを選定した。これはターゲット顧客のペルソナを考慮したうえで決定した戦略である。WANICココナッツ・スピリッツの初期段階のターゲット顧客は、製品のストーリーを重視するハードリカー好きである。雰囲気の良い空間で、サービスマンやバーテンダーとの会話を通じてWANICのストーリーを紹介し、ターゲット顧客に興味を抱かせ、WANICを体験してもらうことを目指した。

ツール2　フィールドワーク

ツール2は、**フィールドワーク**である。フェーズ1DAY5において、フィールドワーク手法としての現場観察およびインタビューを紹介したため、ここでは、詳細の説明を省略する。なお、リソースの発見フェーズでは、デザイン機会の発見が主たるフィールドワークの目的であったが、リソースの拡大フェーズにおいては、すでにデザイン機会は発見されているため、フィールドワークの目的が異なる。具体的には、コンセプト、顧客体験、ビジネスモデル、サービス・エコシステムの四つのデザイン対象を洗練させるような、さらなるリソースの発見を目的としている。

フェーズ3のフィールドワークでは、三つのタスクが存在する。

タスク1　オペラント資源を発見する
タスク2　オペランド資源を発見する
タスク3　文脈価値を発見する

タスク1では、**オペラント資源を発見する**。フィールドワークを通じて、価値提案プロセスにおいて利用可能な新たなオペラント資源を発見し、顧客体験、サービス・エコシステム、ビジネスモデルのアップデートを行うことを目的としている。

リソースの統合段階では、すでに把握したリソースを踏まえて、価値提案、具体的には、顧客体験、サービス・エコシステム、ビジネスモデルの初期値を構築した。これに対して、リソースの拡大段階では、フィールドワークを通じて、これらのデザイン対象の初期値において組み込まれていなかったオペラント資源であっても、より優れたものへとアップデート可能なリソースであれば、新たなリソースとして活用する。具体的には、パートナーシップにおける四種類のパートナー、すなわち、顧客、技術パートナー、デザイン・パートナー、チャネル・パートナーを発見することで、これらのアップデートを行う。

オペラント資源発見後は、オペラント資源のオーナーとパートナーシップを締結し、オペラント資源の特性を踏まえ、顧客体験、サービス・エコシステム、ビジネスモデルのアップデートに活用する。

Wanicの場合、東ティモールでのテストを経て初期のサービス・エコシステムを構築したのち、LAODI社との出会いを通じて、新たなリソースとしての酒造りに関するスキルとナレッジを獲得した。そのうえで、これらのオペラント資源を踏まえたサービス・エコシステムを設計した。その後も、新たなパートナーを獲得するたびにサービス・エコシステムのアップデートを継続的に行ったうえで、顧客体験およびビジネスモデルのアップデートを行っている。

タスク2では、**オペランド資源を発見する**。フィールドワークを通じて、価値提案プロセスにおいて利用可能な新たなオペランド資源を発見し、顧客体験、サービス・エコシステム、ビジネスモデルのアップデートを行うことを目的としている。

リソースの統合段階では、すでに把握したリソースを踏まえて、価値提案、具体的には、顧客体験、サービス・エコシステム、ビジネスモデルの初期値を構築した。オペラント資源の場合と同様に、リソースの拡大段階では、フィールドワークを通じて、これらのデザイン対象の初期値において組み込まれていなかったオペランド資源であっても、より優れたものへとアップデート可能なリソースであれば、新たなリソースとして活用する。

オペランド資源発見後は、オペランド資源のオーナーとパートナーシップを締結し、顧客体験、サービス・エコシステム、ビジネスモデルのアップデートに活用する。

Wanicの場合、ラオスでの初期ロットのWANIココナッツ・スピリッツを製造したのち、オペランド資源としてのココヤシの実の代替案としてのココナッツ・ジュースを捜索するためにフィールドワークを実施した。ココナッツ・ジュースを仕入れることで、ココヤシの実の穴あけのコストを削減することができるためである。結果、新たなオペランド資源として、ココナッツ・オイル工場にてオイル製造プロセスに利用されないココ・ジュースを発見し、これをサービス・エコシステムへ組み込むこととした。

タスク3では、**文脈価値を発見する**。フィールドワークを通じて、顧客が新たな製品を使用する際に、より価値を見出す文脈を発見することを目的としている。

文脈価値は、製品の価値が顧客とともに共創される際に、ターゲットとなる顧客にとって最も魅力的な文脈を意味する。このような文脈価値は、リソースの発見や統合段階で発見することは難しい。実際に製品のプロトタイプをデザインしたのち、それをパートナーが手にとり、体験することで、発見することができる。例えば、顧客やユーザが新たな製品を体験することで、その顧客やユーザにとっての文脈価値を自身で発見する可能性がある。また、何らかの専門家がその製品を体験することで、専門家の立場から新たな解釈を与えてくれるだろう。

オペランド資源発見後は、顧客体験のストーリーのアップデート、コンテクスチュアル・プロトタイプのデザイン、さらには、ツール3で紹介する、ストーリーを伝達するメディアとしてのオウンド・メディア、顧客の店頭体験のためのメディア、さらには、顧客との継続的な関係性を構築するためのメディアとしてのソーシャル・メディアといった様々なメディアのデザインに活用することができる。

Wanicの場合、実際にフィリピンでWANICココナッツ・スピリッツの製品プロトタイプを製造したのち、それぞれの顧客にとっての文脈価値を発見してもらうために、様々な顧客にサンプルを配布した。例えば、顧客としてのバーテンダーから、その高い独自性をもつ味から、様々なカクテルを試してみたいという意見を得た。このような意見を踏まえて、パートナーとしてのバーテンダーに協力を依頼し、様々なサンプルカクテルを作成し、それをオウンド・メディアやボトルに付属するブックレットで紹介している。また、顧客としてのハードリカー愛飲者から製品の背後にあるストーリーをもっと知りたいという意見を得た。このような意見を踏まえて、オウンド・メディアやボトルに付属するブックレットにWANICココナッツ・スピリッツが生まれるまでのストーリーを記載した。

ツール3　プロトタイピング

ツール3は、**プロトタイピング**である。プロトタイピングでは、二つの領域を扱う。第一の領域は、顧客体験の可視化である。ターゲット顧客がデザインされた顧客体験を体験可能な状態とすることで、不確実性を減少させる。第二の領域は、新たな製品を顧客に伝達するためのメディアのデザインである。メディアを通じて新たな製品のブランドの想定顧客への認知および顧客との関係性を構築する。

プロトタイピングでは、六つのタスクが存在する。

タスク1　ファンクショナル・プロトタイプをデザインする
タスク2　デザイン・プロトタイプをデザインする
タスク3　コンテクスチュアル・プロトタイプをデザインする
タスク4　ストーリーを伝達するメディアをデザインする
タスク5　顧客の店頭体験のためのメディアをデザインする
タスク6　顧客との継続的な関係性を構築するためのメディアをデザインする

タスク1では、**ファンクショナル・プロトタイプ**をデザインする。新たな製品のもつ機能のうち主要なものを体験可能なプロトタイプをデザインすることを目的としている。

タスク2では、**デザイン・プロトタイプ**をデザインする。新たな製品の外観的特徴を認知可能なプロトタイプをデザインすることを目的としている。

タスク3では、**コンテクスチュアル・プロトタイプ**をデザインする。新たな製品が実際に使用される文脈を体験可能なプロトタイプをデザインすることを目的としている。

製品のコンセプトを体験可能な状態へと可視化する際には、実際に製品を顧客が購入する段階において現れるＦＭＯＴを考慮する必要がある。ＦＭＯＴのデザインとは、顧客による閲覧を対象としていることから、インタフェース・デザインの領域にあたる。

ＦＭＯＴに加えて、製品をデザインする際に、実際に製品を使用する段階において現れるＳＭＯＴも考慮する必要がある。ＳＭＯＴのデザインとは、実際の製品の顧客による体験を対象としていることから、インタラクション・デザインの領域にあたる。

ＦＭＯＴとＳＭＯＴのデザインにあたって活用できるのが、フェーズ２ＤＡＹ８で記述したストーリーである。ストーリーそれ自体には、製品を顧客が購入するタッチ・ポイントや製品を顧客が利用する際のインタラクション・プロセスが、綿密に記述されているはずだ。ＦＭＯＴの観点からすれば、タッチ・ポイントにおいて顧客が閲覧するインタフェースとしての魅力を十分に備えておかなければならず、ＳＭＯＴの観点からすれば、魅力的なインタラクションを提示していなければならない。逆に言えば、この時点で魅力が低いことがわかれば、プロトタイプとともにストーリーそれ自体を修正する必要がある。

ウェブサイトやアプリケーションの場合、画面のスケッチから開始する。スケッチをもとにデザイン・プロトタイプが完成したら、ファンクショナル・プロトタイプを実装し、それをもとにビデオ・プロトタイプなどのコンテクスチュアル・プロトタイプを作成していく。

モノの場合、形のスケッチから始め、ダンボール、スチレンボード、木材、スタイロフォームなどを使って、ダーティ・プロトタイプを完成させる。ダーティ・プロトタイプが完成したら、ウェブやアプリと同様に、ファンクショナル・プロトタイプ、ビデオ・プロトタイプを作成していく。

実空間上で提供するサービスの場合、ストーリーや、ストーリーをタッチ・ポイントごとにグラフィカルに表現するストーリー・ボードに落としこみ、象徴的なシーンをピックアップし、ビデオ・プロトタイプを作成していく。

機能、外観、そして使用される文脈の観点からコンセプトを可視化することで、イノベーション・チーム内だけではなく、コア・チームや他のチーム、さらには想定顧客との間に共通言語が生まれる。共通言語が存在することで、議論は生きたものとなる。皆でああでもないこうでもないと試行錯誤することで、顧客体験の精度が高められるのである。

FMOTおよびSMOTの観点から言えば、Wanicの場合、特に魅力的なインタフェースのデザインに細心の注意を払っている。例えば、フレッシュWANICは、現地のリゾートで飲むというシチュエーションを先進国の顧客が最大限楽しめるように、魅力的なインタフェースのデザインを心がけた。その結果、ココヤシ由来であることを最大限にアピールする意味を込めて、ココヤシの実を使ってサーブする方式を採用した。また、WANICココナッツ・スピリッツについては、先進国の顧客にとって、高価格帯の蒸留酒にふさわしいボトル、ラベル、そしてパッケージ・デザインを心がけた。高級感あふれる化粧箱を用意することで、バーに陳列されていても、自宅用に購入しても、存在感を演出することを狙いとしている。

タスク1、2、3を通じてデザインしたZMOT、FMOT、SMOTは、ツール4のテストの対象となる。テストを通じて改善案を抽出し、プロトタイプのブラッシュアップに活用することで、コンセプトが洗練されるだけではなく、ブランドの精緻化が可能となる。

タスク4では、**ストーリーを伝達するメディア**をデザインする。ターゲット顧客が新たな製品を視覚的に認知しない、体験しない段階であるZMOTに対するメディアをデザインし、新たなカテゴリの製品のブランドを適切に認知させ、実際に購入を促すことを目的としている。

本ステップでは、四つのメディアを紹介する。四つのメディアはそれぞれ異なる特徴をもつ。また、顧客とメディアとの関係性を示す瞬間として、想定顧客がその製品を購入する前の意思決定の段階であるZMOT、想定顧客が新たな製品を店頭で視覚的に認知する最初の三－七秒の段階であるFMOT、それぞれ異なる特徴をもつため、利用可能なメディアの組み合わせも異なる。したがって、それぞれに対して異なるメディアプロモーション戦略が求められる。

ペイド・メディア

ペイド・メディアは、費用をかけて利用するメディアである。検索エンジンなどに掲載される、クリック数に応じてコストが発生するPPC（Pay Per Click）広告、ウェブページの一部として埋め込まれて表示されるディスプレイ広告、さらには、テレビ広告、新聞広告、雑誌広告などが挙げられる。ここでは、少額の投資から始められるネット広告を中心に説明する。

ペイド・メディアのうちネット広告については、iOSや多くのブラウザにおいてアドブロック機能が標準化されつつある時流を踏まえると、ネイティブ広告が主流となると予測できる。

ネイティブ広告とは、記事に自然に溶け込んだ広告形態であり、ユーザに比較的ストレスを与えることなく情報を届ける広告を指す。ネイティブ広告の種類は、インフィード型、ペイドサーチ型、レコメンドウィジェット型、プロモートリスティング型、ネイティブ要素をもつインアド型、カスタム型の六種類が存在する。[*73]

これらの六つのネイティブ広告、さらにはテレビ広告、雑誌広告を含めたペイド・メディアを用いたＺＭＯＴに対するアプローチは、想定顧客の属性を踏まえて、適切に組み合わせて利用する必要がある。例えば、シニア向けの製品のプロモーションを行う場合、Twitterを用いてインフィード型の広告を配信しても十分な効果は得られない。なぜならば、新聞やＴＶなど、Twitter以上にシニアが閲覧するメディアはほかに存在するためだ。一方、ウェブサービスやスマートフォンアプリなど、ウェブやアプリのみでビジネスが完結する場合、インフィード型やペイドサーチ型のネイティブ広告を活用することで十分な結果を得られる可能性もある。いずれにせよ、闇雲に広告を出稿していてはコストがかさむばかりである。メディアと想定顧客の特性を踏まえた仮説構築とテストを繰り返し行い、自社製品にとっての最適解を発見する必要がある。

想定顧客の絞り込みだけではなく、広告に利用するコピー、グラフィックもまた、仮説検証の際の重要なパラメータとなる。想定顧客のみをターゲットとして設定したうえで、ブランドを伝達するためのコピーやグラフィックの様々なパタンを用意し、仮説検証を繰り返すことで、想定顧客に対して最も効果的なクリエイティブを発見する必要がある。現在、このような作業は、人の手によって行われているが、深層学習を通じて大量のコピーとグラフィックを生成し、想定顧客に対して最も効果の高い案を評価するサービスもすでに登場している。

オウンド・メディア

オウンド・メディアは、組織が管理運営し、情報発信するメディアである。自社運営サイト、自社発行の広報誌やパンフレットなどが挙げられる。ここでは、費用対効果から、自社運営ウェブサイトを中心に説明する。

自社運営ウェブサイトは最も企業のコントロールの効くメディアである。新しい製品を説明するテキスト、画像、映像を自由にレイアウトできることに加えて、それらが美しく表現され、使いやすいインタフェースで提供されていたならば、顧客は、その製品に対して魅力を感じるはずだ。さらに、製品に関する魅力的なストーリーがそのウェブサイトを通じて語られることで、顧客はさらに、当該製品に対する魅力を強固なものにしていくだろう。

オウンド・メディアを構築しても、顧客がそれを発見することができなければ十分な効果が得られない。したがって、オウンド・メディアを顧客に認知させるために、二つのアプローチを利用する。

第一のアプローチは、ペイド・メディアの活用である。ターゲットに合わせて様々な種類の広告をデザインし、様々なメディアの特性を踏まえて配信する。どのメディアを選択するかは製品の性質、さらには想定する顧客像ごとに異なる。また、広告のクリエイティブ自体についても、想定顧客とメディアに応じて変化する。投入する費用に併せて認知度も向上するというメリットがある。

第二のアプローチは、ＳＥＯ（検索エンジン最適化）の活用である。GoogleやYahooなどの自然検索からの流入を増加させるための戦略である。ＳＥＯといっても、検索エンジンの仕様を逆手にとった小手先のテクニックではなく、想定顧客の関心に合わせたコンテンツを提供する、本質的なアプローチを採用する必要がある。具体的には、顧客の関心を満たすコンテンツを自社運営のサイト内に地道に増やし、自然検索の流入を増加させる。このようなアプローチは、コンテンツの質を担保するためのコストを必要とするが、持続的、長期的な認知度の向上に貢献するというメリットがある。

アーンド・メディア

アーンド・メディアは、顧客やユーザからの評判や信用などを得るメディアである。各種の比較サイトや口コミサイトに加えて、製品を紹介するブログ、TwitterやFacebookなどのソーシャル・ネットワーク・サービスが挙げられる。

アーンド・メディアは、ポジティブな意味でも、ネガティブな意味でもコントロールの効かないメディアである。一度炎上してしまえば、企業にとって短期的に大きな損失を被るだけではなく、検索エンジン上にログが半永久的に残るため、信用回復は困難である。しかしながら、製品のファンが口コミを通じてその魅力を伝えてくれ、その魅力が拡散していく際のスピードや規模を考えると、ペイド・メディアやオウンド・メディア以上に強力なアプローチと言える。

アーンド・メディア上における評価を得るためのアプローチとして、地道に魅力的な製品をデザインすることに尽きる。新たな製品をリリースし、それを購入し、体験した顧客が製品の魅力に取り憑かれて、アーンド・メディア上に書き込みを行う。この書き込みこそがZMOTにおいて新たな顧客の判断に活用されるのである。

確かに、記事コンテンツとして、インフルエンサーとしてのブロガーやライターに広告料を払うといったアプローチも考えられる。短期的には、著名ブロガーの力で製品が購入されるかもしれない。オウンド・メディアへのリンクを張ることで一時的にはPVが向上するかもしれない。しかしながら、中長期的には製品そのものの魅力に乏しければ、顧客はそれをリピートしないのである。

ソーシャル・メディア

ソーシャル・メディアは、バーチャルコミュニティやネットワークを通じて様々な情報を作成し、また共有するためのメディアである。ソーシャル・メディアは、新聞、テレビなどの産業メディアと区別され、誰もが自由に情報を発信できることを特徴としている。

主なソーシャル・メディアとして、電子掲示板、ブログ、ナレッジコミュニティ、ソーシャル・ネットワーキング・サービスがある。ソーシャル・ネットワーキング・サービスは、人間関係、所属、価値観、関心、地理情報などといった一つ以上の関係によって結びつけられたノードからなる社会的ネットワークを構築できるサービスである。

購入前と購入後では組織によるソーシャル・メディア、特にソーシャル・ネットワーキング・サービスの利用アプローチが異なる。例えば、ZMOTにおいては、製品を認知させることを目的として、ペイド・メディアを通じてソーシャル・メディアへ誘導し、情報提供を行うといったアプローチが用いられている。一方、製品を購入したあとでは、持続的に顧客との関係性を継続することを目的として、ソーシャル・メディアにおいて顧客とインタラクションをとるアプローチが用いられることとなる。

これら四つのメディアの特性および新たなカテゴリの製品の性質を踏まえながら、自社にとっての最適なメディア戦略を考える必要がある。ツール1で紹介した、いいちこの事例は、新聞広告や雑誌広告など、ペイド・メディアと呼ばれる費用をかけて利用するメディア、自社発行の広報誌など、オウンド・メディアと呼ばれる自社所有のメディアを活用した事例である。購入前の調査において現われる意思決定の体験としてのZMOTに対するアプローチを設計する場合、このようなオウンド・メディアに加えて、ペイド・メディアを組み合わせた情報発信およびコミュニケーションを検討する必要がある。

Wanicの場合、オウンド・メディアとして製品サイトおよびECサイトを運営している。製品サイトでは、製品であるフレッシュWANI-C、WANI-Cツールキット、そしてWANI-Cココナッツ・スピリッツをリリースするまでの様々なストーリーを紹介しているだけではなく、様々なメディアでの紹介情報をも併せて掲載している。また、世界初、フィリピン、ラオス、ココヤシ、ココナッツ・ジュース、蒸留酒といったキーワードを含めたコンテンツを提供している。これらのキーワードで検索するメディアやユーザを確実に捉えることを目的としている。アーンド・メディアについては、Wanicの生まれたプロダクトデザインコンテストである See-D関連の取材や、クラウド・ファンディング関連の取材を通じてまとめられたいくつかの記事がソーシャル・メディア上に流通している。今後もアーンド・メディアでの評価を得るべく、顧客体験の向上に向けて製品改良を継続するだけではなく、メディアの取材については積極的に対応していく予定である。

タスク5では、**店頭体験のためのメディア**をデザインする。想定顧客が新たな製品を店頭で視覚的に認知する最初の三－七秒の段階であるＦＭＯＴに対するメディアをデザインし、新たなカテゴリの製品のブランドを適切に認知させ、実際に購入を促すことを目的としている。

ＦＭＯＴに対しては、その提唱者であるＰ＆Ｇ社が最も重要性を認識している。例えば、Director of First Moment of Truth、すなわちＦＭＯＴディレクターという役割を新設している。ＦＭＯＴディレクターの役割は、他社ブランドとの店頭での競争に勝利するために、小売りパートナーとともに継続的な販売計画を立案し、仮説検証を繰り返すことである。製品それ自体のデザイン・プロセスと同様に、現場ごとの仮説検証および効果測定を地道に繰り返すことによって、プロモーションの精度も高められるためである。

ウェブサービスやアプリなどオンラインで提供されるサービスや、ウェブで製品を直販するＥＣサイトの場合、ペイド、オウンド、アーンドのトリプル・メディアを通じて、ＦＭＯＴからＺＭＯＴへのシームレスな移行が可能となる。例えば、ペイド・メディア上であるTwitterのインフィード広告内にある製品のネイティブ広告が表示されたとする。顧客がそれをクリックすると製品の紹介ページが表示され、そこで製品が作られるまでの魅力的なストーリーがふんだんに写真を使って語られているとする。そのストーリーを読み、ブランドに魅了された顧客が、ページの下部にある購入ボタンを納得してクリックし、その製品を購入するといった流れである。このような場合、ZMOTとFMOTはシームレスに融合している。

一方、製品を通じてサービスが提供される場合、あるいは店頭での販売の場合、実際の店頭におけるFMOTに対するアプローチが求められる。このようなアプローチとして、店頭広告、陳列棚ディスプレイ、パッケージ、接客といった店頭プロモーション方法が考えられる。

FMOTのための店頭広告は、従来ではグラフィック広告が主流であったが、最近では店内のサイネージシステム上で放送するTVコマーシャルが主流である。例えば、ウォルマートの店内TVネットワークSMART networkは、月あたり一億回の広告表示と二二〇〇万人のユニークユーザを誇る。[*74] 企業のマーケターがかつてネットワークTVを通じてリーチできていたようなマスオーディエンスを、ウォルマートは事実、自社内のTVネットワーク上に作り出しているのである。

FMOTにおける陳列棚ディスプレイをデザインする場合、実際に製品を体験させるためにディスプレイをデザインするというアプローチが存在する。例えば、Apple Storeに入ると、製品そのものがテーブルに設置されていることがわかる。Macシリーズであれば、直接設置されており、iPhone、iPad、Apple watchといったデバイスは、展示台の上に設置してある。これらのディスプレイや展示台の角度は、Apple Storeに来場する顧客がそれを閲覧・体験しやすいように微妙に角度がつけられている。[*75]

このような顧客の身体に合わせたディスプレイのデザインという視点は、P&G社も採用している。例えば、幼児向けのトイレトレーニング用お尻拭きKandoo Wipesを発売するにあたって、P&G社は、赤ちゃんの視線に合わせたディスプレイを展開した。小売り業者に製品を幼児の目線の高さ程度の低い棚に置くように指示しただけではなく、幼児の注意を惹きつけるように、Kandoo Wipesの製品キャラクターである蛙のマスコットの形をしたオリジナルディスプレイを設置するように依頼したのである。

陳列棚ディスプレイのデザインの場合、ディスプレイそのものを工夫することに加えて、製品とともにパンフレットなどの情報提供媒体を配布することで、ブランドの伝達に努めることができる。例えば、P&G社は、パンパースの新しいラインを発表する際、ある店内プロモーションを実施した。この新ラインのコンセプトは、「Babies First」であり、店頭で、子供の予防接種、チャイルドシート、健康的な食事などに関する情報が記載されたパンフレットを配布した。

また、P&G社は、パンパースをイギリスで展開する際、少々変わったディスプレイをデザインした。このディスプレイはなんと店内ではなく、赤ちゃん向けのおむつ交換台が備えつけられたトイレに設置されたのである。大人でも手が届かない程度の高さに、あるメッセージとともに偽モノの巨大なドアノブが取りつけられた。そのメッセージとは、「赤ちゃんはモノをとるために背伸びをしなければなりません。それゆえに、赤ちゃんはパンパースActive Fitに採用された、余分な伸縮性を好むのです」というものであった。

ここまで陳列ディスプレイに関する事例を紹介してきたが、FMOTに訴求するためにはパッケージそのものにも工夫を凝らす必要がある。例えば、P&G社は、アートからサイエンスへの標語とともに、パッケージをデザインし、効果測定を行っている。そのコンセプトは、いかにして買物客をinterruptするかである。その効果を測定するために、P&G社はシンシナティとジュネーブにモックストアを建設している。実際に効果測定対象のパッケージを競合製品とともに陳列し、想定顧客をモックストアに招待するためである。テストに参加してもらい、彼らを実際にinterruptさせることができるかどうかを検証しているのだ。

優れたパッケージ・デザインのもう一つの事例として、Appleのパッケージを取り上げてみたい。Apple Storeでは、製品が直接展示されているため、パッケージを見る機会は少ない。しかしながら、実際にパッケージに触れると、細部にわたって計算がしつくされていることがわかる。例えば、パッケージそれ自体は、歪みのない立方体で構成されている。素材は、茶色のダンボールではなく、白く肌触りの良い紙が使われている。表面には実際の製品の写真がプリントされており、しかもその製品の特徴的な要素が明確に伝わるような写真が選定されている。例えばMac Book Airならば、その薄さが化粧箱からもわかるような写真が意図的に選ばれているのだ。また、他のメーカーと異なり、表面に記載された商品コピーやスペック情報は目立つことはない。さらに、化粧箱を開けると、Apple製品独特の匂いを感じとれる。

P&G社とAppleの事例からわかることは、当然ながら、他社製品と比較して際立った特徴がなければ、買物客は製品を容易には認知できないということである。店頭にポップアップ広告を設置したとしても、製品それ自体の色、形、テクスチャ、マテリアルといった製品とパッケージのFMOTに関係するデザイン言語にブランドを体現する特徴が求められるのである。RDIプロセスの早い段階であれば、フェーズ2DAY7のコンセプト構築の段階で考慮されているべき要素である。また、チャネル・パートナーが確定したのち、そのチャネルにおけるディスプレイ方法を事前に調査し、パッケージを検討することもできるだろう。

店頭における最後のひと押しを担うのは、店頭接客である。Apple Storeのように、独自店舗をチャネルとして設定していれば、店頭接客に対する制御も十分に可能であるが、多くの場合、独自店舗ではなく、他の製品も存在する店舗における店頭接客に対する制御をデザインしなければならない。提供価値を伝えるための接客方法の指示までを含んだ営業資料を提供するだけではなく、実際に営業マンが接客方法を演じるといった工夫も求められる。

さらに言えば、単に営業資料を渡すだけで店舗スタッフが製品の説明を十分に行えるかというと話はそう甘くはない。なぜならば、店舗には多数の営業マンが大量の資料を日々持参し、店舗スタッフは数えきれないほどの製品情報を扱う必要があるためである。たとえ魅力的なストーリーを伴う新しい製品であっても、営業マン次第では、店舗スタッフの記憶に残らない製品となる可能性がある。この段階に至っては、人と人との関係性で店員のもつ製品への印象も大きく異なるため、営業マンには、店舗との常日頃のコミュニケーションを通じた関係性の構築が求められる。

Wanicの場合、すでに説明したように、パッケージ・デザインにおいてFMOTを意識したデザインを採用している。フレッシュWANICのココヤシの実を使った容器に加えて、WANICココナッツ・スピリッツの高級感あふれるパッケージ・デザインを通じて、顧客がレストランやバーの店頭でこれらを認知するだけでそのブランドを認知させることを狙いとしている。また、WANICのブックレットは単に顧客が閲覧するために用意しているわけではない。レストランやバーのスタッフにWANICのストーリーを理解してもらい、接客に役立ててもらうという別の目的もあるのだ。

タスク6では、**顧客との継続的な関係性を構築するためのメディア**をデザインする。製品を実際に購入した顧客と組織が継続的に利益をもたらす関係を構築するためのメディアをデザインし、顧客との関係性を長期的に維持することを目的としている。

タスク4では、製品のリリース後、想定顧客に製品を認知させることを目的としたメディアプロモーション戦略が求められた。加えて、顧客が実際に製品を購入したのち、企業と持続的な関係性を構築し、その関係性を中長期的に維持するためのメディア運営手法が求められる。このような目的に対して、ソーシャル・メディアの中でもソーシャル・ネットワーキング・サービスが最適である。

オウンド・メディアは確かにブランド価値を伝達するためには最も有効なメディアである。また、オウンド・メディア内にユーザ・フォーラムを設置し、顧客とのインタラクションを実現することもできるだろう。しかしながら、逐一ユーザがオウンド・メディアを巡回することは期待できない。顧客やユーザが普段から常駐しているソーシャル・ネットワーキング・サービスにおいて、製品とのインタラクションが自然と開始されているといった状態を作り出すことが両者にとって望ましいかたちだろう。

二〇一七年初頭の段階で有力なソーシャル・ネットワーキング・サービスといえば、Facebook、Twitter、Instagramなどが挙げられる。それぞれの国内の利用者数は、フェイスブック二六〇〇万人、*76 ツイッター四〇〇〇万人、*77 インスタグラム一二〇〇万人*78に上る。これらのソーシャル・ネットワーキング・サービスは、それぞれ異なる特徴をもつため、企業、製品、サービスの性質に合わせて個別の運用ガイドラインを構築する必要がある。

ソーシャル・ネットワーキング・サービスは顧客の生の声を獲得し、顧客とのインタラクションを実現するための最も身近なツールである。インタラクションを通じて得られたデータは、製品の性質に合わせて開発サイクルを定め、バージョンアップに活用していく。例えば、ウェブサービスであれば、月曜にデータを集計し、金曜にマイナーバージョンアップ版をリリースするといったようなサイクルを繰り返し、持続的な改善を行う場合にも有効活用できるだろう。

最後に、ソーシャル・ネットワーキング・サービスの運用は、ガイドラインをしっかりと定めたうえで、自社のスタッフの手で実施することが望ましい。アカウント運営代行の会社に依頼することも確かに可能であるし、そのような会社は数多く存在する。しかしながら、代行会社がトラブルを起こすリスク以上に、自社の製品に最も愛着をもっている自社の人間がアカウントを運営し、顧客との直接的な関係を構築することで、顧客とともに、顧客のために製品をデザインすることができるためだ。製品への愛は自社の人間が最も深くあるべきであるし、実際に自社への製品に愛着をもてないような会社であれば、持続的な競争力を獲得することも難しいだろう。

ツール4　テスト

ツール4は、**テスト**である。プロトタイピングを通じてデザインされた様々なプロトタイプは単にデザインされただけでは不十分である。なぜならば、その価値は、顧客がプロトタイプの使用を通じて判断して初めて紡ぎ出されるためである。パートナーとともにプロトタイプをデザインするにあたって得た知見や、顧客が実際にプロトタイプを体験したうえで共有したフィードバックは、チームにフィードバックされることで、新たなオペラント資源として機能し、次のプロトタイプのデザインに活かされることとなる。

テストでは、三つのタスクが存在する。

タスク1　コンセプト&顧客体験をテストする
タスク2　サービス・エコシステム&ビジネスモデルをテストする
タスク3　三つのメディアをテストする

タスク1では、**コンセプトおよび顧客体験**をテストする。テストを通じて、製品を実際に顧客に利用してもらい、評価を行う調査手法である。厳密に区分すればユーザと顧客は異なる対象であるが、本ステップでは、顧客とユーザとして製品を体験するケースを想定して説明を行う。まずは、テストを通じて検証する要素を説明したうえで、様々な手法とその特性を紹介したい。

テストを通じて検証可能な新たな製品の要素とは、コンセプト、ユーザビリティ、ユーザ・エクスペリエンス（UX）である。

コンセプトとは、フェーズ2DAY7で構築したコンセプトを指す。提案価値そのものを検証する。

ユーザビリティとは、「特定のコンテキストにおいて、特定のユーザによって、ある製品が特定の目標を達成するために用いられる際の効果、効率、ユーザの満足度の度合い」を指す。[*79] 効果とは、ユーザが目標を達成できるかどうか、効率とは、なるべく最短経路で目標を達成できるかどうか、満足度とは、ユーザに不愉快な思いをさせていないかどうかを意味する。

UXとは、ユーザビリティよりも広い概念であり、ユーザがある製品を使ったときに得られる全体の経験を指す。フェーズ2DAY8の顧客体験デザインの項目において設定したストーリーどおりに顧客がゴールに到達するまでの過程で、顧客に適切な経験が提供できているかどうかが鍵となる。

それぞれの要素の検証は、異なるプロトタイプを用いて実施される。コンセプトの検証は、ラピッド・プロトタイプやファンクショナル・プロトタイプを用いて行う。実際に作ってみたものの、チームの意図どおりの顧客体験を提供できない場合は、アプローチそのものを再検討する必要がある。ユーザビリティ、UXの検証は、ファンクショナル・プロトタイプ、デザイン・プロトタイプ、さらには、ファンクショナル・プロトタイプとデザイン・プロトタイプを組み合わせた、製品に限りなく近いワーキング・プロトタイプを用いて行われる。

テストのアプローチには、定性調査と定量調査の二パタンが存在する。定性調査は、インタビューや観察などの定性的なデータを取得することを目的としており、仮説生成と相性が良い。一方、定量調査は、質問票などの定量的なデータを取得することを目的としており、仮説検証と相性が良い。

テスト計画

テストは、フィールド調査と同様に計画を立案しなければならない。その最初のステップが、目的の設定である。データ収集のプロセスにおいて実施するフィールド調査では、観察やインタビューを通じてコンセプト構築のための仮説を生成することを目的としていた。これに対して、製品のプロトタイプをデザインした段階では、テストを通じて製品に関連する仮説を検証することに加えて、改善案立案のための仮説を生成することを目的とする。

次に、ターゲットを検討する。まず、ターゲットについては、実際の想定顧客が基本となるが、想定顧客をどこまで細分化して検証を行うかが問題となる。具体的には、一つのパラメータにつき最低五人に対して実施することが望ましい。例えば、ターゲットが大学生の新たなサービスを検討する場合、大学生の男女五名ずつに対してテストを実施する。パラメータを追加すれば、さらに多くの調査対象者が必要となる。例えばＩＴリテラシという新たなパラメータを定義したうえで追加することで、マトリクスは大学生・男、大学生・女の二セルから、大学生・男・高ＩＴリテラシ、大学生・女・高ＩＴリテラシ、大学生・男・低ＩＴリテラシ、大学生・女・ＩＴ低リテラシの四セルへと拡大する。

続いて、検証項目を検討する。目的が仮説生成の場合、特に検証したい項目にフォーカスし、残りは、製品の全体的な体験を調査する。例えば、会員登録ページの改善に関する仮説生成が目的の場合、会員登録への動線、入力項目、説明テキストなどが検証項目として挙げられる。一方、目的が仮説検証の場合、検証項目は、フェーズ２ＤＡＹ８でデザインしたストーリーに応じて決定される。例えば、パブリックスペースに設置されたインタラクティブ・システムの周辺に設置されたディスプレイに投影された映像効果を通じて、システム周辺に存在する見込みユーザをシステムに誘うといったストーリーを記述していたとする。この場合、実際に制作した映像表現と見込みユーザが検証項目となる。

最後に、検証方法を検討する。検証は、観察、インタビュー、質問表のいずれか、あるいはそれらの組み合わせによって行う。定性調査を実施する場合、観察とインタビューを組み合わせて行うことが多いため、事前インタビュー、観察、事後インタビューの流れで行うことが一般的である。また、定量調査の場合、対面での実施は稀であるため、質問表のみで実施することが一般的である。ここでは、定性調査については、**顧客インタビュー**、**プロトコル分析**、**エ**

キスパート・レビュー、定量調査については**アンケート調査**を紹介する。

顧客インタビュー

インタビュー計画では、何を明らかにするために、どのような手法で、誰に対して、どんな質問を投げかけるかを明らかにする必要がある。顧客インタビューの場合、対象はBtoCないしBtoBの顧客、手法は、半構造化インタビューが望ましい。質問項目は、インタビュー目的に応じて、おおまかな質問の内容を確定しておく必要がある。顧客といってもその対象は非常に幅広い。テスト計画で検討したターゲットを踏まえ、その製品の想定顧客を対象としていくつかのパラメータを設定し、マトリクスを組み、インタビュイーを選定する必要がある。

顧客インタビューを実施する際、インタビュー内容を必ず記録しておく。顧客インタビューの場合、マトリクスのセルの数ほどインタビュイーが存在するため、体力的、時間的に余裕をもった計画を立てる必要がある。なお、インタビュー結果は、文字起こしを行い、チームで共有する。文字起こし結果から、フェーズ1DAY6で紹介した「テキスト分析」を活用することで、顧客インタビューで用いた評価対象の改良への知見を獲得できる。

プロトコル分析

同じ顧客を対象にしつつも、観察を通じてデータを収集する方法に、プロトコル分析*[80]がある。プロトコル分析は、調査対象者に特定のタスクを与え、タスクを実行してもらいながら、調査対象者の行動と考えをそのつど口に出して説明してもらう評価手法である。タスクの実行プロセスを観察することで、顧客体験を検証することができる。

タスクは明瞭であることが望ましく、必ずゴールを設定する。例えば、「このウェブサイトをひと通り使ってみてください」は不明瞭なタスクである。一方、「ウェブサイト内で、会社の所在地を探してください」、あるいは「写真に好きなエフェクトを追加して、アップロードしてください」などは明瞭なタスクである。なお、プロトコル分析は、プロダクト全体ではなく部分的な機能のテストに向いている。

プロトコル分析には二通りの方法が存在する。第一に、同時プロトコル分析は、課題に取り組みながら調査自身が何を行い、考え、感じているかを評価者に伝える。第二に、回想式プロトコル分析は、黙ったままタスクを完了してもらい、完了後に、操作中の映像を見直しながら、行動を振り返ってコメントしてもらう。同時プロトコル分析と比較して、回想式プロトコル分析の場合、多くの時間を要する。一方、調査対象者の行動の理由や意図を深堀りすることができる。

プロトコル分析を行う場合、観察者は、タスク実行者の行動をステップごとに詳細にわたって記述する。その際、タスク実行者の発言、表情や感情、さらには評価者のコメントなども合わせて記述していく。実際に、プロトコル分析のレポートをまとめる際には、これらが明瞭に区分されたかたちで記述されることが望ましい。最終的に、評価者の知見と改善案などを含めてまとめる。

エキスパート・レビュー

プロトコル分析の場合、調査対象者と評価者が必要であったが、評価者だけで行えるテストも存在する。その代表がエキスパート・レビューである。エキスパート・レビューは、専門家がその経験と直感的洞察に基づいて製品の問題点を摘出する方法である。エキスパート・レビューでは、様々なデザイン原則に基づいて評価項目を設定する。代表的なデザイン原則に、ヤコブ・ニールセンの考案した10ヒューリスティックス[*81]、シュナイダーマンの八つの黄金律[*82]、ISO 9241 Part-10対話の原則[*83]などがある。

例えば、10ヒューリスティックスのうち、第一の原則は、「システム状態の視認性を高める」である。具体的には、システムは、妥当な時間内に適切なフィードバックを提供して、今、何を実行しているかをユーザに知らせなくてはならないという原則を指す。ファイル転送やファイルダウンロード時に表示される、進行状況を示すプログレスバーは、この原則を満たす機能である。本書ではすべての原則を紹介することはしないが、製品の一般的な機能については、これらの原則を通じて、顧客体験を評価しておき、製品の特徴的な顧客体験の部分については、独自に評価項目を設定するといった適用方法が考えられる。

なお、エキスパート・レビューは、複数の評価者によって実施されることが望ましく、五人で実施されることで、八五％の問題が明らかになると言われている。[*84] 実際の評価プロセスでは、まず、評価者は単独で評価を実施し、評価者による個別評価を実施したのち、評価者ミーティングを実施し、各々の調査結果を共有する。なお、評価レポートでは、評価者自身の評価実績や経験年数を補足情報として記述しておくことが望ましい。

アンケート調査

製品において実装された仮説を統計的に検証する場合、アンケート調査が有効である。アンケート調査には二種類の調査方法が存在する。

第一は全数調査である。母集団すべてのメンバを選んでデータを収集する。学校や会社といった比較的小規模の集団を対象とする場合、全数調査を実施することができる。一方、県や国、あるいは一〇〇万規模のユーザをもつ製品に関する調査を行う場合、全数調査は現実的な選択肢とは言えない。そこで一部のメンバで調査を行う方法が求められる。これが、第二の調査方法としての標本調査である。

標本調査では、母集団から一定のサンプルを抽出し、データを取得し、データに基づいて母集団の特性を推論する。標本調査には、ある母集団から無作為にサンプルを抽出する無作為抽出法、相互排他的な各部分母集団ごとにサンプルを抽出する層別抽出法、ある母集団の一覧から等間隔でサンプルを抽出する系統抽出法などのサンプリング法が存在する。*85

なお、調査目的に合わせて設問を作成する際、先入観を与えるような質問や誘導的な質問を避けなければならない。例えば、ある会社の製品の使いやすさを求める場合、「この製品は使いやすいですか？　はい、いいえで答えてください」という質問を提示した場合、「はい」という回答を誘導していると言える。誘導的ではない設問と回答の組み合わせとして、「この製品を使ってみた感想を聞かせてください」という質問を提示し、「使いづらい、普通、使いやすい」といった尺度の選択肢を提供する、あるいは自由記述欄を提供することが望ましい。

タスク2では、**サービス・エコシステムおよびビジネスモデル**をテストする。新たな製品を顧客が体験するまでの一覧のプロセスを実際にテストすることで、サービス・エコシステムおよびビジネスモデルのもつ課題を浮き彫りにすることを目的としている。

Wanicの場合、フィリピンでのWANIC ココナッツ・スピリッツのプロトタイピングを経て製品化の意思決定を行い、ラオスでサービス・エコシステムの初期値を設定した。実際に、初期ロットを回してみることで、ラオスにおけるサービス・エコシステムのもつ課題が明らかになった。具体的な課題は二点ある。第一の課題は、ココヤシ産業のエコシステムである。ラオスでは、既存のココナッツ産業が存在しないため、ココヤシの大量調達が困難であるだけではなく、コストもかさんでしまう。これに対してフィリピンの場合、世界第二位の生産量を背景に、ココナッツ・ウォーター工場、ココナッツ・オイル工場、ココナッツ・ピート工場など、様々なココナッツ産業が存在し、エコシステムを形成している。これらのエコシステムに参加することで、ココヤシの調達だけではなく、コストダウンも可能になる。第二の課題は、輸送コストである。ラオスは内陸の国であり、コストを抑えるために船便を選択しようとしても、いったん港の存在するベトナムまで陸路での輸送が求められる。結果、空路による輸送とほぼ変わらないコストが発生してしまう。これに対してフィリピンの場合、多数の島で構成されており、どのココヤシの産地も海に面している。ラオスで構築したサービス・エコシステムの実際の運用を通じてこれらの課題が発生したことで、これら機会を梯子として、サービス・エコシステムのアップデートに求められるリソースの獲得を目指して、プロジェクトは新たなフェーズへと相転移した。確かに統計上ではココヤシの生産は十分にあることはわかっていた。しかしながら、実際の運用という新たなリソースを獲得したことで初めて、現在のエコシステムのフィージビリティに対する疑問を実感し、より確からしい手段の構築へと進めることができたと言える。

タスク3では、ZMOT、FMOTに関する**三つのメディア**をテストする。新たな製品の魅力を顧客に伝達するためのメディアを実際に顧客に提示することで、これらのメディアのもつ課題を浮き彫りにすることを目的としている。

アクセス解析

製品がウェブサイトやアプリケーションの場合、アクセス解析を利用できる。アクセス解析では、ウェブサイトやアプリへのアクセスに関する様々なデータを解析することを目的としている。アクセスに関するデータを統計的に処理することで、仮説検証に役立てることができるだけではなく、解析結果をもとに仮説生成に利用することができる。

例えば、Googleの提供しているGoogle Analyticsを利用することで、訪問者の性別、年齢、地域情報といった属性情報に加えて、ウェブサイトに訪れた訪問者の数、一ページあたりの訪問者数、さらにはどのサイトから遷移してきたのか、どのページで離脱したのかといった多岐にわたるデータを利用できる。例えば、ページデザインやコンテンツの異なる複数のユーザ登録ページを用意し、ユーザごとにアクセス先を振り分けて提示し、ユーザ登録率を比較することで、どちらのデザインやコンテンツがユーザ登録という目的に対して有効であるかを検証することもできる。また、サイトへの流入ワードを分析することで、新たなコンテンツ作成への足がかりを得ることもできる。

ウェブサイトやアプリケーションの解析だけではなく、店舗におけるアクセス解析も最近では導入されつつある。具体的には店内に設置されたカメラと画像処理技術を用いて、顧客の特徴を解析するというものだ。例えば、顧客の来店した時間別、日別、月別の人数といった情報に加えて、顧客の性別、年齢、感情などの属性を推定することもできる。店内での行動履歴を追跡するだけではなく、POSシステムと連動することで、最終的にどの製品を購入したかといった情報を紐づけることもできる。将来、これらは画像処理技術や計算資源がより安価になるにつれ、小売り店舗だけではなく、銀行や役所などの様々な場所まで展開することが予測される。これらの普及に伴い、店舗来訪者のプライバシーをどこまで保護できるか、カメラからの追跡を本人の意思でどこまで回避できるのかといった点を併せて議論する必要がある。

DAY13 イテレーション結果を共有する（1）
DAY14 イテレーション結果を共有する（2）
DAY15 イテレーション結果を共有する（3）

DAY13－15では、イテレーションの結果を共有する。フェーズ3の各ステップは、月ごとに実施したコンセプト、顧客体験、サービス・エコシステム、ビジネスモデルのテスト結果を共有し、リソースの拡大のための次なる施策を検討することを目的としている。

新たに獲得したリソースについては、ＤＡＹ６で使用した四つのリソースのカテゴリに再度振り分けて整理しておく。

ＤＡＹ16 最終発表

ＤＡＹ16では、イノベーション・プロジェクトの最終成果を共有する。最終発表を通じて、コア・チームが、各イノベーション・プロジェクトの評価を行い、投資を継続するか、あるいはプロジェクトを中止するかの判断を行うことを目的としている。

投資が継続される場合、各チームは、実際に事業としてプロジェクトを進めることになる。この段階で始めて0から1が生まれた、すなわち顧客が存在している状態である。次のステップとして、コア・チームと協議しつつ、利用可能な予算を設定し、いつまでにどの規模の売り上げを獲得するかといったマイルストーンを設定する。

投資が継続されない場合、各チームは、フェーズ3を延長する、フェーズ1あるいは2に戻る、チームを解散するか、コア・チームと検討する必要がある。いずれの選択肢をとるにせよ、イノベーション・プロジェクトのメンバは、これまでの体験を通じて、イノベーションに対する学習を経ていることから、次のフェーズを実施する場合、これまで以上に高い成功確率でもってプロジェクトを推進することができる。

あとがき

私は山口で育ち、二〇一五年四月より山口大学・国際総合科学部で教鞭をとっている関係で、山口市内に居を構えている。先日、ドイツからのゲストが山口を訪れた際、わざわざ山口に来てくれるということで、県内の自然遺産や文化遺産を案内することにした。山口大学が位置する山口市は県中央部にあり、空港からも車で三〇分程度の距離である。萩や長門などの北西方面にも、岩国や徳山などの南東方面にもアクセスが容易である。

まず、国内でも有数の鍾乳洞を体験できる秋芳洞を訪れようと車を走らせた。私自身、小学生のころに社会見学で訪れて以来であるから、およそ二五年ぶりの訪問であった。記憶を辿れば、観光客で溢れていたはずが、到着するなり、その寂れ具合に驚いた。鍾乳洞へ至る路の土産物屋は昭和のままであり、どの土産物屋も同じような商品を扱っていた。実際に、鍾乳洞へ入ってみても、平日ということを差し引いても、観光客は乏しく、がらんとしていた。

翌日、今度は市内を案内しようと、国宝でもある瑠璃光寺五重塔を訪れた。瑠璃光寺五重塔は一四二二年に建立され、奈良県の法隆寺と京都府の醍醐寺にある五重塔とともに日本三名塔と数えられる。こちらも両親に連れられて来た小学生以来の訪問であった。数十年ぶりに瑠璃光寺を訪れてみると、鍾乳洞と比較して観光客は多かった。どちらかと言えば、地元の客が多いためか、正門と塔のそばに小さな説明書きの看板が設置され、日本語と英語で簡単な説明が添えられていた。無料ボランティアの姿が見えたが、日本語のみでの提供であった。

このような現象は、何も山口に限った話ではない。日本の様々な地方の自然遺産、文化遺産において頻繁に見られる光景だろう。三〇年前は確かにそれでよかったかもしれない。なぜならば、当時と現在では、観光やエンタテイメントの選択肢の数が異なるためだ。数多くの競合に打ち勝ち、県外からのゲスト、特に海外からのゲストを呼び込むためには、その地域ならではリソースに着目したうえで、その地域ならではのサービス・エコシステムを通じて魅力的な顧客体験を提供する必要がある。

　地方にはその地方ならではの独自の価値が存在することは疑いのない事実である。豊かな森、川、湖などの自然、名所旧跡、歴史的建造物などの文化、海の幸、山の幸、新鮮な野菜といった食、実に様々なリソースに溢れている。これらの動かせない価値こそが地方の最大の価値である。地方経済を活性化させる一つの鍵はインバウンドであることは誰もが認めるだろう。したがって、これらの価値を存分に体験し、再度その土地に訪れたいとゲストに感じてもらう必要がある。そのためには、県外からの旅行者、あるいは海外からの旅行者をターゲットとして設定し、彼らにとって魅力的な顧客体験をデザインする必要がある。

　地方の課題と解決への方向性が見えたところで、リソース・ドリブン・イノベーション（ＲＤＩ）のフレームワークを用いて、どのような顧客体験をデザインすることができるのか、少し想像を膨らませてみたい。

　海外からの旅行者といっても幅が広いため、まずはデータに基づいてターゲットとなる顧客を設定する。二〇一六年に訪日した旅行者は、約二〇〇〇万人であった。なかでも、アジアのうち中国、韓国、台湾の三カ国で約一五〇〇万人に達している。[*86] 実際に多くのアジア人が来ているならば、彼らをターゲットとして設定し、彼らに対する顧客満足度を向上させることで、リピート率を向上させたい。

　観光庁が発表した二〇一六年通期のデータ[*87]によれば、中国人の訪日前に最も期待していることとして、自然・景勝地観光が二三・二％を占める。韓国人の場合、日本食が三二・八％を占める。台湾人についても、中国人と同様に、自然・景勝地観光が二〇・五％を占める。このように同じ海外ゲストとは言え、それぞれのニーズは異なるため、個別のニーズを踏まえた顧客体験のデザインが求められる。

彼らのニーズに対する山口のもつ現在のリソースを検討すると、自然・景勝地観光については、山口市周辺だけでも、先に挙げた秋芳洞や瑠璃光寺があるだけではなく、日本最大級のカルスト台地である秋吉台、三〇以上の旅館からなる湯田温泉がある。少し遠出をすれば、日本三大名橋の一つである錦帯橋、コバルトブルーの海に一七八〇メートルにわたって架かる角島大橋、明治日本の産業革命遺産の萩城下町など、様々な自然遺産、歴史遺産が存在する。

食については、三方を海に囲まれていることから、魚介類が有名である。最も有名なもので言えば、日本一の取扱量を誇るフグが挙げられる。山口市秋穂は車えび養殖発祥の地であり、車えびのフルコースを食べられる。クジラは、藩の財源として推奨されてきた歴史をもつ。商業捕鯨は現在では禁止されているものの、資源調査のための一環で捕獲されたクジラが市場に出回る関係で、日常的に食することができる。これら以外にも、ウニ、アワビ、サザエ、鱧など、季節ごとに様々な魚を楽しむことができる。

このような天然資源以外にも、ヒトのもつスキルやナレッジもリソースとして統合する。例えば、ヒトのリソースについては、山口大学国際総合科学部には毎年一〇〇人規模での留学生を受け入れており、留学生向けの寮も湯田温泉近辺に存在する。留学生の多くはアジア出身であり、中国、韓国、台湾で八割近くを占めている。山口大学には総合大学として多くの研究者、専門家が所属している。また、山口情報芸術センター（ＹＣＡＭ）は、メディア・アートを中心とした企画展を行い、研究員も抱えている。これらのリソースを統合し、顧客に対する魅力的な顧客体験をデザインする。

海外からの旅行者が山口を訪れる際の経路の一つが空路である。山口・宇部空港に降り立ち、空港から電車やバスを利用し、県内の主要都市を訪れることとなる。到着ゲートから電車やバスへの案内に加えて、チケットの販売、行き先表記、車内放送も、英語、中国語、韓国語など多言語で提供される必要がある。

チケット代金を含むすべての支払いは、顧客の支払い手段に応じて決定されることが望ましい。例えば、欧米の先進国では、デビット・カードやクレジット・カード決済が中心であり、韓国も同様である。一方、中国はアリペイやWeChatPayなどの電子決済サービスが主流である。自身の銀行口座に現金を預けておき、アプリと紐づけ、支払い時にアプリから表示できるQRコードを提示するか、店側のQRコードを読み取るだけで決済を完了できる。クレジット・カードと比較して、アリペイやWeChatPayは決済時に店側が負担する手数料は平均で〇・六％未満*88と極端に低額であるため、導入障壁も低いはずだ。

現状、特に地方では、クレジット・カードなどの決済インフラに対応していない店舗や施設が多い。両替所の少ない地方では、海外からの客は、大量の外貨を両替し、持ち運ぶこととなる。煩雑であるうえに、セキュリティ面での不安も残る。既存の決済インフラが未整備であるならば、顧客に合わせた決済手段を軸に整備を整えるのである。結果、顧客の満足度が高まるだけではなく、現金での決済以上にお金を使用する期待もできる。

空港からバスに乗り、宿泊地である湯田温泉まで移動し、ホテルや旅館に到着する。ホテルや旅館もまた、多言語化対応が求められる。ここで問題となるのが、スタッフの多言語対応である。残念ながら、現在の市内のホテルや旅館では、英語はまだしも、中国語、韓国語といった言語までカバーされていると は言い難い。このような現状に対して、交換留学生のアルバイト先として、これらの場を活用するのである。留学生用のビザであることから、就労時間の上限はあるものの、サービス提供者、留学生、旅行者、いずれにとってもメリットがあるだろう。

ホテルにチェックインしたあとは観光である。県内での旅行体験を最大化するために、有料の観光アプリケーションを提供する。このアプリケーションは、日本語、英語、中国語、韓国語の四カ国語に対応し、自治体が主体となって運営する。コンテンツの提供は、大学教員や学芸員が協力し、コンテンツの翻訳は、留学生や大学生が中心となって行う。有料アプリケーションとすることで、税金に依存しない体制を作り出せる。旅行者の利用料金に加えて、B to B事業として、県内の企業に対して広告枠を販売することもできる。サービスを通じた全売り上げは、コンテンツの拡充、システムの保守だけではなく、文化財の保護にも役立てることができる。

自然・景勝地観光に興味がある中国からの旅行者は、このアプリケーションを通じて、周辺の自然遺跡、歴史遺跡などに関する詳細情報を取得できる。利用者の関心と利用可能な時間を入力すれば、時間に合わせて観光ルートを生成してくれる機能も提供する。現状、地方の歴史遺跡を訪れてみると、日本語のみでのシンプルな解説にとどまるものが多い。これでは、海外からの旅行者が訪問しても、不満を覚えるのみである。テキスト、写真、音声をふんだんに用いて、ガイドブックさながらに、歴史的価値やその位置づけを丁寧に解説するのである。

日本食に関心がある韓国からの旅行者は、このアプリケーションを通じて、県内でとれた魚、肉、野菜のみで作られた料理を味わえる店を検索することができる。イタリア北部ピエモンテ州で始まったスローフード運動は、その土地の伝統的な食文化や食材を見直す運動であるが、地方においてより親和性が高い。例えば、先に紹介した山口市秋穂には、車えびの活け造り、塩焼き、てんぷらをメインに、近隣でとれた野菜、山菜、さらには、この地で放牧された肉牛を食べさせてくれる温泉旅館が存在する。料理だけではなく、日本酒や焼酎などの酒類も、地元産の製品を取り揃えることでさらなる顧客体験の向上を実現できるだろう。

このように、ターゲットとなる顧客を定め、地域ならではのオペラント資源とオペランド資源を統合することで、魅力的な顧客体験をデザインすることができる。それぞれの国・地域の旅行者に対してデザインされた顧客体験をまずは提案してみることで、次なる多くのデザイン機会を見出せるだろう。先に、現在の海外旅行者に関するデータを土台としてターゲット顧客を選定したが、観光収入の上昇という視点から異なる対象を選定することもできる。

各国のGDPと観光収入を比較してみると、先進国の観光収入の平均がGDPの約一・八％であることがわかる。一方、日本のGDPに占める観光収入の割合は、わずか〇・四％にすぎない。これは、適切な戦略次第で、少なくとも平均値までの一・四％の上昇余地があるということを意味している。では、GDP一・八％の観光収入を得るためにはどの程度の観光客数が必要かと言うと、その数は、五六〇〇万人である。*89 この数字は、日本のGDPの一・八％にあたる八一七・六億ドルを、先進国の観光収入を観光客数で割った一人あたりの観光支出一四六一ドルで割ることで導き出せる。

現在最大の割合を誇るアジアからの旅行者の平均滞在日数は低く、一度の滞在中の総支出額も、少額にとどまっている。一方、距離の遠いアメリカ、ヨーロッパ、オセアニアからの旅行者は、滞在日数が長期にわたり、一人あたりGDPが高いがゆえに、観光支出額も多い傾向にある。結果、一人あたりの観光支出額も多くなる。これらを踏まえ、五六〇〇万人を達成する場合、アメリカ、ヨーロッパ、オセアニアからの旅行者を重点的に増加させる必要がある。

この数値を達成したい場合、やはり、その地域のサービス・エコシステムを通じて、彼らにとって魅力的な顧客体験を地道に提供していくことから始める必要がある。例えば、先に利用した、観光庁が発表した二〇一六年通期のデータによれば、アメリカ人の訪日は、上から日本食三一・二％、自然・景勝地観光が一四・三％、日本の歴史・伝統的体験が一四・〇％を占めるのに対して、フランス人の訪日目的は、日本食が二五・二％、自然・景勝地観光が一五・七％、日本の日常生活体験が一二・二％を占める。さらに、オーストラリア人の訪日目的は、日本食二四・五％、スキー・スノーボードが二一・七％、日本の歴史・伝統的体験が一二・四％を占める。アクターを整理し、適切な顧客体験をデザインし、プロモーションをかけ、顧客を集める。

ここで想像した一つのストーリーは、特に海外からの旅行者に対して、地域におけるリソースを把握したのち、それらを統合し、新たな価値を提供するためのサービス・エコシステムをデザインした一例である。観光だけではなく、RDIのフレームワークを活用することで、山口であれ、その他の地方であれ、より魅力的な顧客体験を提供できるだけではなく、持続的な収入を獲得することができるだろう。縁あって再び山口と関わりをもったからには、この地で様々なイノベーションを創出するために、微力ながら貢献したいと考えている。

本書の構想は二〇一一年三月に遡る。Wanicプロジェクトに参加したのが二〇一〇年八月であり、そこからさらに遡って、社会課題とデザインに研究領域をシフトさせようと思いたったのが二〇一〇年四月であるから、その約一年後に執筆を決意したわけである。

当時は震災直後であり、自分について省みる時間が必然的に多くなっていた時期であった。これまでの自分、今後の自分、そして、世界との関わり方、様々な思いが交錯し、当時の考えを一番伝えやすい方法で伝えることにした。その結果、ブログという手段を使って、ソーシャル・イノベーションに関する記事を書くことを決意した。個人的に借りているサーバにシステムを構築し、デザインを決め、章立てを考え始めた。週に一度更新し、二五週のペースで書き上げることを決めた。

私が専門としていたインタラクション・デザインは、ヒトと計算機との情報のやりとりのデザインを扱う。開発者は、計算機と対話しながらコードを書くことが求められる。計算機上で動作するソフトウェアは、開発者が書いたコードを実行する存在にすぎない。開発者が書いた以上の動作を実行することはないし、ソフトウェアの動作に不備がある場合、それは開発者の書いたコードに問題があるのだ。非常にシンプルな関係である。

計算機とのインタラクションを実世界に持ち込む実空間アプリケーションの場合、ヒトと計算機の関係性がどのように変化するかというと、計算機に加えて、センサやアクチュエータを制御する電子回路が必要となる。この際、電子回路を開発者自身で設計する必要がある。したがって、計算機との対話に加えて、電子信号と対話する必要が生じる。回路が動かない場合、原因となる要素は物理世界に存在し、プログラミング以上に問題発見のハードルは高くなる。

現在、私が取り組んでいるWanicプロジェクトは、実空間アプリケーションよりもさらに難易度が高い生物学の領域にあたる。ここでは、酵母が対話の対象だ。酵母という生物を媒介として起きる現象をどのように設計し、実装するか。電子、電気は眼に見えないが、計測器を用いてそれらは可視化できる。また、回路は何度でも作り直すことができる。一方、酵母はそうはいかない。確かに電子顕微鏡を用いてそれらは可視化できる。しかしながら、プロセスは不可逆であり、一度失敗してしまえば、どのプロセスに問題が生じていたのか特定することは困難である。また、再度同じ状況を作り出しても、再現するまでにはそこまで費やした時間と同じだけの時間が求められる。しかしながら、だからこそ面白いのも事実だ。

本書を執筆するにあたり、まず感謝の意を伝えたいのは、ともにプロジェクトを推進してきたWanicプロジェクトのメンバである。本文中では意図的にメンバの名前を出すことは避けたが、この場を借りて改めてお礼を申し上げたい。

一年の大部分をセブ島で過ごし、現地で会社運営に従事しているのが森住直俊さんである。机上の空論であったWanicが、セブ島に場所を移し、活動を継続させることができたのは、森住さんの存在によるところが大きい。チームの中でセブのことを誰よりも理解し、誰よりも思い入れの強い森住さんに頼ってしまっている部分は少なくはない。この場を借りて改めてお礼を申し上げたい。

本文中でも触れたプロダクト・デザイナが久住芳男さんである。本業でも多くの企業のプロダクト、パッケージ等のデザインを担当され、経験、実績ともに豊富な熟練のプロダクト・デザイナである。

久住さんのプロダクト・デザイナとしての経験、実績がなければプロジェクト発足時の短期間でプロトタイプを作り上げることは困難であったはずだ。また、酒造りでもリーダーシップをとってくださり、全プロダクトのレベルアップに多大なる貢献をしてくださっていることに感謝の意を申し上げたい。

チーム一気配りができ、綿密な仕事をしてくださっているのが安東武利さんである。財務や会計など、他人が進んでやろうとしない仕事を引き受けてくださっているだけではなく、常にチームについて考えを巡らせ、問題点について先回りして考える姿勢に大変感謝している。特に、二〇一三年のセブでの蒸留実験は、安東さんの存在なしには成立しなかったといっても過言ではないはずだ。

チームの最年少であり、ムードメーカー的存在が遠藤友里恵さんである。Wanicプロジェクトが始まった二〇一〇年当時は学部生であった遠藤さんは、ドイツ留学を経て、修士課程を修了し、現在は社会人となった。Wanicプロジェクト以外にも、NPOで子供向けの教育プログラムに従事するなど非常に精力的に活動している。いつも明るく笑顔でチームを和ませてくれるだけではなく、丁寧な仕事をしてくださり感謝している。

プロジェクト開始直後はSee-Dのスタッフとして、そして後にチームの一員になったのが、池村周子さんである。本業のグラフィックデザインやブログの更新でお世話になっているが、それ以上に、Wanic一営業力が高く、コミュニケーション能力に優れているのが池村さんである。池村さんを介して、様々な方と出会うことができた。Campfireプロジェクト終盤間際の怒濤の追い込みは池村さんの貢献によるところが大きい。また、時間と予算が限られた中で、本書で使用した図表のアップデートを引き受けてくれたことに感謝している。

チーム一冷静で、明晰な頭脳をもっているのが現在イギリス在住の佐原伍大さんである。華麗な経歴をもちながら、全く新しい世界に飛び込んでいく。それは容易に口にすることはできても、実際に行動に移すことができる人物は稀である。プロジェクトがここまで辿り着くまでには多くのチャレンジがあったが、そのつど冷静かつ的確な意見を出してくれたことに感謝している。

このチームの結成以前、私の大学院修士時代の研究プロジェクト以来の友人であり、Wanicメンバでもあるのが山本尚明さんだ。東大での彼との偶然の再会がなければ私はWanicプロジェクトに参加していなかったかもしれない。大手メーカーの社員である彼は、メーカーという組織の中でものづくりに関わりながら、Wanicプロジェクトに従事している。本務で各地を飛び回りながらも、しっかりとチームマネジメントを行ってくれていることに感謝している。

WanicプロジェクトのメンターであるＬＡＯＤＩ社の井上育三さんは、酒造りについて全くの素人であった私たちを丁寧に、時に厳しく指導してくださった。ラオスだけではなく井上さんの地元の福山まで押しかけ、酒造りや事業づくりについて綿密なアドバイスをいただいた。井上さんの存在なくしては、製品のリリースを実現することはできなかったといっても過言ではない。心より感謝申し上げます。

私がかつて勤務した慶應義塾大学大学院メディアデザイン研究科には、学生時代よりお世話になっている二人の恩師がいる。一人は稲蔭正彦教授、もう一人は奥出直人教授だ。出版にあたり、おふたりに感謝の意を伝えたい。

慶應義塾大学理工学部の一、二年生向けの講義「グローバル・リーダーシップ・セミナー」に同学部の竹村研治郎専任講師（当時）より招待を受けて講演を行った際、ある学生から「グローバルを意識し始めたのはどういうきっかけであったのか？」との質問を受けた。それに対して、稲蔭教授の影響と答えた。稲蔭教授は、素性もわからない法学部政治学科卒の学生であった私を、どのような意図があったかはいまだ謎ではあるが、研究室に受け入れてくださった。稲蔭教授は、ドイツに生まれ、ニューヨークで育ち、大学卒業後もアメリカで活動をされてきた。修士時代より、とにかく研究成果を世界に向けて発信すること、と言われ続けてきた。彼の教えを受け、学生時代より研究発表の場は拙い英語にもかかわらず、海外を主戦場としてきた。その延長線上にあるのが、Wanicプロジェクトや、現在の勤務先での仕事だと考えている。

奥出教授は、修士、博士課程を通じての研究指導副査である。博士時代には、約一年にわたって教授のオフィスに通い、論文執筆指導を受けた。教授の指導方針としてユニークなものに、文字起こしがある。指導中のミーティングの内容を録音しておき、学生に文字起こしさせるのだ。その際、単に文字を一字一句再現するだけでは不十分で、行間を補完したり、読み手によって追加説明が必要な箇所を適宜補強しながら行うことが求められた。文字起こしをする過程、また何度も議事録を読み込んでいくうちに、自身の理解が深まるのである。奥出教授の論文指導によって、私の論文執筆に対する姿勢とその質がともに一変した。

今回の執筆にあたって、再度奥出教授に指導を受けた。前回は、博士論文という学術領域における執筆方法であったが、今回は、一般書籍における執筆方法であった。奥出教授自身も若いころ、岩波書店の編集者の方から指導を受けていたという。時を経て、奥出教授が教える側となり、私がその教えを学ぶこととなった。長期にわたってタイトルや内容に関する議論を重ねた。六年前の学生時代を思い出す時間であった。出来の悪い学生であった私に多くの時間を割いてくださった奥出教授に最大級の感謝の言葉をお伝えしたい。

その奥出教授よりＮＴＴ出版の編集者である柴俊一さんを紹介していただいた。柴さんには長年にわたり本書の出版にあたって尽力していただいた。この場を借りて感謝の意をお伝えしたい。

最後に、両親と家族に感謝の意を伝えたい。両親には、普段より何を研究しているのかわからないと長年にわたって言われ続けてきた。本書を通じて少しでも理解してくれるのではないかと思う。家族には感謝してやまないが、本書はとりわけ亡き最愛の祖父に捧げたい。

二〇一七年一一月吉日　ＩＷＳＣ２０１７からの帰国の機上にて

01 経済企画庁（１９５６）「昭和31年年次経済報告」、Retrieved August 6, 2014, from <http://www5.cao.go.jp/keizai3/keizaiwp/wp-je56/wp-je56-010303.html>。

02 シュムペーター（１９７７）『経済発展の理論（上）』、東京：岩波書店、１８２－１８３頁。

03 ビジャイ・ゴビンダラジャン、クリス・トリンブル（２０１２）『リバース・イノベーション』、東京：ダイヤモンド社。

04 The World Bank (2018) GDP per capita (current US$). Retrieved June 9, 2018, from <https://data.worldbank.org/indicator/NY.GDP.PCAP.CD?locations=TL>.

05 FAO（2013）FAOSTAT. Retrieved from <http://faostat3.fao.org/faostat-gateway/go/to/download/Q/QC/E>.

06 Wanic（2017）Wanic. Retrieved June 3, 2018 from <https://medium.com/wanic>.

07 R・F・ラッシュ、S・L・バーゴ（２０１６）『サービス・ドミナント・ロジックの発想と応用』、東京：同文舘出版。

08 Kotler, P.、Keller, K. L.（２０１４）『コトラー＆ケラーのマーケティング・マネジメント（第12版）』、東京：丸善出版。

09 Lusch, R. F. & Nambisan, S.（2015）Service Innovation: A Service-Dominant Logic Perspective. *The MIS Quarterly*, 39 (1), pp. 15–175.

10 サラス・サラスバシー（２０１５）『エフェクチュエーション――市場創造の実効理論』、東京：碩学舎。

11 Norman, D. A. & Draper, S. W.（1986）*User-Centered System Design: New Perspectives on Human-Computer Interaction*. Boca Raton, US.: CRC Press.

12 Giacomin, J.（2014）What Is Human Centered Design? *The Design Journal*, 17 (4).

13 Cooper, A.（2008）The origin of personas. Retrieved November 12, 2015, from <http://www.cooper.com/journal/2008/05/the_origin_of_personas>.

14 クレイトン・M・クリステンセン、ジェローム・H・グロスマン、ジェイソン・ホワン（２０１５）『医療イノベーションの本質』、三重：碩学舎、48－49頁。

15 Think with Google（2011）. The Zero Moment of Truth Macro Study. Retrieved November 11, 2015, from <https://www.thinkwithgoogle.com/research-studies/the-

zero-moment-of-truth-macro-study.html>.
16 Nelson, E., & Ellison, S.（2005）. Shelf Promotion: In a Shift, Marketers Beef Up Ad Spending Inside Stores. Retrieved November 11, 2015, from <http://www.wsj.com/articles/SB112725891535046751>.
17 鶴見良行（１９９０）『ナマコの眼』、東京：筑摩書房。
18 ラウル・アルキヴィ（２０１６）『未来国家エストニアの挑戦』、東京：インプレス、１４６頁。
19 Markowitz, H. M.（1971）. *Portfolio Selection: Efficient Diversification of Investments*（*Cowles Foundation Monograph: No. 16*）. New Haven, US.: Yale University Press.
20 経済産業省、大学連携推進室産業技術環境局（２０１５）「大学発ベンチャー調査 分析結果」、Retrieved November 26, 2015, from <http://www.meti.go.jp/press/2015/04/20150410003/20150410003-1.pdf>。
21 engadget（２０１６）「IBMのWatson、わずか10分で難症例患者の正しい病名を見抜く。医師に治療法を指南」、Retrieved December 25, 2016, from <http://japanese.engadget.com/2016/08/07/ibm-watson-10/>。
22 WIRED（２０１３）「巨大倉庫や処方薬調合：人間に替わるロボットの動画」、Retrieved December 25, 2016, from <http://wired.jp/2013/02/15/happy-warehouse-bots-in-new-video-herald-inevitable-human-free-future/>。
23 大阪市（２０１４）「国際戦略総合特区における税制のご案内」、Retrieved November 26, 2015, from <http://www.city.osaka.lg.jp/keizaisenryaku/page/0000194706.html>。
24 ピーター・ドラッカー（２００７）『ドラッカー名著集７ 断絶の時代』、東京：ダイヤモンド社。
25 翁百合、西沢和彦、山田久、湯元健治（２０１２）『北欧モデル 何が政策イノベーションを生み出すのか』、東京：日本経済新聞出版社、55頁。
26 加藤壮一郎（２０１１）「デンマークのフレキシキュリティと知識経済の関係性——フレキシキュリティ概念とデンマーク・モデルの検討をとおして」『経済科学論究』８、１１７－１２８頁。
27 ケンジ・ステファン・スズキ（２０１０）『消費税25％で世界一幸せな国デンマークの暮らし』、東京：角川ＳＳコミュニケーションズ、12頁。
28 ジェフリー・フェファー、ロバート・I・サットン（２０１４）『なぜ、わかっていても実行できないのか 知識を行動に変えるマネジメント』、東京：日本経済新聞出版社、14頁。
29 スコット・アンソニー、マーク・ジョンソン、ジョセフ・シンフィールド、エリザベス・アルトマン、クレイトン・クリステンセン（２００８）『イノベーションへの解 実践編』、東京：翔泳社、３０６－３０７頁。
30 同書、３１３－３１４頁。

31 Frank Hyneman Knight（2012）. *Risk, Uncertainty and Profit*. Memphis, US.: General Books.

32 原田勉（２０１４）『イノベーション戦略の論理』、東京：中央公論新社。

33 トニー・ダビラ、マーク・J・エプスタイン、ロバート・シェルトン（２００７）『イノベーション・マネジメント成功を持続させる組織の構築』、東京：英治出版。

34 Hackman, J. R., & Oldham, G. R.（1976）. Motivation through the design of work: test of a theory. *Organizational Behavior and Human Performance*, 16（2）, 250–279.

35 Campion, M.A., Papper, E.M., & Medsker, G.（1996）. Relations between work team characteristics and effectiveness: A replication and extension. *Personnel Psychology*, 49, 429–452.

36 C. Joinson（1999）. Teams at Work. *HRMagazine*, 30.

37 S. E. Jackson, K. E. May, and K. Whitney（1995）. Understanding the Dynamics of Diversity in Decision Making Teams. In *Team Effectiveness and Decision Making in Organizations*, San Francisco: Jossey-Bass, pp.204-61

K.Y. Williams and C.A O' Reilly III（1998）. Demography and Diversity in Organizations: A Review of 40 years of research. In *Research in Organizational Behavior*, vol. 20, pp.71-140.

F. Linnehan and A.M. Konard（1999）. Diluting Diversity. *Journal of Management Inquiry*, 8, pp.399-414.

38 スティーブン・P・ロビンス（２００９）『新版　組織行動のマネジメント——入門から実践へ』、東京：ダイヤモンド社、２０７－２１７頁。

39 Stevens, M. J., & Campion, M. A.（1994）. The Knowledge, Skill, and Ability Requirements for Teamwork: Implications for Human Resource Management. *Journal of Management*, 20（2）, 503–30.

40 Digman, J. M.（1990）. Personality Structure: Emergence of the Five-Factor Model Annual Review of Psychology. *Annual Review of Psychology*, 41, 417–440.

41 Murray R. Barrick, Greg L. Stewart, Mitchell J. Neubert, Michael K. Mount, Murray R. Barrick, Mitchell J. Neubert, M. K.（1998）. Relating member ability and personality to work-team processes and team effectiveness. *Journal of Applied Psychology*, 83（3）, 377–391.

42 Charles J. Margerison McCann, D.（1995）. *Team Management: Practical New Approaches*. Oxford, UK.: Management Books 2000.

43 Kim, J., & Dear, R. de（2013）. Workspace satisfaction: The privacy-communication trade-off in open-plan offices. *Journal of Environmental Psychology*, 36, 18–26.

44 slack（2013）. slack. Retrieved November 12, 2015, from <https://slack.com/>.

45 Robotics, D.（2015）. Double Robotics - Telepresence Robot for Telecommuters. Retrieved November 12, 2015, from <http://www.doublerobotics.com/>.

46 文部科学省（２００５）「世界の母語人口（上位20言語）」 Retrieved November 12, 2015, from <http://www.mext.go.jp/b_menu/shingi/chukyo/chukyo3/015/siryo/06032708/003/001.htm>。

47 OECD（2013）. Aid to poor countries slips further as governments tighten budgets. Retrieved November 18, 2013, from <http://www.oecd.org/dac/stats/aidtopoorcountriesslipsfurtherasgovernmentstightenbudgets.htm>.

48 Collier, J., & Collier, M.（1986）. *Visual Anthropology: Photography As a Research Method*. Albuquerque, US: Univ of New Mexico Pr.

49 Sommer, R., & Sommer, B.（2001）. *A Practical Guide to Behavioral Research: Tools and Techniques*, 5th edition. New York, US.: Oxford University Press.

50 Hackos, J. T., & Redish, J. C.（1998）. *User and Task Analysis for Interface Design*. New York, US.: Wiley.

51 Spradley, J. P.（1980）. *Participant Observation*. New York, US.: Holt, Rinehart and Winston.

52 Beyer, H., & Holtzblatt, K.（1997）. *Contextual Design: Defining Customer-Centered Systems*（*Interactive Technologies*）. Burlington, US.: Morgan Kaufmann.p.46.

53 Bill Buxton（2007）. *Sketching User Experiences: Getting the Design Right and the Right Design*（*Interactive Technologies*）. Burlington, US.: Morgan Kaufmann. p.139.

54 Barney G. Glaser, & Anselm L. Strauss（1967）. *Discovery of Grounded Theory: Strategies for Qualitative Research*. Berlin: Aldine De Gruyter.

55 木下康仁（２００７）『ライブ講義M-GTA　実践的質的研究法　修正版グラウンデッド・セオリー・アプローチのすべて』、横浜：弘文堂。

56 フラン・アッカーマン、コリン・エデン、スティーヴ・クロッパー（1992）. *Getting Started with Cognitive Mapping*. Coventry, UK: University of Warwick. pp. 65-82.

57 マーク・スティックドーン、ヤコブ・シュナイダー（２０１３）『THIS IS SERVICE DESIGN THINKING. Basics - Tools - Cases　領域横断的アプローチによるビジネスモデルの設計』、東京：ビー・エヌ・エヌ新社。

58 ロベルト ヴェルガンティ（２０１２）『デザイン・ドリブン・イノベーション』、東京：同友館。

59 エベレット・ロジャーズ（２００７）『イノベーションの普及』、東京：翔泳社、２２８－２５３頁。

60 XPLANE（2017）. Updated Empathy Map Canvas. Retrieved June 4, 2018 from <https://medium.com/the-xplane-collection/updated-empathy-map-canvas-46df22df3c8a>.

61 アンドリュー・マキネス（2010）*Assess The Effectiveness of Your Customer Journey Map*. Cambridge, US: Forrester Research.

62 アレックス・オスターワルダー、イヴ・ピニュール（２０１５）『バリュー・プロポジション・デザイン』、東京：翔泳社。

63 アレックス・オスターワルダー、イヴ・ピニュール（２０１２）『ビジネスモデル・ジェネレーション　ビジネスモデル設計書』東京：翔泳社。

64 ヘンリー・チェスブロウ（２００４）『OPEN INNOVATION――ハーバード流イノベーション戦略のすべて』、東京：産能大出版部。

65 P&G（2014）. Connect + Develop. Retrieved from <http://www.pgconnectdevelop.com/home/home3.html>.

66 Huston, L., & Sakkab, N.（2006）. Connect and Develop: Inside Procter & Gamble's New Model for Innovation. *Harvard Business Review*, 84（3）, 58-66.

67 IDEO（2013）. openIDEO. Retrieved November 4, 2015, from <https://openideo.com/>.

68 エリック・フォン・ヒッペル（２００５）『民主化するイノベーションの時代』東京：ファーストプレス。

69 河北秀也（１９８９）『河北秀也のデザイン原論』、東京：新曜社。

70 同書。

71 帝国データバンク（２０１２）「２０１２年焼酎メーカー売上高ランキング」、Retrieved November 12, 2015, from <http://www.tdb.co.jp/report/watching/press/pdf/s130801_80.pdf>。

72 Nippon.com（２０１３）「「獺祭（だっさい）」で日本酒の活路を開いた「山口の小さな酒蔵」――旭酒造」、Retrieved from <http://www.nippon.com/ja/features/c00618/>。

73 AdTech-Lab@Digital Advertising Consortium Inc.（２０１４）「ＩＡＢネイティブアド・プレイブック概要」、Retrieved November 29, 2017, from <https://www.slideshare.net/adtech-lab/iab-36091277>。

74 Digital Signage Today（2011）. NRF: Walmart unveils ROI data for in-store digital signage campaigns. Retrieved June 18, 2017 from <https://www.digitalsignagetoday.com/news/nrf-walmart-unveils-roi-data-for-in-store-digital-signage-campaigns/>.

75 Business Insider（2015）. Apple has changed the precise angle at which all laptop screens must be displayed in its stores. Retrieved June 18, 2017 from <http://www.businessinsider.com/apple-changes-angle-of-laptop-screen-displayed-in-stores-to-76-degrees-2015-8/>

76 AdverTimes（２０１６）「フルファネルのマーケティングプラットフォームとしてのFacebookの活用可能性」、

Retrieved January 12, 2017, from <https://www.advertimes.com/20160902/article232569/>。

77 MarkeZine（２０１６）「Twitter、国内月間利用者数４０００万人を突破」、Retrieved January 12, 2017, from <http://markezine.jp/article/detail/25542>。

78 Facebook newsroom（２０１６）「インスタグラムで振り返る、２０１６年のハイライト」、Retrieved January 12, 2017, from <http://ja.newsroom.fb.com/news/2016/12/instagram_2016highlight/>。

79 ISO（1988）. ISO 9241-11. Retrieved November 12, 2015, from <https://www.iso.org/obp/ui/#iso:std:iso:9241:-11:ed-1:v1:en>.

80 Ericsson, K. A., & Simon, H. A.（1993）. *Protocol Analysis: Verbal Reports as Data*（*Bradford Books*）. Cambridge, US.: A Bradford Book.

81 Jakob Nielsen（1995）. 10 Usability Heuristics for User Interface Design. Retrieved November 12, 2015, from <http://www.nngroup.com/articles/ten-usability-heuristics/>.

82 Shneiderman, B.（2010）. Eight Golden Rules of Interface Design. Retrieved November 12, 2015, from <https://www.cs.umd.edu/users/ben/goldenrules.html>.

83 ISO（2009）. ISO 9241 Part 110: Dialogue principles. Retrieved November 12, 2015, from <http://www.iso.org/iso/iso_catalogue/catalogue_tc/catalogue_detail.htm?csnumber=38009>.

84 Nielsen Norman Group（2000）. Why You Only Need to Test with 5 Users. Retrieved November 12, 2015, from <http://www.nngroup.com/articles/why-you-only-need-to-test-with-5-users/>.

85 盛山和夫（２００４）『有斐閣ブックス　社会調査法入門』、東京：有斐閣、１１６－１３９頁。

86 日本政府観光局（ＪＮＴＯ）（２０１７）「２０１６年訪日外客数」、<http://www.jnto.go.jp/jpn/statistics/since2003_tourists.pdf>。

87 日本政府観光局（ＪＮＴＯ）（２０１７）「参考表２国籍・地域（21区分）別　訪日旅行に関する意識（満足度など）」、<http://www.mlit.go.jp/kankocho/siryou/toukei/syouhityousa.html>。

88 WEDGE Infinity（２０１７）「中国でキャッシュレス化が爆発的に進んだワケ」、<http://wedge.ismedia.jp/articles/-/10450>。

89 デービッド・アトキンソン（２０１５）『新・観光立国論』、東京：東洋経済新報社、１４１－１４２頁。

weaving regional innovations

utilizing resources from regions, your oganizations, and yourself to weave innovations

地域発イノベーションの育て方

リソースから紡ぎ出す新規事業

2018年9月26日　初版第1刷発行

著者	徳久悟
発行者	長谷部敏治
発行所	NTT出版株式会社
	〒141-8654 東京都品川区
	上大崎3-1-1 JR東急目黒ビル
営業担当	TEL 03(5434)1010　FAX 03(5434)1008
編集担当	TEL 03(5434)1001
	www.nttpub.co.jp
アートディレクション	川上シュン（artless Inc.）
デザイン	稲垣小雪　（artless Inc.）
印刷・製本	精文堂印刷株式会社

ISBN 978-4-7571-2372-4　C0034